普通高等院校"十三五"规划教材

应用文写作

YINGYONGWEN HIEZUO

孙悦　冯昱◎主　编
李农　张雅莉　张立新　刘苗苗◎副主编

清华大学出版社
北京

内 容 简 介

本书介绍了大学生或企事业单位人员在日常的学习和生活中经常使用的应用文,既为校园的学习和生活提供了切实的帮助,又为走向社会的写作实践打下了基础。本书以提高使用者的日常应用文写作能力和写作修养为目标,坚持以"学以致用、教以致用"为宗旨。在编写过程中,注重理论联系实际,力求深入浅出、通俗易懂。全书共九章,第一章阐述应用文写作的基础知识,其他章节介绍了事务文书、日用文书、党政公文、新闻传播文体、财经文书、诉讼文书、科技文书和申论。文中采用了大量的例文,有助于初学者对各种应用文体的把握与运用。

本书适合作为应用型本科院校应用文写作相关课程的教材,也适合企业文秘工作者等作为参考书。

本书封面贴有清华大学出版社防伪标签,无标签者不得销售。
版权所有,侵权必究。举报:010-62782989,beiqinquan@tup.tsinghua.edu.cn。

图书在版编目(CIP)数据

应用文写作 / 孙悦,冯昱主编. —北京:清华大学出版社,2018(2024.1重印)
(普通高等院校"十三五"规划教材)
ISBN 978-7-302-49209-2

Ⅰ.①应… Ⅱ.①孙… ②冯… Ⅲ.①汉语-应用文-写作-高等学校-教材 Ⅳ.①H152.3

中国版本图书馆 CIP 数据核字(2017)第 329938 号

责任编辑:刘志彬
封面设计:汉风唐韵
责任校对:王凤芝
责任印制:丛怀宇

出版发行:清华大学出版社
网　　址:https://www.tup.com.cn,https://www.wqxuetang.com
地　　址:北京清华大学学研大厦 A 座　　邮　编:100084
社 总 机:010-83470000　　邮　购:010-62786544
投稿与读者服务:010-62776969,c-service@tup.tsinghua.edu.cn
质量反馈:010-62772015,zhiliang@tup.tsinghua.edu.cn

印 装 者:三河市天利华印刷装订有限公司
经　　销:全国新华书店
开　　本:185mm×260mm　　印　张:17.5　　字　数:425 千字
版　　次:2018 年 1 月第 1 版　　印　次:2024 年 1 月第 12 次印刷
定　　价:49.80 元

产品编号:076850-02

前　言

随着经济社会的快速发展,现代写作活动也发生着巨大的变化。应用文作为工具,在日常工作和生活,以及政治、经济、文化、科技、外交、商贸等各个领域发挥着越来越重要的作用。高校对"应用文写作"课程越来越重视,都把该课程列为公共必修课,用人单位也把大学生是否具有较强的应用文写作能力作为招聘人才的衡量标准之一。

为了落实《国家中长期教育改革和发展规划纲要(2010—2020)》提出的"重点扩大应用型、复合型、技能型人才的培养规模"的要求,在"充分贯彻新大纲、针对学生专业特点、提升学生写作能力、满足社会实际需求"的理念指导下,编者融汇了多年的教学科研成果,精心撰写了本书,本书具有如下特点。

一、追踪时代变化,反映时代需求

"应用文写作"课程标准在不断完善,教学方法和教学内容在不断更新。本书按照2012年7月1日中共中央办公厅颁布实施的《党政机关公文处理条例》的要求编排实用文体和内容,力求反映时代的新需求。

二、理论以精当为原则,突出实用

理论的阐释简明扼要,以"必要、够用"为度。本书选择了大量新颖、典型的例文,并进行具体的分析。在思考题的设计上,尽量结合学生的实际,设计一些学生感兴趣和能完成的题目,类型全面,在教学过程中有较大的选择余地。

三、编写体例科学,强调教学实用性

本书第一章阐述应用文写作的基本理论,其他章节共讲解了五类30多个文种,每个文种的讲解分成必备知识、写作指南、例文赏读、思考题四个部分,力求做到理论与实践紧密结合。文体的选用突出广泛性、实用性和灵活性的原则,留给学生自选、自学的空间,力求达到"立足学生,服务专业,求真务实,提高能力"的目的。

本书由沈阳大学文法学院孙悦、关莹、张维娜、张雅莉、赵丽丽、李淼、宿丰、李农，新疆大学科学技术学院冯昱，山东理工大学张立新，河南护理职业学院刘苗苗老师合作完成，编写分工如下：关莹编写第一章、第二章第三节、第三章第一节和第二节；张维娜编写第二章第一节、第二节、第四节和第六节，第三章第三节，第四章第九节；张雅莉编写第二章第五节，第三章第四节、第五节和第六节，第四章第三节和第八节；赵丽丽编写第四章第一节、第二节、第四节和第五节；李淼编写第四章第六节和第七节，第八章；冯昱编写第四章第十节、第六章第一节、附录和参考文献；宿丰编写第五章；孙悦编写第六章第二节、第三节和第四节，第九章；李农编写第七章；张立新编写思考与练习并制作教学资源包。孙悦、冯昱和张雅莉负责统稿。

　　本书融汇了教学一线教师多年教学心得、科研成果和全部心血，力求使本书更具现实意义与创新价值。本书在编写过程中参考了相关的文献，吸收了一些相关成果，篇幅所限，不能一一注明，借此机会向其编著者表示诚挚的谢意！

　　鉴于编者水平有限，本书可能存在诸多问题与不足，希望得到同行专家的批评、指正，以期再版时修改和完善。

编　者

目　录

第一章　应用文写作漫谈　　1
- 第一节　应用文概述　　1
- 第二节　应用文写作的构思　　9
- 第三节　应用文写作的表达方式　　15
- 第四节　应用文写作的修改　　23

第二章　事务文书　　27
- 第一节　计划　　27
- 第二节　总结　　35
- 第三节　调查报告　　41
- 第四节　简报　　51
- 第五节　述职报告和竞聘报告　　58
- 第六节　会议记录　　66

第三章　日用文书　　74
- 第一节　求职文书　　74
- 第二节　申请书　　81
- 第三节　开幕词和闭幕词　　86
- 第四节　感谢信　　90
- 第五节　祝词　　95
- 第六节　演讲稿　　101

第四章　党政公文　　114
- 第一节　党政公文概述　　114
- 第二节　通知　　121
- 第三节　通报　　128
- 第四节　决定　　135
- 第五节　通告　　140
- 第六节　请示　　143
- 第七节　报告　　150

第八节　函 156
　　第九节　纪要 162
　　第十节　电子公文 168

第五章　新闻传播文体　172
　　第一节　消息 172
　　第二节　新闻专稿 186

第六章　经济文书　193
　　第一节　经济合同 193
　　第二节　商务信函 199
　　第三节　商品广告 202
　　第四节　商品说明书 207

第七章　诉讼文书　211
　　第一节　民事起诉状 211
　　第二节　民事答辩状 217
　　第三节　行政起诉状 220

第八章　科技文书　227
　　第一节　学术论文 227
　　第二节　毕业论文 231

第九章　申论　236

附　录　265
　　附录一　中共中央办公厅、国务院办公厅党政机关公文处理工作条例 ... 265
　　附录二　《党政机关公文处理工作条例》权威解读 270

参考文献 273

第一章 应用文写作漫谈

第一节 应用文概述

必备知识

写作学又称写作论,是研究写文章的科学,其理论体系包括基础理论和应用理论两大层面。基础理论通常称为文体论,主要论述文章写作的基本特点和一般规律,讲的是写作的基础知识。文体论又称文体写作,是在文章分类的基础上具体论述各种体裁的文章性质、特点和写作方法。

文体写作的研究,首先要明确分类。目前,写作界比较认同的分类方法是依据写作目的的不同,将文体粗略分为文学作品和实用文体两大类。实用文体又称应用文,是党政机关、社会团体、企事业单位,以及广大人民群众在日常工作、生产、科研、学习和生活中办理公务和处理个人事务时,为交流情况、沟通信息、处理事务、解决问题,经常使用的具有直接实用价值和惯常格式的文章的总称。

应用文是现代社会使用频率非常高的实用文体,与日常生活和工作有着密切联系。随着我国市场机制的逐步确立和不断完善,应用文在社会生活中发挥着越来越重要的作用,小到企业、个人,大到国家机关都离不开应用文写作。具有良好的应用文写作能力已经成为社会衡量高素质人才的重要指标之一,也是国家机关和企业招聘过程中重点考核的内容。

一、应用文的起源和发展

应用文是国家机关、企事业单位、社会团体或个人在处理公私事务时所使用的具有直接实用价值、形式较为固定的文体。

应用文的产生源于实际的需要。人类进行社会活动时,伴随生产力的提高和人类思维的发展,口耳相传已经不能满足日常生活需要,人们要通过文字进行交流、组织、协调,应用文就此产生。我国最早的应用文可以追溯到殷墟甲骨刻辞,因其主要用于占卜,所以也称殷墟卜辞,其内容涉及气候、征伐、世系等方面,真实地记录了殷商奴隶社会的生活面貌。

《尚书》是一部以应用文为主的历史文献汇编，它是我国现存最早、保存最完整的文章总集，被列为儒家经典之一。《尚书》主要记录了春秋战国前历代帝王和部族首领的言论，例如，上古的典章制度、君臣议政的治国之策、帝王赐给臣子的诏书等，可以视为古代应用文形成的标志。

秦统一中国后，提倡"书同文"，并建立了各种公文制度，标志着公务应用文的成熟。到了汉代，公务应用文有了长足的发展，产生了书、论、策、议等体式，并且明确其用途，固定其格式，为公务应用文走向程式化奠定基础。同时，汉代将应用文列入选拔人才的考试内容，更是推动了应用文的快速发展。之后，中国文坛陆续出现了很多应用文的名篇佳作。贾谊的《论积贮疏》、曹植的《求自试表》、陶渊明的《自祭文》、魏征的《谏太宗十思疏》、王安石的《答司马谏议书》、林觉民的《与妻书》等都是文情并茂的应用文，对后世产生很大影响。

1912年，南京临时政府颁布了第一个公文程式条例，废除了几千年封建王朝沿用的公文体式，并且要求使用白话文写作。1942年，中国共产党颁布了《陕甘宁边区新公文程式》。毛主席的报告《反对党八股》对现代公文写作起到了积极的推动作用。1981年，国务院为规范公文写作和使用，发布了《国家行政机关公文处理暂行办法》。几经修订和完善，国务院于2000年8月24日发布了新的《国家行政机关公文处理办法》。与此同时，其他各类应用文也在迅猛发展，广泛地运用到社会生活的各个领域，并呈现出现代化、专业化、国际化的特点。经过人们长久的探索和实践，新文种不断出现，应用文写作的理论研究也日渐深入。

随着应用文使用范围的不断扩大，社会各界普遍意识到应用文写作的重要性，应用文写作成为衡量一个人综合能力的重要指标，许多大学将"应用文写作"课程列为必修课，国家录取公务员考试更是把应用文写作作为重要的测试项目。由此可见，应用文写作是当代大学生顺利走上工作岗位的必备技能。

二、应用文的特点

（一）目的上的实用性

实用性是应用文的基本特点。它从工作和生活的实际需要出发，以解决工作和生活中出现的问题为目的。一般一文一事，就事论事，明确提出行之有效的解决办法和具有可操作性的规定。实用性是应用文写作的出发点和归宿，也是它的价值所在，其他特点都是由这个特点决定的。空洞的条文、言之无物的文章，不仅毫无作用，反而会成为工作的负担。

（二）内容上的真实性

内容真实是指应用文要实事求是，真实确凿，不能凭空捏造、随意雕饰。这就要求文中的材料真实，即使是细枝末节也要与实际情况保持一致。使用的数据要有切实可查的数据来源，不能估计或变更。写作过程不能掺杂个人情感，要以客观的态度，冷静地对事物的现象进行分析，从而得出毫无偏倚的结论。

（三）思维上的逻辑性

写作活动首先是一种思维活动，应用文体的写作主要是为了解决工作和生活中的实际问题，在思维方法上更侧重逻辑思维。应用文的逻辑性主要体现在：文章的结构要条理清楚，段落之间具有明显的逻辑关系；陈述的事项界限清晰，不交叉；内容前后讲究因果，材料能够证明观点。例如，请示要详细阐述请示的理由，要明确表达请求事项；总结则应在梳理具体成绩和存在问题的基础上，客观地分析其原因。

（四）表达上的简明性

应用文写作的篇章一般比较短小，要求用简练的文字准确地说明情况、表达观点。应用文不追求辞藻的华丽婉约，不需要结构的波澜起伏，叙述不用铺陈修饰，议论不必旁征博引，力求简约、平直、朴实、明晰。但简明不等于简单，明晰不等于枯燥。应用文大多采用记叙、说明、议论的表达方式，避免滥用比喻、夸张等修辞手法。

（五）体式上的规范性

体式规范主要体现在应用文大多有固定的文体格式和办文流程，其规范性是在长时间的使用过程中约定俗成的。特别是行政机关公文，国家以法规的形式予以规定。同时，合同、信函等文种也都有其特定的体例，不能标新立异、任意调整。

（六）写作上的时效性

应用文写作的时效性很强。一般来说，应用文涉及的问题都是亟待解决的，这就要求应用文的写作和下发要迅速、及时。例如，会议通知必须在会议开始前的一段时间就下发完毕，一旦会议召开就毫无意义。广告文案的写作是为了推广新产品，唤起消费者的购买欲望，如果产品已经家喻户晓了，广告的效力就会缩小。

三、应用文的种类

应用文写作内容十分广泛，文种很多。目前，学术界普遍以应用文的使用范围作为划分标准，将应用文分为通用文书和专用文书两大类。

（一）通用文书

通用文书是指各个领域中普遍使用的文书。通用文书又分为三类。

1. 党政公文

党政公文是指党政机关处理党政、行政事务中使用的文书，包括命令（令）、决定、公告、通告、通知、通报、议案、报告、请示、批复、意见、函和纪要等。

2. 事务文书

事务文书是指单位或个人用来传递信息、交流情况、制订计划、总结经验、调查情况、规范行为等使用的文书，包括计划、总结、述职报告、调查报告、简报、会议记录、章程、规则、制度等。

3. 日用文书

日用文书是指单位或个人在日常生活、工作中处理事务、解决问题时使用的文书，包括条据、告示、书信等。

（二）专用文书

专用文书是指在某一领域专门使用的文书。专用文书具有较强的专业特色。常见的专业文书分为以下几类。

1. 财经文书

财经文书是指经济生活、经济活动中使用的文书，包括经济社会中常用的合同、市场预测报告、经济活动分析报告、审计报告、商业广告、产品说明书、招标书、投标书等。

2. 司法文书

司法文书是指司法机关、依法授权的法律组织，以及单位、个人为解决法律事务而制作的文书，包括仲裁文书、诉讼文书、公证书等。本书只讲民事诉讼文书。

3. 科技文书

科技文书是指科技活动、科技成果中形成的文书，包括科研项目申请书、科技实验报告、学术论文、毕业论文、毕业设计说明等。

4. 新闻传播文书

新闻传播文书是指能够反映最新发生的且有社会价值的文书，如消息、新闻专稿、解说词和广播稿等。

5. 外交文书

外交文书是指进行国际联络和外事活动时使用的专用文书，包括国书、照会、备忘录、外交声明等。

四、应用文的作用

（一）宣传教育、指导工作

在我国建设和谐社会的过程中，国家的大政方针、法律法规都要通过应用文的形式向广大干部群众发布，因此，应用文具有很强的指挥和管理的作用。

例如，决定、指示、批复等文种用来发布命令、法规和规章制度，传达党和国家的方针政策，传达领导的意图和决策。任何集体和个人都必须严格遵守，不能违反。此外，领袖人物、权威机关的启发引导具有很大的导向作用和示范作用，这种作用主要通过文字的形式来实现。

又如，通报是将工作中的经验教训传递给有关人员，促使他们发扬优点，改正不足，并给其他人以启发或警示。再如，简报、演讲稿等文体，也承担宣传形势、宣讲政策的任务。

（二）传递信息、沟通协调

现代社会专业化水平不断提高、社会分工不断细化，群体和群体、群体和个人、个人和个人之间被紧密地联系在一起，需要互通信息、协调沟通、相互配合，推动各项工作的顺利开展。商品说明书、广告等文种就详细地提供了商品的信息，帮助人们更好地了解产品的性能和使用方法。总结、市场调查、经济预测报告等文种在收集大量信息的基础上，将其中的规律性内容直接展现给读者，以推动工作的顺利开展。

（三）依据和凭证作用

应用文在传递信息的同时还可以记录信息，为工作和生活提供凭据，为历史提供存档资料。合同和协议记录着交易双方约定的权利和义务，参加会议要以通知为依据，会议纪要、总结等都是宝贵的原始资料，对实际工作具有借鉴作用。

写作指南

应用文写作是一种特殊的写作过程，它与文学创作在很多方面都存在不同之处。

一、写作目的和阅读对象不同

应用文写作是为了解决现实社会中一个问题、实现一个特定目的而进行的写作，具有一定功利性，要求读者通过阅读知道、了解或遵从。应用文有特定的阅读群体，这个群体或大或小，但都是在写作前就已经设定好的。文学创作是作者通过塑造人物形象、构建故事情节来表达对生活的感悟和看法，从而引起读者的共鸣，使读者得到启示。文学创作的阅读对象比较广泛，作者创作之前也很少预设。

二、行文规范不同

大部分应用文对行文规范有严格的要求。例如，在格式上，行政机关公文必须包括眉首、主题、版记三部分，眉首必须包括公文份数序号、发文机关标识、发文字号等部分。在内容上，合同必须包括标的、数量质量、价格、履行期限地点、违约责任等部分。文学作品则与之恰恰相反，应避免千篇一律，追求人物性格个性化、表现形式多样化，强调创新和与众不同。

三、思维方式不同

应用文写作注重思维的逻辑性，通过对事实的阐述、分析、判断，运用概念、判断、推理的逻辑思考方式，表达确定的目的，说服或要求读者按照作者的意图去做，任何人读后只能得出一个结论。而文学创作主观性较强，作者往往从主观角度出发，运用形象思维描写生活、塑造形象。读者会将作品与个人经历、个人情感相结合，从而生发出不同的情感共鸣。因此，不同的人对同一部作品有不同的理解，正所谓"一千个读者心中有一千个哈姆雷特"。

四、反映现实不同

应用文写作讲求生活真实，文中涉及的事情发生、过程、结果必须以事实为依据，不能任意夸张、修改，更不能虚构。例如，工作总结的撰写必须秉承实事求是的原则，原原本本地对工作情况进行总结汇报，没做到的不能说，做过的必须说。取得哪些成绩，还存在什么不足，既不能夸大其词也不能刻意隐瞒。文学创作讲究艺术性，以现实生活为蓝本，通过想象、夸张的方式塑造艺术典型，间接反映现实生活，可以对生活现实进行改变、夸大、移植，甚至是虚构。例如，我国古代四大名著之一《西游记》中，唐僧师徒四人降妖除魔、结伴取经的故事就是依据玄奘西游的历史事实演绎而来，与真实情况相差甚远。

五、表现手法不同

应用文主要采用记叙、说明、议论的表达方式，语言要求严谨、平实、得体，基本不用或很少运用比喻、夸张、拟人等修辞手法。文学创作可以运用多种表达方式，除了记叙、议论、说明以外，抒情也是经常使用的写作手法。

一语未了，只听后院中有人笑声，说："我来迟了，不曾迎接远客！"黛玉纳罕道："这些人个个皆敛声屏气，恭肃严整如此，这来者系谁，这样放诞无礼？"心下想时，只见一群媳妇丫鬟围拥着一个人从后房门进来。这个人打扮与众姑娘不同，彩绣辉煌，恍若神妃仙子：头上戴着金丝八宝攒珠髻，绾着朝阳五凤挂珠钗，项上戴着赤金盘螭璎珞圈，裙边系着豆绿宫绦，双衡比目玫瑰佩，身上穿着缕金百蝶穿花大红洋缎窄袄，外罩五彩刻丝石青银鼠褂，下着翡翠撒花洋绉裙。一双丹凤三角眼，两弯柳叶吊梢眉，身量苗条，体格风骚，粉面含春威不露，丹唇未起笑先闻。黛玉连忙起身接见。贾母笑道："你不认得他，他是我们这里有名的一个泼皮破落户儿，南省俗谓作'辣子'，你只叫他'凤辣子'就是了。"黛玉正不知以何称呼，只见众姊妹都忙告诉他道："这是琏嫂子。"（出自《红楼梦》第三回）

寻人启事

王红，女，沈阳人，1976年2月20日出生，身高1.64米，身材偏胖，留有中长卷发，戴银边半框近视眼镜。性格内向，不爱说话，曾有抑郁症病史。于2017年2月26日在沈阳北站走失，走失时身穿红色棉服，黑色牛仔裤，暗红色皮鞋，系黑白格围巾，手拿深蓝色帆布手袋。

如有知情者请提供线索，对提供准确信息者有重谢。

联系人：李建国　　联系电话：13912345678　　024-87654321

2017年2月28日

这两篇文章中都有对人物外貌的描绘，第一篇为文学作品，运用了多种人物表现手法。第二篇为应用文，使用了平实客观的语言，对人物的特征进行了陈述。

例文赏读

例文一

致全市高考考生和家长的一封信

尊敬的考生和家长：

你们好！

2017年高考将于6月7—9日进行，其中9日上午为"双语"答卷考生的语文考试科目。为便于考生顺利、安全地参加考试，我们特别提醒广大考生和家长注意以下事项。

1. 考前准备要细心

领取准考证后，要记住各科考试时间，仔细阅读《考试规则》和答题规定，记住所在考点名称、地址及具体考场；要提前了解考点所在位置、周边情况和前往考点的最佳路线及其交通流量状况，合理安排出行方式和休息场所，以免赴考途中堵车；考试当天出发前，要仔细检查是否带齐本人准考证、二代居民身份证及考试必备用品，避免因忘带、漏带而影响入场。

2. 考生不要携带下列物品进入考场

各种与考试内容有关的材料、与考试内容有关的电子设备；具有接收或发送信息功能的设备（如手机及其他无线接收、传送设备）；涂改液、修正带等物品；非指针式手表、非常规的橡皮等。尽量不要穿戴带有金属的服装及饰品。按照有关规定，一旦考生把规定以外的物品带进考场且没有放到指定的考生物品存放处，将按考试违规进行处理。

3. 主动配合考试安全检查，别紧张

准备好本人准考证；携带饮品要开盖接受检查；携带的手机关机后交给考试工作人员统一保管，考试结束后凭准考证领回。自觉维护考试秩序，服从考试工作人员管理，不得有扰乱考试秩序的行为。考试结束后，要尽早离开考点学校，不要在考点学校逗留。

4. 了解考试管理规定，莫违规

考试期间要严格遵守考试规定，服从监考人员的指挥和管理。为创造公平、公正的考试环境，我市将继续强化考场内部管理，采取多项措施防范违纪作弊。今年所有考点、考场的考试情况实行全范围、全时段网上监控和录像。考试结束后，省、市将对考场录像资料进行回放审查，发现考试违纪作弊行为画面及时截屏作为查处依据。考试期间将开启全频段无线信号屏蔽设备，每个楼层还有监察人员进行动态巡视。公安、信息产业部门将在考点周边运用技术手段对有害通信信号进行跟踪和干扰，对可疑人员和车辆进行排查。需要特别强调的是，考生一旦违纪作弊，将取消当科高考成绩或全部高考成绩；作弊情节严重的，三年内不准参加高考；构成犯罪的移交司法机关处理。2014年，四川广安破获一起有组织的高考作弊案件，抓获的14名涉案人员（其中7名为名牌大学在校生，3名为应届考生）均被判处有期徒刑，7名大学生被开除学籍，3名应届考生三年内不准参加高考，其结局着实让人痛心。希望广大考生和家长朋友们引以为戒，严格自律，做到诚信应考、安全应考；也希望广大家长保持清醒，摒弃侥幸心理，不要参与售卖高考答案、购买作弊器材等任何违法活动，千万别给孩子帮"倒忙"，别让孩子在成长过程中留下遗憾和悔恨！

最后，预祝考生取得理想成绩！

××市招生考试办公室

2017年5月18日

例文二

个人实习工作总结

为了进一步了解秘书岗位的特点和要求，不断拓宽和更新知识结构，强化职业道德和职业岗位意识，培养自身的工作能力，提高业务技能，将理论知识付诸实践，积累实际工作经验，为将来走上工作岗位和胜任秘书工作打下坚实的基础。根据学校和中国语言文学系本科学生专业实习的相关安排，本人于2017年4月在新天地文化传媒公司进行了为期1个月的专业实习。在指导老师的精心指导和单位负责人的具体安排下，我制订了相应的实习计划，注重巩固和提高文秘理论知识，以期达到根据理论知识指导日常工作实践的目的。同时，我将专业实习和新闻写作工作相结合，潜心学习，努力工作，积极和指导老师联系，按时报告本人实习情况，并经常和其他同学交流实习体会，圆满地完成了任务，收到了较好的效果。现将实习的相关情况总结如下。

一、基本情况

进入公司后，我被分配到办公室工作，我的主要工作任务有三方面：一是办公室接待，主要负责办公室的日常接待、收发文件、接打电话、传达会议精神、处理公文、编写接待方案等；二是公司网站新闻及公众号的更新和编辑工作；三是档案管理工作，主要负责档案的分类、归档，机密文件的处理，收发文件等。

二、主要工作

实习期间，我主要做了以下工作。

（一）以提升写作水平为目的，参与了一系列文字性工作

1. 报道稿的写作。实习期间撰写了"金点子"创意征集、公司招标、阳光采购等新闻报道，在公司网站发表了影视评论《〈欢乐好声音〉背后的温馨与感动》，编辑发表了散文《文字的香醇》。

2. 文章审核、送审，图片编辑工作。把编辑好的稿件按照一定的格式发表在公司网站上，如有需要还必须对有关文字和图片进行编辑和处理。

3. 公司内部刊物《新天地物语》的文字校对工作。对已完成排版的刊物进行校对，主要包括修改语病，纠正错词错字，适当调整结构，并对有关内容提出合理化建议。

（二）以提升能力为需求，参与计算机培训、物资招标等活动

实习期间，积极参加了公司为员工组织的计算机基础知识培训活动，学习了有关计算机基本技能；参加了公司的配送物资招标活动，熟悉了招标的整个流程，学到了一些招标和投标的实际操作技能技巧。

（三）以熟悉办公室工作为出发点，积极参与办公室的日常工作

实习期间，共参与组织了1次公司年会，了解了会议组织基本流程；协助负责会议的摄影工作，习得了一些摄影和图片处理技巧；协助负责日常的值班、签到、电话接听、文件、信件收发与处理等工作。

三、实习体会与经验

通过本次实习，我的专业能力得到很大提升，对文秘工作的主要内容及重要性有了更深一步的了解，主要有以下体会与经验。

（一）思想政治理论知识对文秘工作人员十分重要，必须加强学习

略。

（二）秘书必须是多面手，要做到专与广相结合

略。

（三）要不断领悟，注意秘书工作中的艺术

1. 学会拒绝。……

2. 主动工作，超前谋划。……

3. 注意场合，谨慎说话。……

4. 重视领导安排，按时完成工作。……

5. 不要在公众场合和上司面前随便评论别人。……

6. 要积极调整心态，坦然面对挫折。……

（四）必须要有很强的信息意识和主体意识

略。

（五）要大力提高自己的写作水平

略。

（六）要学会坦然面对和适应

略。

"纸上得来终觉浅，绝知此事要躬行。"我发现自己在课本上学到的理论知识如果不与工作实践相结合就显得太有限、太浅薄。在实习过程中也发现了自己不少缺点，比如，做事比较粗心大意，经常有浮躁情绪，容易冲动；说话不太注意方式，还有懒惰心理，不能

很好地处理工作和学习的关系等。在以后的学习中，我将认真学习科学发展观，用科学发展观指导自己平时的学习和生活，在不断加强理论知识学习的基础上，努力做到理论与实践相结合。

王××

2017 年 5 月 26 日

思考题

1. 什么是应用文？
2. 简述应用文的特点。
3. 简述应用文写作和文学创作的不同点。
4. 我国第一部应用文总集是什么？

第二节　应用文写作的构思

必备知识

一、主题的确定

主题又称为主旨，是作者在文章中所表达的中心思想或基本观点，是作品内在的思想核心。

应用文的主题就是作者通过文章的内容所表达的写作意图、观点、目的等。它是一篇文章的灵魂，是统率文章其他要素的主帅，确定文种、选取材料、形成结构都要紧紧围绕主题来进行。

（一）主题的要求

1. 客观

作者撰写应用文的意图是因客观的现实需要而形成的，主要为了表明生活中的某种态度。因此，应用文的主题要从客观的材料中提取，反映客观事物的本质与规律，力求尊重事实，尽量剔除作者主观感情因素的影响，避免剑走偏锋、以偏概全。

2. 集中

所谓集中，就是指一篇应用文集中表达一个主题，一文一事，突出重点。全篇内容紧紧围绕主题展开，不要试图在一篇文章中表达多个意思，集中笔力于一个方面，防止行文混乱。对于篇幅较长、内容涉及较多的应用文，可以围绕一个主题的几个侧面进行叙述。

3. 鲜明

鲜明是指文章的观点要明确，赞成什么、反对什么、说明什么，都应清清楚楚、明明白白地表达出来，不能模棱两可、似是而非。应用文写作的根本目的是解决问题，主旨清晰鲜明，以引起读者注意、节省读者时间，也可以提高工作效率，便于人们操作。

4．深刻

反映客观社会的人、事、物本质和规律时，要抓住本质，挖掘具有实质性的问题，提出有借鉴意义的观点和行之有效的措施，防止表面化、一般化，切忌人云亦云。应"见人所未见，发人所未发"，写出"人人心中有，人人笔下无"的内容来。

（二）体现主题的方式

1．在标题中点明主题

标题，顾名思义，就是标示主题。应用文的标题往往直接揭示主旨，起到概括文章事实的作用，使阅读更具有直接性，也便于存档和索引。同时，为了醒目，演讲稿、广告词等文种的标题还要尽量新颖活泼。

2．在文章的开篇或结尾点明主题

应用文经常用一段文字概括主题，放在显要位置，如文章的开篇或结尾。通篇围绕主题段展开，统领全文。

二、材料的选择

材料是体现文章主题而积累的各种理论和事实依据，是撰写文章的基础。如果说主题是文章的灵魂，那么材料就是文章的血肉。主题要靠材料阐明事实及观点，并且不能超出材料的范围。选择材料时主要应抓好以下三个环节。

（一）收集

收集材料的方法有两种：直接获取和间接获取。

直接获取，是指作者在现实生活中，通过自身的观察、体验、感受直接占有的方法。想要获得此类材料必须结合实际、深入生活。不仅要注重工作和生活的积累，还要学会调查研究。可以通过实地调查、问卷调查、访问、开座谈会的方式，将调查研究的结果形成文字，在文章中采用。

间接获取，是指作者通过某种传播媒介而获取材料的方法，包括翻阅档案、查阅文件和资料、读书看报从而获得历史和现实的素材。作者可以从中获取有效信息，总结他人工作的得失，从而促进对问题的深入探讨和研究。

（二）分析与整理

现代社会中的信息浩如烟海，并不是所有收集到的材料都要在文章中使用，收集到的信息也不一定完全正确，这就要求收集者要对材料进行细致、耐心的分析与整理，建立材料储备库，为选择恰当的材料做好前期准备工作。

（三）选择

1．围绕主题

材料是为主题服务，选材时一定选择最能说明主题的材料，反之，一定要坚决舍弃。很多人在得到大量材料之后，不忍割爱，将所有材料堆砌起来，反倒令主题模糊不清，冲击了主题的中心地位。

2．真实准确

应用文写作与文学写作不同，真实、准确是它的基本要求。可以对材料进行形式上的整理、语言上的修改，但绝不能进行艺术加工，不允许主观想象和猜测。只有经得起推敲、符合客观事实的材料才能被使用。特别是涉及时间、地点、人物、事件、数据、引文等方面的材料，尽量使用直接材料或具有一定权威性和可信度的间接材料。

3. 详略得当

材料是为主题服务的，因此应依据主题进行材料的选择和使用。材料虽多，但在文章中的地位和作用不尽相同，并不需要各个展开、面面俱到。能直接而深刻表现主题的材料，要详细阐述；只对主题起辅助作用的材料，就可以写得概略简单一些。

4. 典型新颖

典型的材料是指能够深刻揭示事物本质、具有广泛代表性和强大说服力的材料。材料不在多而贵于精，应挖掘最能把握问题关键、深刻且表现写作意图的材料。

新颖的材料是指能反映当下事物发展，符合时代特点，现实生活中人们关心、关注的材料。新事物、新情况、新思想、新经验更能引起人们的阅读兴趣和情感共鸣。

写作指南

应用文的主要结构要素如下。

一、标题

应用文的标题要切题、醒目、简练，应直接揭示主旨或表明文章内容。常见的标题类型有以下三类。

（一）公文式标题

公文式标题由发文机关、事由、文种三部分构成，事由的前面一般加入介词"关于"，如《国务院关于建立统一的城乡居民基本养老保险制度的意见》《教育部办公厅关于组织开展中小学校园足球工作专项调研的通知》。除此以外，还有些文章采用类似公文式标题的写法，可以不用"关于"的引出事由，但必须有文种名称，如《2017年度工作总结》。

（二）文章式标题

文章式标题可以直接点明文章的内容和范围，如《大学生电子阅读现状分析》《用友神话是如何创造的》《崇高的理想》。

（三）简洁式标题

简洁式标题可以直接采用文种作为标题，如《求职信》《请柬》《合同》。

二、开头

与文学作品的委婉、含蓄不同，应用文的开头要求开门见山、直奔主题。常见的开头方式有以下几种。

（一）交代写作目的、起因和依据

此类开头方式经常使用在公文和法规文书中，一般以"为了……""由于……""鉴于……""依据……""根据……""遵照……"等开头，其依据的内容多为法律法规、文件精神、领导指示。还可以将目的、起因、依据三个方面结合使用。

（二）介绍背景和情况

介绍背景和情况即概括介绍时间、地点、范围、事件等基本要素，多用于会议纪要、调查报告、简报等文种。

（三）表明态度

文章开篇对转发、颁布的文件或来函表明态度或进行评价，然后再说明有关事项。转发性的通知、对请示来函的批复常用这种开头方式。

（四）揭示主题

揭示主题即开篇就亮明观点、揭示主题，引起读者对文章观点的注意。

（五）问候致意

一般贺信、感谢信、演讲稿多用此方法，目的是给人以亲切感，拉近双方感情距离。

三、主体

主体是应用文的核心部分，应安排好主体的表述次序。条理清晰地展开述说，以便使读者更好地把握文章脉络，理解文章主旨。常见的主体结构方式有以下几种。

（一）时序式

时序式是以时间的推移、事物发生发展的过程为序的结构方式，体现为各层次在时间上的先后顺序，多采用夹叙夹议、叙议结合的方法。调查报告、情况通报、工作总结、述职报告多采用这种结构。

（二）总分式

总分式是围绕某一中心点，先做总述，后做分述，分述内容并列分布的结构方式。可以采用"总—分""总—分—总"或"分—总"的结构框架，适用于总结、简报、调查报告等文种。

（三）递进式

递进式是指内容之间层层推进、逐层深入，由浅入深、由表及里地阐述剖析。经济活动分析报告、意见、演讲稿常采用这种方式。

（四）并列式

并列式是文章各层意思无主从关系，并排排列，共同表达主旨。可以按照空间分布安排层次，例如，简报、调查报告、情况通报常常把不同地区、不同部门的动态情况并列报告。可以按照材料的性质归类安排层次，例如，总结、经济活动分析报告可以按照材料的性质分出几个层次；还可以按中心论点的各个侧面提炼分论点，例如，学术论文要求从不同的角度共同论证论点。

（五）逻辑式

逻辑式指采用"提出问题—分析问题—解决问题"的逻辑层次安排结构，适用于调查报告、市场调研类应用文。

在搭建结构、安排表述层次时，为了更加清晰地展现阐述顺序、便于读者阅读，可以采用以下几个小技巧。

1. 用小标题突出层次

对于篇幅较长、内容复杂的应用文，可以使用小标题将文章划分出几个相对独立又紧密相关的部分。小标题可以是分论点，也可以是论述内容。小标题的设置应在同一层面且互不交叉包含。小标题的语言应简明精练，句式、字数、词性尽量整齐和谐。

2. 用序数词或数字标注顺序

对在内容上有包含关系或需要分条目说明的文章可以标注数字帮助厘清上下层次关系。使用数字时常用的方式有两种：一是采用"第一""第二""第三""首先""其次""再次"的方式；二是使用数字。使用数字时应注意层次关系。一级标题使用"一""二""三"，二级标题使用"（一）""（二）""（三）"，三级标题使用"1.""2.""3."，四级标题使用"（1）""（2）""（3）"。

3. 注意过渡和呼应

相邻的层次和段落之间需要衔接和转换,以便使文章结构成为紧密联系的有机整体,使读者思路顺势转变。常见的过渡方式如下。

(1) 关联词过渡。例如,在层次间存在转折关系时可以采用"但是"等词语过渡,存在因果关系可以用"为此"等词语过渡,存在分总关系可以用"综上所述""由此可见"等词语过渡。

(2) 句子过渡。例如,使用总括句或直接使用"……总结(通知、建议)如下"等固定句式都是很好的过渡方式。

(3) 段落过渡。对于篇幅较长的各个层次之间,可以采用过渡段来保持全文的通顺。为使文章主题突出、结构完整还需要注意不相邻层次和段落之间的关照、呼应。常见的呼应方式有首尾呼应、题文呼应、前后呼应。

四、结尾

(一) 以专用词语结束全文

部分文种有相对固定的结尾用语,如"特此通知""当否,请批示""现予以公告""请尽快函复为盼"。

(二) 以点题形式结束全文

在结尾点明主题或深化观点,可以加深读者对文章的理解,多用于工作总结、演讲稿、学术论文。

(三) 以号召、希望结束全文

结尾采用号召读者、展望未来、鼓舞士气、寄托希望的方法,适用于行政机关公文中的下行文、会议讲话。

(四) 以强调文本要求结束全文

结尾再次强调具体要求,提醒读者注意,指出此举的现实意义和历史意义。

(五) 自然结尾

主体部分已经言尽意明,无须结尾,一些公务文书、经济类文书可以采用这一方式。

例文赏读

沈阳市人力资源和社会保障局
关于加快我市高校毕业生创业孵化基地建设的通知

各区、县(市)人力资源和社会保障局,各促进高校毕业生就业协作体成员单位,驻沈高校:

为充分发挥高校毕业生创业孵化基地在促进高校毕业生创业中的助推作用,按照《人力资源和社会保障部关于推进创业孵化基地建设进一步落实创业帮扶政策的通知》(人社部函〔2012〕108号)、《省人力资源和社会保障厅等九部门关于实施辽宁省大学生创业引领计划的通知》(辽人社发〔2014〕296号)和《关于沈阳市创业孵化基地管理暂行办法的通知》(沈人社发〔2015〕15号)要求,现就加快推进我市高校毕业生创业孵化基地建设有关事宜通知如下:

一、指导思想

坚持强化管理、搭建平台、政策扶持、稳步推进的原则，健全我市高校毕业生创业孵化基地管理服务机制，提供优质创业服务，引进优质创业项目，重点扶持一批具有较强自主创新能力和市场发展潜力的高校毕业生创业企业和创业项目，用创业带动高校毕业生实现更高质量就业。

二、目标任务

2015—2017年，全市建成30所高校毕业生创业孵化基地，为在我市创业的高校毕业生提供创业场地、创业项目、融资服务、人力资源推荐等全方位创业服务，实现高校毕业生创业与区域经济发展、人才培养、促进就业一体化发展新局面。

三、申办高校毕业生创业孵化基地的条件

（一）有稳定的创业场地。场地内有相应的供电、供水、消防、通信、网络等基础配套设施，满足孵化对象生产经营基本需求，并对孵化对象实行场租减免等优惠。

（二）有完善的孵化基地管理制度。具备明确的孵化对象及退出标准，帮扶措施和评估机制及财务管理等制度。基地有专业的服务团队进行创业政策落实与指导。

（三）入驻孵化基地的高校毕业生创业企业不低于孵化基地创业企业总数的20%。并且孵化成功的高校毕业生创业企业应不低于入园孵化的全部高校毕业生创业企业数的40%。

四、创业孵化基地基本功能

（一）场地保障功能。能为孵化对象提供低成本的生产经营场地、基本办公条件和后勤保障服务。

（二）创业指导功能。组建创业指导师资队伍，能为孵化对象提供创业培训、经营管理指导、创业项目推介和创业信息咨询等服务。

（三）市场推广功能。能为孵化对象提供战略设计、市场策划、市场营销、项目推广等服务，并开展孵化基地及孵化对象宣传活动，提高市场知名度。

（四）事务代理功能。能协助孵化对象办理登记注册及变更手续，提供财务代账、融资担保、专利申请、法律维权等代理服务。

（五）政策落实功能。能为孵化对象提供较完善的创业政策咨询，并积极协调相关部门落实各项税费减免、社保资金补贴、小额担保贷款等扶持政策。

五、申办高校毕业生创业孵化基地的要件（略）

六、有关要求

（一）加强领导，明确责任。（略）

（二）加强管理，严格考核。（略）

附件：1. 沈阳市高校毕业生创业孵化基地申请表
   2. 沈阳市高校毕业生创业孵化基地孵化企业情况汇总表

沈阳市人力资源和社会保障局（印章）
2015年8月18日

思考题

1. 简述应用文的几种常见开头方式。
2. 简述应用文主体部分的几种常见结构。
3. 简述应用文的几种常见结尾方式。

第三节 应用文写作的表达方式

必备知识

表达方式就是在撰写文章的过程中，对有关内容进行表达时所采用的表述角度与方法。一般文章的表述方式有五种：叙述、描写、议论、说明和抒情，其中描写和抒情除了在广告、演讲稿、书信类文章中使用以外，大部分应用文中很少使用。

一、叙述

（一）叙述的含义

叙述是对人物的经历和事物发生、发展过程所做的记叙和交代。叙述的内容包括时间、地点、人物、事件、原因、结果六个要素。在应用文中，叙述主要用来介绍人物的经历和事迹、介绍事件的基本情况、交代事件发生发展的过程、说明问题的来龙去脉。

（二）叙述的类别

1. 顺叙

顺叙是按照事件发生、发展、结束的顺序进行叙述，是最基本的叙述方式。应用文中大部分的叙述都是顺叙，此种方法可以把事物发展的过程叙述得脉络清晰、层次分明，符合人们的阅读习惯。

2. 倒叙

倒叙是根据写作需要，先交代事情的结果或某个精彩的片段，再按照事件发展的顺序进行叙述。倒叙能够造成悬念，激起读者的阅读兴趣。也可以使文章变得跌宕起伏、波澜曲折。通讯、调查报告常用这种叙述方法，但应注意文章内部结构的转换和过渡，转换要明显，过渡要自然，不能出现意思混淆、结构脱节的现象。

3. 插叙和分叙

插叙是按照主线叙述的同时，插进去一段，或是对过去的追忆，或是对上下文的补充。分叙是指分别叙述两件或两件以上同时发生的事情。这两种叙述方式多用于文学性作品，应用文中很少出现，只在消息、通讯中才有所使用。

（三）叙述的要求

1. 人称明确

记叙人称就是指作者叙述时的角度和立足点，可以分为第一人称和第三人称。

第一人称是指作者从自我出发，直接叙述"我"或"我们"的亲身经历和亲眼观察的事物，是作者在讲述自己的所见所闻、所想所做。第一人称叙述偏重于主观性的叙述，其优点是自然、亲切、可信，缺点是受时间、空间制约，对"我"视线以外的人物、景物、事件无法顾及。

第三人称是指作者站在第三者的立场和角度，客观叙述他人的经历和事迹。第三人称能突破时空限制、自由灵活反映客观事物，所以更加理智、冷静。

2. 简明扼要

应用文写作的叙述多属于概括性叙述，不要求把人和事叙述得细腻逼真、活灵活现，也不要求叙述得详尽、具体、完整，而是要求使用简洁的语言，扼要地叙述事实本身，给人以整体的认识。

3. 详略得当

应用文写作的叙述不求面面俱到，无须近乎描写的大肆铺陈，只应抓住重点，分清主次。对表现主旨起重要作用的内容就详写，对表现主旨作用不大的内容就略写，做到详略得当、重点突出。

二、议论

（一）议论的含义

议论就是运用概念、判断、推理等方法，通过事实材料，分析事物间的内在联系、揭示事物本质和规律、阐明作者观点的表达方式。议论由论点、论据、论证三个要素构成。论点就是作者对某个问题的看法和主张，是议论的主旨，提出"证明什么"的问题；论据是作者为了证明论点的正确或反驳某种观点而使用的事实或理论依据，它是议论的基础，回答"用什么证明"的问题；论证是作者用论据证明论点的过程和方法，解决"如何证明"的问题。

在应用文写作中，议论使用得相当普遍，可以夹叙夹议、先叙后议。议论的使用可以更加鲜明地表明观点、阐释道理、深化主旨。

（二）议论的方法

1. 事实论证

事实论证，即用典型的事例作为论据证明观点的论证方法，也称举例论证。事实论证要注意选用事实必须具有真实性和典型性，注意论据和论点关系的一致性。

李克强总理2014年3月5日在第十二届全国人民代表大会第二次会议上做的政府工作报告中谈到居民收入和经济效益持续提高，就以中国2013年的发展现实充分有力地证明了这一观点。

城镇居民人均可支配收入实际增长7%，农村居民人均纯收入实际增长9.3%，农村贫困人口减少1 650万人，城乡居民收入差距继续缩小。规模以上工业企业利润增长12.2%。财政收入增长10.1%。

2. 对比论证

对比论证，即将论据中截然相反的两种情况进行比较，从而得出正确结论的论证方法。对比论证应注意所选用的事实应具有明显的可比性，或"横比"或"纵比"，两者对比鲜明、互为衬托。

深圳证券交易所综合研究所的研究报告《中国企业海外上市市盈率比较研究》一文在谈到境内外上市公司市盈率水平时,为了说明境外上市的中国公司市盈率低,将几个资本市场的情况进行比较:

境内外上市公司市盈率水平比较(2005—2010年)

年 份	上海A股	香港主板	新加坡主板	中 小 板
2005—2010	46.24	17.24	12.59	33.94
2005	59.09	16.42	20.70	
2006	61.22	17.17	16.17	
2007	53.12	16.04	19.83	
2008	47.89	17.55	19.83	
2009	42.95	18.13	17.96	35.47
2010	33.87	16.38	17.25	27.67

上表显示了境内上市的中国公司与境外上市的中国公司2005—2010年间的市盈率比较。由表可见,上海A股公司2005—2010年各公司平均年度市盈率为46.24倍,而香港主板的中国公司的平均年度市盈率仅为17.24倍,两市场上市公司的市盈率均值相等在1%水平上被拒绝($t=35.35$),说明上海A股公司的市盈率显著高于香港主板的中国公司的市盈率。中小板上市公司2005—2010年平均年度市盈率为33.94倍,而新加坡主板的中国公司年度平均市盈率仅为12.59倍,两市场上市公司的市盈率均值相等,在1%水平上被拒绝($t=18.05$),说明中小板上市的公司市盈率显著高于新加坡主板市场的中国公司。并且,在2005—2010的所有年份中,上海A股公司市盈率均高于香港主板的中国公司;在2005—2010的所有年份中,中小板公司的市盈率均高于新加坡主板的中国公司市盈率。对于本文中所有均值比较,我们均计算了对应的中位数比较,其结果与均值高度一致。

上文中,通过几个资本市场的比较,有力地说明了在我国香港主板和新加坡主板上市的中国公司的市盈率低于上海A股公司的市盈率的情况。

3. 因果论证

因果论证,即通过对事理的剖析,揭示论据和论点之间的因果关系,从而证明论点正确性的论证方法,注意论点和论据之间具有确实存在且合理的因果关系。

中国互联网络信息中心发布的《中国互联网络发展状况统计报告》中,关于网民上网情况的调查中为了说明"受教育程度与网民规模直接相关",采用了这样的论述:

了解非网民的情况对互联网的发展非常重要。调查结果显示,只有非网民的受教育程度、收入水平等提高,社会整体的上网规模才能进一步提高。

非网民的性别、年龄等人口结构相对固定,只有提高其受教育程度和收入水平才可提高其上网的可能性。从受教育程度上看,高中学历中还有8 335万人没有上网,初中学历中非网民则还有4.37亿人。

非网民与网民学历结构对比

受教育程度	非网民（%）	网民（%）	总体人口（%）	非网民数（万人）	网民数（万人）	总体人口（万人）
初中以下	52.9	6.7	45.5	58 412	1 397	59 809
初中	39.6	21.1	36.6	43 688	4 422	48 110
高中	7.5	36.0	12.1	8 335	7 570	15 905
大专及以上	0.0	36.2	5.8	22	7 602	7 624
合计	100.0	100.0	100.0	110 448	21 000	131 448

4. 引用论证

引用论证，即引用权威性的论述、法规条例、公理定理等作为论据证明论点的论证方法。注意引用材料应紧紧围绕论点，能对论点形成有力支撑。例如，《刘斌抢劫罪故意杀人罪辩护词》中是这样论证的：

审判长、陪审员：

重庆市红刚律师事务所接受刘开进（被告刘斌之父）委托，指派我担任刘斌二审辩护人，接受委托之后，我查阅了全案卷并会见了被告人。现针对一审判决提出如下辩护意见：

本案中，刘斌是从犯，应当从轻减轻或免除处罚。

《刑法》第二十七条，在共同犯罪中起次要或者辅助作用的是从犯，对于从犯，应当从轻、减轻处罚或免除处罚。

在共同犯罪活动中所处的地位来看，刘斌刚20岁出头，涉世未深，同案犯徐建忠、刘开礼均30多岁，加之刘开礼为刘斌的叔父，以及刘开礼、徐建忠两人共谋抢劫犯案之后，邀约刘斌等情况来看，刘斌是从属地位。

在实施犯罪的过程中，刘斌也只是充当一个望风放哨的角色，其本身也并不认识死者，也不可能联系、诱骗王昌松（本案受害者）来赶水收废铁。王昌松是由刘开礼、徐建忠诱骗至双溪厂以便实施抢劫行为，这些都不是刘斌所为。徐建忠对公安机关的供述中对此也有记载。

该辩护词的论点是刘斌作为从犯应当从轻减轻或免除处罚，为了证明此论点引用了《刑法》第二十七条的规定作为论证依据。

三、说明

（一）说明的含义

说明就是简明扼要地把事物的性质、特征、功能、分属类别等基本情况解说明白，将人物的特点、经历介绍清楚。说明在应用文写作中运用广泛，产品说明书、解说词、总结、报告、司法文书等文体，经常运用说明这种表达方式交代背景和情况。

（二）说明的方法

1. 定义说明

定义说明，就是用最简短的语言，把事物的本质特征揭示出来，使读者具有明确的概念。例如，在百度百科中对"微博"下了这样的定义：

微博，即微博客(MicroBlog)的简称，是一个基于用户关系的信息分享、传播以及获取平台，用户可以通过Web、Wap以及各种客户端组件个人社区，以140字左右的文字更新信息，并实现即时分享。

这一定义不仅指出了微博的性质、使用方式，而且还指出了其作用。篇幅较短，用词准确，易于被读者接受。

2. 举例说明

举例说明，就是举出典型例子说明事物或事理的方法。这种方法可以将抽象的事理解说得具体、形象，便于读者接受。

一般人总以为，年龄稍大，记忆能力就一定要差，其实不然，请看实验结果：国际语言学会曾对9~18岁的青年与35岁以上的成年人学习世界语做过比较，发现前者的记忆力不如后者好。这是因为成年人的知识、经验比较丰富，容易在已有的知识基础上，建立广泛的联系。这种联系，心理学上称为"联想"。人的记忆就是以联想为基础的，知识经验越丰富，越容易建立联想，记忆力就会相应提高。马克思50多岁时开始学俄文，6个月后，他就能津津有味地阅读著名诗人与作家普希金、果戈理和谢德林等人的原文著作了。这是由于语言知识丰富，能够通晓很多现代和古代语言的缘故。

为了说明年纪大的人不一定记忆力差这一现象，上文列举了马克思学习的实例，使这一说明更具有说服力。

3. 比较说明

比较说明，就是将两种或两种以上的事物进行对比，从而说明事物的特点和规律的方法，使读者对事物的本质有更加清晰的认识。

药品说明书

商品名：依苏
通用名：马来酸依那普利片
注意事项：有与血管紧张素转换酶抑制剂治疗无关的血管神经性水肿病史的人，在使用血管紧张素转换酶抑制剂时，发生血管神经性水肿的危险性可能增高。

上文将有特殊病史和无特殊病史的人相对比，使不适宜使用本药物的人群被清楚地区分出来。

4. 分类说明

分类说明，就是把说明对象按照一个标准，划分出不同类别，然后逐一进行说明的方法。

我国小麦分类是根据播种季节、皮色、籽粒胚乳结构，把小麦细分为9类：

(1) 白色硬质冬小麦，种皮为白色或黄白色的麦粒不低于90%，粉质率不低于70%的冬小麦。

(2) 白色硬质春小麦，种皮为白色或黄白色的麦粒不低于90%，粉质率不低于70%的春小麦。

(3) 白色软质冬小麦，种皮为白色或黄白色的麦粒不低于90%，粉质率不低于70%的冬小麦。

(4) 白色软质春小麦，种皮为白色或黄白色的麦粒不低于90%，粉质率不低于70%的春小麦。

(5) 红色硬质冬小麦，种皮为深红色或红褐色的麦粒不低于90%，粉质率不低于70%的冬小麦。

(6) 红色硬质春小麦，种皮为深红色或红褐色的麦粒不低于90%，粉质率不低于70%的春小麦。

(7) 红色软质冬小麦，种皮为深红色或红褐色的麦粒不低于90%，粉质率不低于70%的冬小麦。

(8) 红色软质春小麦，种皮为深红色或红褐色的麦粒不低于90%，粉质率不低于70%的春小麦。

(9) 混合小麦，不符合(1)～(8)各条规定的小麦。

5. 引用说明

引用说明，就是引用资料说明客观事物或被说明对象的情况。例如，以下例文在说明榔梅的产地时就引用了李时珍的记载：

明代著名医学家李时珍在《本草纲目》中记载："榔梅，只出均州太和山。"古时武当山叫太和山，地理位置均州。也就是说，榔梅只出产在武当山，其他地方绝无仅有。

6. 比喻说明

比喻说明，就是借助于打比方的方法把抽象的事理或复杂的事物说明得浅显易懂、确切具体、简洁生动。

石拱桥的桥洞成弧形，就像虹。古代神话里说，雨后彩虹是"人间天上的桥"，通过彩虹就能上天。我国的诗人爱把拱桥比作虹，说拱桥是"卧虹""飞虹"，把水上拱桥形容为"长虹卧波"。

7. 数字说明

数字说明，就是列举具体、准确的数字对事物进行说明。例如，《2015年中国大学生就业状况调查报告》中对自主创业意愿进行说明：

有53 180名毕业生表示有自主创业的意愿，占比为49.9%。可以看出，毕业生中近一半的人有创业意愿。在有创业意愿的受访毕业生中，41.5%的毕业生准备选择创业的原因是"个人理想就是成为创业者"，28.5%的受访者将创业归因于"展示自我价值和才能"，另外选择"有好的创业项目"(10.2%)、"未找到合适的工作"(6.1%)、"有家庭或社会关系的影响和帮助"(5.6%)、"受学校或同学创业活动的影响"(3.3%)也占到一定比例。

数字说明应力求准确，条件允许能够准确测算的必须用确数，由于年代久远或条件所限不能准确测算时，可以用概数。数字说明的优越之处在于可以把事物说明得更精确、更直观。例如，《中国石拱桥》一文，写赵州桥"全长50.82米，两端宽9.6米，中部略窄，宽9米"，以数字说明了赵州桥的长和宽。

8. 图表说明

图表说明，就是用图画和表格来说明事物的基本特征，这种方法比较简约，便于比较，使读者一目了然。

中国互联网络信息中心发布的《中国互联网络发展状况统计报告》为说明不同接入方式的网民规模列出如下表格：

不同接入方式的网民规模

接入方式			占总体网民比例(%)	规模(万人)
宽带			77.8	16 338
窄带	有线窄带		11.1	4 338
	无线窄带	手机接入	5.6	2 040
		其他无线接入	5.5	1 150

图表的形式多样，除列举表格以外，一般还可以采用柱状图、饼状图、曲线图等形式。

写作指南

一、应用文的语言要求

（一）准确

准确是应用文用语的最基本要求，是指用恰当的词语表现文章的思想内容，用语切合语体，造句合乎语法，连贯性和逻辑性强。

（1）用词要恰当、贴切，使用规范的书面语，一般不使用口语或不规范的缩略语。

（2）要注意区分词义和感情色彩的细微差别。例如，"事件"和"事故"、"违反"和"违犯"等；又如，"严格遵照执行""认真贯彻执行""请参照执行""仅供执行时参考"。

（3）应使用含义明确、具有确定性的语言，摒弃模棱两可、似是而非和容易产生歧义的语言。"可能""据说""差不多"这样的词语不符合应用文语言准确的要求。

（二）简练

简练是指应用文语言的简洁和精练。应用文重在实用，用最少的语言清楚表达文义，不追求辞藻的华丽和堆砌，不说套话、空话。多用短句，少用长句，减少句子多余的修饰成分。可以使用惯用词语、文言词语和专业术语，使文章简洁明了，庄重严肃。

（三）平实

平实是指应用文语言自然朴实。应用文实用性的特点决定了它的文风要朴实无华，平易直白，通俗易懂。无须使用夸饰性语言，不能含蓄晦涩、艰深难懂。它重在说明问题、讲清道理，所以力求直来直去，以获得简洁明快的阅读效果。

（四）得体

得体是指应用文的语言适度、有分寸，适合文体特征和要求。应用文文种不同，写作对象不同，文体要求不同，语言使用必然不同。例如，行政机关公文的语言要求庄严、客观，不能使用口语，而演讲稿、感谢信则需要使用感情浓烈、具有描绘性的词语。

二、常用句式和用语

开头用语：为了、由于、遵照、根据、依据、随着、当前、近来、兹有、据查、欣闻、奉。

称谓用语：第一人称"我""本"；第二人称"你""贵"；第三人称"该"。

引述用语：近接、现接、收悉。

转承用语：为此、据此、鉴于、总之、综上所述、总而言之。

经办用语：经、业经、兹经、现将、查照。

征询用语：当否、可否、妥否、是否可行、如无不妥、意见如何。

表态用语：同意、不同意、可行、不可、拟同意、原则同意、原则批准、准予备案。

祈请用语：请、敬请、恳请、烦请、提请、望、希望、盼、期。

告诫用语：责成、特命、不得、应。

呈递用语：呈上、转呈、奉上、递交。

结尾用语：特此通知；现予公布；此布；当否，请批示；以上报告，请审核；特此函达；此致敬礼；为要、为盼、为荷。

其他常用语：颁布、查处、大力、一度、基于、拟于、如期、切勿、事宜、就绪、已悉、函告、见复、商酌、特予。

三、特定用语释义及用法

当否：是否恰当，如"当否，请批示"。

鉴戒：教训，如"引为鉴戒"。

台鉴：请您审阅，如"某先生台鉴"。

台安：您安好，如"敬祝台安"。

径与：直接与，如"请径与某先生联系"。

以期：以此希望，如"以期在京举办"。

切切：千万注意，如"安全为要，切切"。

倾奉：刚才接到，如"倾奉上级指示"。

莅临：到来，如"恭请莅临指导"。

为要：是重要的，如"速办为要"。

为盼：是所盼望的，如"请速回函为盼"。

为荷：感谢您的帮助，如"请大力协助为荷"。

务期：一定要，如"年底务期完工"。

收悉：收到并知道了，如"来函收悉"。

函复：通过信件答复，如"请速函复"。

悉力：尽一切能力，如"望予悉力支持"。

兹将：现在把，如"兹将票据一并送上"。

思考题

1. 应用文写作可不可以采用抒情的表达方法?
2. 应用文所使用的语言具有哪些特点?
3. 你还知道哪些应用文的特定用语?

第四节 应用文写作的修改

必备知识

一、应用文写作修改的对象

(一) 主题是否正确、鲜明

应用文的目的明确、政策性强。完成初稿后,要核查是否能够准确地体现文章主题,如果主题模糊不清,结构再规范、语言再通顺,也是一篇毫无价值的文章。核查文章主题是否准确体现可以从五方面入手:第一,看是否符合国家的方针政策;第二,看文章的观点和论证方法是否正确;第三,看是否符合公务活动实际;第四,看是否有片面化、绝对化倾向;第五,看每段的内容是否围绕主题展开。

(二) 材料是否真实、典型

应用文主要靠事实、数据来支撑观点,如同大楼的基石,如果基石出现裂痕或缺失,大楼终将面临倒塌的危险。因此,材料必须真实可靠,不可添枝加叶,随意篡改。核查文章时应对每一个事实和数据进行逐一核对,检查数据是否真实准确、材料是否具有代表性、材料组合得是否合理、材料能否有效说明论点。

(三) 结构是否合理、规范

1. 文章结构是否符合文种要求

应用文各个文种都有相对固定的结构模式,完成初稿后要检查其是否符合文体的结构规范。

2. 文章层次是否清晰、符合逻辑

要从整体结构上查看文章谋篇布局是否合理,详略安排是否得当。如果是并排式结构,各层次不能重复,如果是递进式结构,应该由浅入深、由表及里,层层递进、步步深入。

3. 衔接是否紧密、过渡是否自然

各层次、各段落的衔接应该紧密,开头结尾、过渡照应应该自然得体,整篇文章应为统一的整体。

(四) 语言是否准确、得体

检查语言是否准确、得体可以从以下四个方面入手。

1. 修改错别字

"差之一字，谬之千里。"无论是手写，还是用电脑打字都有可能出现错别字。修改文章时，语言方面的第一任务就是清除错别字，特别是电脑写作，使用拼音输入法很容易产生同音字的错误，所以应注意查找并修改错别字。

2. 辨析词义

对词义模糊、概念含混的词一定要修改，避免产生歧义，另外，还要注意区分一些词义相近、词形相近的词语，例如，"截止"和"截至"、"权利"和"权力"、"制定"和"制订"。

3. 是否符合文体要求

部分文体对语言有较为严格的要求，应注意写作主体的身份，还应该注意所用词语的感情色彩。例如，行政机关公文中的请示属于上行文，不能使用"现决定如下"。又如，请柬、聘书、感谢信不能使用命令的口气。

4. 修改标点符号

标点符号表示语气的停顿，标点虽小，但作用很大。标点符号使用不正确会影响意思的表达，因此，完成初稿后应细致地检查标点符号是否存在错用、漏用、多用的情况。

二、应用文的修改主体

（一）自审自改

文章的作者最熟悉文章，可以有针对性地进行修改。自审自改一般适用于两种情况：一种是篇幅短、发文急的文章，如通知、通讯、简报、请柬等；另一种是篇幅较长和时限较长的文章，如学术论文等。

（二）专家评审

一个人的思路总是有限的，而且受思维方式的局限，考虑问题不可能面面俱到，所以，请专家帮忙改稿，特别是请权威的专业人士改稿可以扬长避短，快速提高文章质量。

（三）集体讨论

有些文章代表群体观点，作者只是执笔者。作者在完成初稿后需要进行集体讨论，最终形成定稿，如单位的工作总结、法规办法。

写作指南

应用文的修改方法有以下几种。

一、增

增是指对叙述、论证不够深刻的地方进一步补充，以使材料更加充实、观点更为明晰。应用文的写作中，特别是总结、调查、报告之类的文章，应力求所使用的材料充分而具有典型意义，以达到说明主题的目的。

二、删

删是指将文中多余、烦琐、重复的部分删减掉。文章并不是越长越好，应用文应简洁有力，能用一句话说清楚的，绝不赘述；能用一个材料切中主题的，绝不堆砌。凡是与主题无关的部分，即使语言再流畅、材料再新颖，也应毫不留情地全部删去。

三、调

调是指调整结构和顺序。应用文具有较强的逻辑性，必须条理清楚，结构严谨。如果内部层次安排不合理，会给读者带来理解上的障碍。

四、换

换是指将文中不正确、不合适的部分替换掉，主要包括换材料、换表达方式、换语句、换标点等。在修改文章时，不能敝帚自珍，要敢于改头换面。

例文赏读

病文

函

高峰科技生物有限公司：

　　您好！

　　首先让我们以京州生物技术学院的名义，向贵公司表示衷心的感谢。感谢你们为我院学生提供了实习岗位，为我院的教学工作给予很大帮助。目前我校又面临一个很难解决的问题。

　　事情是这样的：我校与贵公司空间距离很远，学生实习实行四班倒的日程安排，所以学生每天很晚还要在贵单位和学生宿舍之间往返。我校与贵公司有关部门多次商量，但5名学生的住宿问题，至今也没有得到解决。为保证学生的人身安全，恳请贵公司设法解决我校实习学生的住宿问题。

　　贵公司府高庭阔、物实人济，且具宽大为怀、救人之危的美德。以上区区小事，谅贵公司不难解决。我们不知贵公司还有什么实际困难，如果这些困难我校能帮助解决的话，请尽管提出，我校会竭力去办。再说一句，贵公司如能尽快解决我校实习学生的住宿问题，我们以我校领导的名义向贵公司领导深深地表示谢意。万望函复。

京州生物技术学院
2017年5月6日

例文

函

高峰科技生物有限公司：

　　我校派5名学生到贵公司实习一事，贵公司在4月19日的复函中表示可以安排。可是我校和贵公司有关部门多次联系，这些实习学生的住宿问题仍未能落实。

由于我校与贵公司距离很远，学生每天有近4个小时的时间花费在路上。更重要的是，由于岗位要求学生有晚上九点下班的情况，这些都带来一定的安全隐患。

为保证学生的人身安全，更好地完成实习工作，因此，恳请贵公司设法解决我校实习学生的住宿问题，条件差一点也可接受。所需费用，由我校负责支付。给贵公司添麻烦了，请谅。

望函复。

京州生物技术学院
2017年5月6日

思考题

1. 应用文的修改应该主要关注哪些方面？
2. 应用文的修改方法有哪些？

第二章 事务文书

　　事务文书是机关团体、企事业单位在处理日常事务时用来沟通信息、安排工作、总结得失、研究问题的实用文体，是应用写作的重要组成部分。由于这类管理类文体处理的日常事务亦为公务，所以事务文书属于广义的公文范畴。它与15种党政机关公文的区别在于：一是无统一规定的文本格式；二是不能单独作为文件发文，需要时只能作为公文的附件行文；三是必要时它可公开面向社会，或提供新闻线索（如简报），或通过传媒宣传（如经验性总结、调查报告等）。

第一节　计　划

必备知识

一、计划的含义和特点

（一）计划的含义

　　计划是国家机关、企事业单位、社会团体或个人为完成某项任务、实现某项目标、开展某项工作而事先做出筹划和安排的一种事务性文书。

　　计划是计划性文体的统称，它的范畴十分广泛，包括规划、纲要、安排、设想、方案、要点、打算等。一般来说，规划、纲要是长远计划，而纲要比规划更具概括性，如《沈阳市城市建设总体规划》《辽宁省循环经济2011—2015年发展纲要》；安排是短期计划，适用于内容单一、布置具体的工作，如《沈阳大学教务处第×周工作安排》；设想、打算是非正式的计划，而设想的适用时限较长，如《××市拓展就业安置门路的设想》《××学院争创文明学院的打算》；方案一般适合专项性工作，可操作性强，如《沈阳大学教学名师评选实施方案》；要点是对计划的主要内容进行的摘要，如《辽宁省财政厅2013年工作要点》。

（二）计划的特点

1. 目的性

计划具有明确的目的性。计划是为了达到某种目标，完成某项任务而制订的，有预期的目的，有明确的努力方向。

2. 预见性

计划是对未来工作的设想与筹划。它要求计划的制订者必须用科学的态度与方法对可能出现的各方面情况进行合理预测，对可能出现的问题和可能遇到的困难进行提前安排，以使计划更适合将来的发展情况。

3. 可行性

计划是要付诸实践的，它不仅要求目标明确，还要保证目标适中，既发挥计划的激励与指导作用，又要调动执行者的积极性。一个可行的计划不仅要措施具体，还要便于监督检查。

4. 指导性

计划有一种控制与约束的作用。一方面，制订者通过计划掌控工作的发展方向，实施对计划执行者的监督；另一方面，对于执行者来说，计划为其勾勒了发展蓝图、指明了工作目标，使工作有序展开，避免了盲目性。

5. 时限性

计划只在一个特定的时间期限内有效，无论是制订还是执行，如果没有时间限制，也就失去制订计划的意义。

二、计划的种类

根据划分角度的不同，计划可分为以下几类。

（1）按性质分，有专项计划、综合性计划等。

（2）按内容分，有教学计划、科研计划、生产计划、学习计划、销售计划等。

（3）按范围分，有国家计划、省（市）计划、地区计划、单位计划等。

（4）按时间分，有年度计划、季度计划、月份计划或长期计划、中期计划、短期计划。

（5）按要求分，有指令性计划、指导性计划等。

（6）按格式分，有条文式计划、表格式计划、条文与表格相结合的计划。

以上分类，各有侧重，相互交叉，以《2017年中小学教师国家级培训计划》为例，按时间分，属于年度计划；按范围分，属于国家计划；按格式分，属于条文式计划；按性质分，属于专项计划；按要求分，属于指令性计划。

写作指南

一、计划的内容与写法

（一）条文式计划的内容与写法

条文式计划包括标题、正文和落款三个部分。

1. 标题

计划的标题一般由四部分组成：计划的制订单位名称、计划时限、事由和文种，如《××公司2017年人才培训计划》。

有些计划主要在本系统内部实施，标题可以省略计划的单位名称，如《2017年教学工作计划》。

有些专项计划也可以省略计划的时限，如《沈阳大学青年教师培训计划》。

有些计划尚处于讨论阶段，还没有最后定稿，一般在标题右侧或标题正下方写上"草案""征求意见稿""试行稿"等字样，如《辽宁省2017年重点建设项目计划（草案）》。

2. 正文

计划的正文包括开头、主体和结尾三个部分。

(1) 开头。开头部分要简明扼要地说明制订计划的依据，写清楚为什么制订计划。行文时，多以"为了……""根据……""鉴于……"引出下文，讲清制订本计划的必要性。

(2) 主体。主体部分要写明计划的目标、完成时限、具体步骤及保障措施，就是要明了该计划"做什么""何时做""怎么做"等问题。

① 明确计划的目标，根据实际需要科学地制订具体的量化指标，这对避免计划的盲目性有重要作用。

② 明确完成计划的起止时间。完成计划中的量化指标不是无限期的，而是有时间限制的。只有明确时限，才能合理分配时间，规划工作步骤。

③ 明确完成目标所需采取的具体步骤、方法和保障措施。这是计划的核心部分，包括任务分工、步骤安排、物质条件、方式方法等内容。这部分体现着计划的自身价值与功用，因此在写作中必须详细、具体、准确地进行表述，以便计划的日后实施。

(3) 结尾。结尾一般提出希望和号召，鼓舞斗志；指出注意事项，强化工作的重点；提出督促检查的要求。结尾部分应根据实际需要，灵活掌握写法及内容，有的计划事项写完就自然收束，不需要结尾。

3. 落款

在正文右下方写明制订计划的单位（标题中已有计划单位的这部分可省略）和制订计划的日期。上报或下达的计划，则需在日期上加盖单位的印章。个人的计划在正文的右下方署名，署名的下行写上制订日期。

(二) 表格式计划的内容与写法

表格式计划也包括标题、正文和落款三个部分。

表格式计划的标题和落款部分与条文式计划的写法相同，不同的是主体部分。表格式计划的主体部分将任务、工作步骤、方式方法、完成时间、执行人员、完成情况，按照时间顺序制成表格，一目了然，直观性强。表格式计划适用于工作任务具体、时间性和程序性强的计划，如学校的教学工作计划、工厂的生产计划等。

二、计划写作的注意事项

(一) 着眼全局，科学预见

计划的制订应立足全局，不仅要对当前的人力、物力、财力等现实情况有清晰而全面的把握，还应当充分认识当前计划在全局工作中的位置，处理好整体与局部、长远与近期、集体与个人的关系。在此基础上，放眼长远，以发展的眼光科学地预见工作的前景。

(二) 实事求是，留有余地

制订计划要立足实际，所提的目标和任务应从本单位的实际情况出发，既不能过高，也不能过低;既要有进取性,又要留有余地,以便在执行过程中进行适当的调整。计划是经过相当的努力之后才能达到的行动纲领或行为目标,再好的计划,如果脱离了实际,也只能是纸上谈兵。

(三)内容具体,简明扼要

计划的目标、任务要具体明确,措施、步骤要切实可行,具有可操作性;切忌目标笼统、步骤含糊、分工不清。计划的行文语言以叙述和说明为主,要简洁明了,条理清晰,切忌拖沓冗长。

例文赏读

例文一

<h3 style="text-align:center">沈阳市清洁和可再生能源发展计划(2016—2017年)</h3>

提高清洁和可再生能源利用规模是我市加快调整能源结构的重要途径与手段,是改善人居环境、推进可持续发展的重要措施。为认真贯彻落实《沈阳市人民政府关于印发2016年抗霾攻坚行动实施方案的通知》(沈政发〔2016〕13号)精神,结合我市实际,特制订本计划。

一、指导思想

按照市委、市政府关于实施蓝天工程、推进可持续发展战略要求,以改善大气环境质量和优化能源结构为目标,大力引进和发展清洁和可再生能源,逐步减少并严格控制燃煤消费总量,加快清洁和可再生能源利用,为使我市以燃煤为主的污染型能源结构逐步向以天然气、电力、风能等为主的清洁型能源结构转变奠定良好基础。

二、工作目标

(一)推进城市供暖领域电能、天然气等清洁能源替代工程。2016年内完成建成区内10吨/小时(或7MW)及以下燃煤锅炉,以及非建成区具备替代条件的燃煤锅炉联网或清洁能源改造。……

(二)加大天然气引进和利用力度。计划到2017年,全市天然气消费量达到20亿立方米。燃气管网覆盖到全市70%以上的乡镇。……

(三)加快对风能、太阳能、生物质能等可再生能源开发利用规模,力争每年递增3%。……

(四)继续实施国家新能源汽车推广应用战略,加大新能源汽车推广力度。逐步将全市柴油公交车替换为新能源车辆。到2017年,全市新增和更新新能源车不低于5 000辆(标准)。

三、重点任务

(一)实施城市供暖领域清洁能源供热工程。

1."煤改电"方面。……

2."煤改气"方面。……

3.其他清洁能源替代方面。……

责任单位:市发展改革委、建委、环保局、财政局、房产局,各区、县(市)政府。

(二)加快天然气管网建设,拓展天然气利用市场。……责任单位:市发展改革委、建委、交通局。

（三）加快康平、法库地区风电场建设。……责任单位：市发展改革委，康平县、法库县政府。

（四）推进太阳能光伏发电应用。……责任单位：市发展改革委，各区、县(市)政府。

（五）扩大生物质能利用规模。……责任单位：市城管局、发展改革委、农经委、财政局。

（六）加快新能源汽车推广应用。……责任单位：市发展改革委、交通局、财政局、建委、城管局。

四、保障措施

（一）加强组织领导。……

（二）加强政策配套。……

（三）加强项目管理。……

（四）加强舆论宣传。……

沈阳市政府办公厅
2016 年 10 月 13 日

例文二

××大学学生会宣传部2017—2018学年工作计划

新的学年开始了，在这秋风送爽之际，校学生会的各项工作已经紧锣密鼓地展开了，我们宣传部也将以饱满的精神面貌迎接新学期的到来。作为新一届的宣传部部长，更是深感肩上责任之重。我们对新学年的工作主要划分为两个大部分：加强部门自身建设和加强本部门与其他部门的交往。针对学生会提出的"团结、严谨、求实、创新"的工作理念，我部做出了学生会宣传部新年度的工作计划，内容如下：

一、工作目标

1. 加强宣传部的纽带作用，积极配合各方面的工作。加强各部门的联系，积极主动地行使宣传职能，为我校学生会的宣传工作再添亮点。

2. 积极挖掘和培养宣传人才，为我校宣传工作注入更多新鲜血液。

3. 充分利用好展板和橱窗栏，做好院会活动总结和宣传工作。

4. 改革宣传部内部的运行机制。让每个人的能力都得以发挥，得以提高，拥有锻炼的空间。

5. 把宣传部建设成一个人性化的温暖大家庭。

二、加强部门自身建设和部门间的交流

1. 进一步完善部门内部的规章制度，提高工作成员的积极性，提高工作质量。

2. 细化部门内的工作记录，详细记录每位干事在任职期间所做的工作事迹，并做好每一次的会议记录。

3. 节约经费开支，为保证此项工作开展，每次海报、幕布打印等支出经费均本着透明的原则，以收据为证，实报实销。

4. 鼓励部门成员与其他部门成员沟通，及时了解其他部门信息，把工作状态由原来的被动转为主动，协助其他部门完成工作，以更好地起到宣传的作用。

5. 组织安排各院优秀橱窗、宣传栏的评比。尽可能地美化校园的宣传环境，增强宣传部门的宣传力度。

三、工作重点

1. 海报是我们宣传部的主要阵地，也是同学们获得信息的重要渠道，其宣传的力量和效果不言而喻，我部会发挥好学校的喉舌作用，为学校即将开展的校园舞蹈大赛、校园剧星风采大赛等活动做好宣传工作。我们可在原有工作习惯上，锐意创新，时刻保持宣传形式的多样化、新颖化。校园内单一的常规宣传模式已经在某些程度上给大家造成了视觉疲劳，在宣传方式上是否有所创新，将成为决定宣传效果好坏的重要因素。因此，宣传部将开拓更多的宣传途径，例如，通过改良传单、海报的版面来吸引同学们对活动信息的关注。此外，往日的宣传工作，每每将重点放在前期宣传上，因此也就忽略了活动举办后的后续报道。事实上，后期宣传不仅是对活动效果的一个推动，更是组织对活动的一次总结。

2. 我们要充分利用网络的便捷做好宣传，快速而又准确的信息传递使得网络宣传具有不可取代的地位，海报、网页、广播宣传的结合，可使宣传的效果最大化。宣传不仅是一个部门的工作，做好宣传需要每个部门的协调配合。活动前，我部会积极与主管部门做好相关的沟通，包括横幅、海报的制作要求，活动现场的摄影需求等。

3. 校园电台也是宣传中不可或缺的媒介，宣传部可以和电台协商通过电波进行宣传，把宣传工作开展得更深入人心。让同学们了解校学生会，并支持校学生会。

4. 让学院的宣传部成为校学生会宣传部和同学们之间的纽带，借助院宣传部的力量将我们的信息带给大众，把我们的工作开展得更彻底，使同学们能了解最新活动信息，同时，也通过院宣传部了解同学们更多的心声，做到上情下达，下情上传，使我们的宣传工作能更有目的性地开展。

这里需要着重提出的是：我部将积极配合其他部的工作，团结各部以及各成员去应对本年度即将到来的挑战。在今后的工作中，尽职尽责，尽心尽力，以饱满的热情、端正的态度去做好每一件工作，争取使宣传部的工作取得更好的成效，为创建优秀的部门做出我们自己应有的努力。我相信，只要校学生会宣传部能够上下同心，共同努力，在各部门的协助下，在老师的指导和帮助下，宣传部会越走越远，越走越好。

这就是我们宣传部在新学年的工作计划，我们一定会在过去一年的基础上，为学校和同学做出更大的贡献，这是我们的初衷和最终目标。我相信我们宣传部能够做到，而且还能做得很好，请大家相信我们！

2017 年 9 月 10 日

例文三
2018年度工作与学习计划

精彩无限的2017年就要过去，转眼间又要进入新的一年——2018年。2018年，将是一个充满挑战、机遇与压力的一年，对我来说也是非常重要的一年。从大学校园毕业出来工作已过4个年头，家庭、生活和工作压力促使我要努力工作和认真学习。为了使自己在新的一年里有更大的进步和成绩，我制订了2018年度工作与学习计划，内容如下。

一、工作计划

充分利用现有资源，尽最大努力、最大限度地开拓广告市场。鉴于目前我们的终端数量有限，因此，在争取投放的同时，也要为未来的市场多做铺垫工作，争取有更大投放量。根据终端数量的增长情况，有针对性地调整工作策略、开发新的领域。

1. 第一季度，以市场铺垫、推动市场为主，扩大××公司的知名度。因为处于双节的特殊时期，很多单位的宣传计划已制订完成，节后还会处于一个广告低潮期，我会充分利用这段时间补充相关知识，加紧联络客户感情，以期组成一个强大的客户群体。适当地寻找一些小的投放客户促使其将广告投放进来，但预计对方会要求很低的折扣或者以货抵广告费。

2. 第二季度，因为有"五一"劳动节的关系，广告市场会迎来一个小小的高峰期，并且随着天气的逐渐转热，夏季饮品、洗浴用品、防蚊用品等广告会作为投放重点被开发。

3. 第三季度，恰逢"十一""中秋"双节，会给后半年的广告市场带来一个良好的开端，白酒、保健品、礼品等一些产品会加入广告行列。并且，随着我公司终端铺设数量的增加，一些投放量大的、长期的客户就可以逐步渗入进来，为年底的广告大战做好充分的准备。

4. 年底的广告工作是一年当中的高潮，加之我们一年的终端铺设、客户推广，我相信这会是我们广告部最热火朝天的时间。随着冬季结婚人群的增加，一些婚庆服务、婚庆用品也会加入广告行列，双节的广告气氛也会在这种环境下随之而来。

我会充分地根据实际情况、时间特点，去做好客户开发工作，并根据市场变化及时调整工作思路，争取把广告额度做到最大化！

二、学习计划

做市场开拓需要根据市场不停地变化思路，学习对于业务人员来说至关重要，因为它直接关系一个业务人员与时俱进的步伐和业务方面的生命力。因此，我会适时地根据需要调整我的学习方向来补充新的能量。产品知识、营销知识、投放策略、数据、媒体运作管理等相关广告的知识都是我要掌握的内容，因为我深知，知己知彼，方能百战不殆（在这方面还希望公司给予我们业务人员以支持）。

另外，2017年11月，我报考了××大学的××专业，因为我了解到其中有很多的做影视前期、后期及管理的课程。广告部的管理、编播有很多工作涉及这方面的知识，我将系统、全面地进行学习，以便理论结合实际，让自己在广告部发挥更大的作用。

除去工作和学习之外，我将加强自己思想建设，增强全局意识、增强责任感、增强团队意识，积极主动地把工作做到点上、落到实处，尽最大的努力减轻领导的压力。

以上是我2018年的工作和学习计划，可能还很不成熟，希望领导指正。"火车跑得快，还靠车头带"，我希望能够得到公司领导、部门领导的正确引导和帮助。展望2018年，我会更加努力、认真负责地去对待每一个业务，也力争赢得更多的客户的认可，并积极地完善业务、开展工作，迎接2018年的挑战。

赵××
2017年12月5日

思考题

一、填空题

1. 计划主要有_____、_____、_____、_____、_____等名称。
2. 计划有_____、_____、_____、_____等特点。
3. 计划按照形式分为_____、_____、_____。

二、判断题

1. 计划的内容包括制订计划的依据、目标任务等。（　　）
2. 计划要具有设想性、预见性的特点。（　　）
3. 计划的标题灵活多样，没有严格的要求。（　　）
4. 制订计划是一种科学的工作和学习方法。（　　）

三、选择题

1. 计划的主体部分有（　　）。
   A. 目标任务　　　B. 开头　　　C. 结尾　　　D. 措施步骤
2. 条文式计划一般包括（　　）。
   A. 署名　　　B. 标题　　　C. 正文　　　D. 落款
3. "凡事预则立，不预则废"讲的是（　　）。
   A. 总结　　　B. 通知　　　C. 调查报告　　　D. 计划
4. 计划的署名应写在（　　）。
   A. 标题下　　　B. 日期下　　　C. 标题中　　　D. 正文右下方

四、简答题

1. 计划有哪些名称？它有什么特点？
2. 计划的写法有哪些注意事项？

五、写作题

1. 根据你在学校的学习和实际情况，写一份个人学期学习计划。要求内容翔实，语言表达得当，结构完整，字数在600字以上。
2. 请给学校的演讲活动写一份计划。要求格式正确，语言清楚流畅，不少于500字。

第二节 总　结

必备知识

一、总结的含义和特点

（一）总结的含义

总结是国家机关、企事业单位、社会团体及个人，对过去一段时期内的工作进行回顾、检查、分析研究，从中找出经验与教训、成绩与问题，用来指导今后工作的一种应用文体。

总结是使用广泛的一种应用文，常见的"小结""回顾""体会"等都属于总结。通过总结，可以全面、系统地回顾过去一段时间的工作，并从中获得经验，吸取教训，以便指导下一阶段的工作。总结虽然不具有公文的约束力，但对于工作开展却至关重要，有助于提高人们对工作的理性认识，增强工作的信心，调动工作的积极性。

（二）总结的特点

1. 回顾性

总结是对以往工作或活动的反思与回顾。写作总结的过程，就是对自身实践活动再思考与再认识的过程，思考在过去一段时间内做过什么、做得如何，并在回顾中发现问题，得出经验与教训。

2. 客观性

总结可以提高人们对以往工作与实践活动的认识，更有助于下一步计划的制订与执行。能否在总结中如实呈现以往工作的实际情况，直接影响着日后工作的开展。因此，总结在回顾过去工作时，要坚持实事求是，用事实说话，切忌弄虚作假，文过饰非。更不可避重就轻，只谈优点成绩，不谈缺点问题。

3. 理论性

总结是对以往实践活动的理性认识，是在对前一段工作的回顾检查基础上，进行的分析、研究、评价、鉴定，并上升到理性高度，得出规律性的结论。因此，总结既要有材料，又要有观点；既要有事实，又要有理论。

二、总结的分类

总结可以按照不同的标准分类。

（1）按内容分，有工作总结、生产总结、教学总结、学习总结、科研总结等。

（2）按时间分，有年度总结、季度总结、月份总结等。

（3）按范围分，有单位总结、部门总结、班级总结、个人总结等。

（4）按功能分，有汇报性总结、交流性总结等。

（5）按性质分，有专项总结、综合性总结等。

以上分类，相互交叉，同一总结按不同标准、从不同角度，可以被划分为不同类别。例如《2010年某局外事工作总结》，按内容分，属于工作总结；按时限分，属于年度总结；按范围分，属于单位总结；按性质分，属于专项总结；按功能分，属于汇报性总结。

写作指南

一、总结的内容与写法

总结包括标题、正文和落款三个部分。

(一) 标题

总结的标题有三种写法。

1. 公文式标题

公文式标题与计划的标题写法基本相同,由单位名称、总结时限、总结内容和文种四要素构成,其中单位名称与总结时限可以适当省略,如《共青团北京市委 2010 年工作总结》《2010 年销售工作总结》。

2. 文章式标题

文章式标题与一般文章标题写法相同,主要是用凝练的语言对全文内容高度概括,如《企业围绕市场转　产品随着效益变》《科技立厂　人才兴业》。

3. 双行式标题

双行式标题多由正副标题构成。正标题为文章式标题,副标题为公文式标题,如《助力国资并购　推动产业升级——某产权交易所 2013 年并购贷款业务总结》《抓改革促管理——某水泥厂 2012 年工作总结》。

公文式标题多用于汇报性总结,文章式标题与双行式标题多用于交流性总结。

(二) 正文

总结的正文包括开头、主体和结尾三个部分。

1. 开头

开头部分一般概述工作的基本情况,介绍总结所涉及的背景、时间、主要内容及成果。在写作时应注意有所侧重,或重点概述工作内容,或着重突出工作成果。

2. 主体

主体的部分是总结的核心部分,一般要写明以下两个方面的内容。

(1) 做法、成绩与经验。主要写明了做了哪些工作,采取了怎样的措施、方法和步骤,有什么效果,取得了哪些成绩,取得成绩的主观原因是什么。哪些做法是成功的、行之有效的,有什么经验和体会。这些内容中,做法、成绩是基础材料,经验、体会是总结的重点,在全文中占主导地位。

(2) 问题与教训。总结不仅要汇报成绩,更要对工作中存在的不足和出现的问题有清醒的认识,并能剖析问题产生的原因。问题与教训对于下一步计划的制订有很大的参考价值,可以帮助人们在以后的工作中避免类似问题的出现。

3. 结尾

结尾部分通常写明今后的工作设想和努力方向。通过总结,在肯定成绩、发现问题、总结经验教训的基础上,提出今后工作的目标和打算,从而增强信心,鼓舞斗志,把未来的生产、工作、学习等做得更好。

这样的内容安排主要适用于综合总结。如果是专题总结,则不必这样面面俱到,可侧重于成绩与经验,或侧重于工作进程和体会,或侧重于卓有成效的工作方法和特点,或侧重于问题和教训等,应视总结的具体内容和写作意图而定。

（三）落款

在正文右下方写明总结的单位（标题中已有总结单位的这部分可省略）和完成总结的日期。个人的总结在正文的右下方署名，署名的下行写上完成总结的日期。

二、总结写作的注意事项

（一）实事求是，切忌虚假

总结要如实反映工作中的成绩和问题、经验和教训，不能只报喜不报忧，也不能脱离实际随心所欲地拔高观点。反映情况不能片面，更不能前后矛盾。

（二）突出重点，切忌平淡

总结要根据工作实际、写作目的和总结的不同性质，内容有所侧重，不能不分主次、不分详略地平均用笔，也不能堆砌材料、平铺直叙，记流水账。

（三）写出特色，切忌平庸

总结要抓住事物的主要特点，反映出本单位工作的特点，要有自己的观点，不要千篇一律。

（四）注重分析，切忌肤浅

总结要善于从取得的成绩和出现的问题中寻根问底，不能只是罗列现象，堆砌材料，而应当对实践中的成功与失败、成绩与缺点进行分析研究，把感性印象上升为理性认识，从而归纳出带有规律性的观点。

例文赏读

例文一

市质监局2016年政府信息公开工作总结（节选）

2016年，在市委、市政府的领导下，在市政务公开办公室的指导下，我局结合部门工作实际，稳步推进政府信息公开工作。通过强化组织领导，积极创新举措，确保了政务公开工作的质量和效率，有力促进了各项质监工作的开展。

一、政府信息公开情况

我局高度重视政府信息公开工作，针对2015年存在的问题，将政务信息公开工作纳入全局绩效考核，制定出台了《沈阳市质监局政务信息公开工作制度》。……

（一）政府门户网站信息公开情况

今年，全局共发布各类信息811条。在中国沈阳政务公开信息网发布信息142条，占总数的18%；通过辽宁省民心网发布信息121条，占总数的15%；通过局门户网站发布动态信息548条，占总数的67%。政府信息公开数量和质量得到了进一步加强。

（二）民心网咨询投诉案件受理情况

我局共受理民心网群众诉求13件，按期办结率100%，反馈率100%，受到咨询群众好评。

（三）行政权力运行公开情况

我局高度重视行政权力运行公开工作，深入推进行政权力公开透明运行。……

（四）复议、诉讼和申诉情况

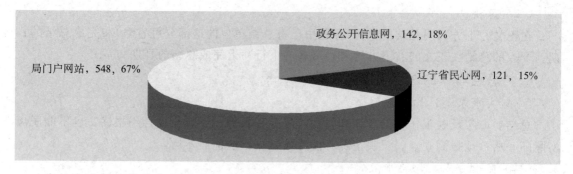

我局在法规宣传处专门设立一部监督电话，受理社会对我局政府信息公开工作的投诉。政府信息公开工作开展以来尚未接到与政府信息公开工作有关的投诉电话、信函。

（五）做好部门预决算信息公开和"三公"经费信息公开工作

按照全市统一部署，我局于5月30日在中国沈阳政务公开服务网公开2015年本部门预算和"三公"经费信息，内容包括部门概况、部门预算表和"三公"经费预算表、2016年部门预算情况说明和报表中专业性较强的名词解释。

（六）依申请公开工作情况

2016年，我局共受理依申请公开1件。已依据相关法律法规及时回复，并进行了备案。

（七）建议提案办理工作情况

承办市人大代表和政协委员建议提案共13件，全部高质量办结，实现见面率、办结率、满意率均100%。

二、政务公开工作情况

（一）加强领导，形成强有力的工作格局

一是健全政务公开工作机构。……

二是建全政务公开的相关制度。……

三是加强对政务公开的协调指导。……

（二）完善工作，构筑有效的长效机制

一是规范依申请公开机制。……

二是积极优化行政审批流程。……

三是强化信息监督检查机制。……

（三）创新载体，不断提高政务公开水平

一是依托政府门户网站，开展网上政务公开。……

二是依托新闻媒体，扩大政务公开的范围。……

三是依托举报投诉热线，切实解决群众困难。……

四是依托各类宣传活动，搭建政民互动平台。……

五是增加质监工作透明度，不断提高工作效能。……

三、存在问题及改进措施

在取得成绩的同时，我们也清醒地认识到全市质监系统政务公开工作还存在一定差距。一是工作创新不够。思想还不够解放，仍习惯于用老方法、旧思维处理问题。二是政务信息上报和公开还存在不及时、不全面的问题，也存在网上信息更新慢的问题。为此，在今后的工作中，我们将继续深入贯彻落实省、市相关文件指示精神，进一步改进工作方法，完善推进措施，重点抓好三个方面的工作：一是加强学习。定期开展学习培训活动，提高各部门、各单位领导对政府信息公开工作的认识。同时加强和兄弟单位的横向交流学习，借鉴先进经验，提高政府信息公开工作的水平和能力。二是丰富政府信息公开渠道。不断完善局门户网站的栏目和内容，使公众能够方便、快捷地获取所需信息。三是加强督查工作，加强对全系统政府信息公开工作的督促检查，确保政府信息公开的质量和效率，使政府信息公开制度化、规范化发展。

沈阳市质量技术监督局
2017 年 3 月 6 日

例文二

××校宣传部 2016—2017 学年上学期工作总结

随着期末的临近，宣传部的工作也已接近尾声。宣传部在校团委老师的领导和各部门的合作支持下，以做好学校各项活动宣传工作为重点，总体来说达到了目标。工作中，我们有过困难，有过快乐，但汗水与欢笑是大家工作中的主旋律，乐观、热情与创造力是推动部门工作不断进步的动力。在工作中，我们得到锻炼；在共事中，我们收获友谊；在一点一滴中，我们凝聚成团结、高效、奋进的团体。现将本学期的工作情况总结如下。

1. 积极配合了学校的各类大小活动，及时做好各项活动的宣传工作，让学校师生能够清晰地了解我校活动动态，开拓学生视野。

2. 在我校团委领导下，我部门大力配合文体部和社团指导部，及时并有效地完成背景布置、道具备用等工作。

3. 我部在 11 月协助青年志愿者协会主办了"成人宣誓仪式"活动，从中积累了很多宝贵经验，得到了学生会各部门的配合和帮助。

4.11 月中旬，宣传部协助校团委公布了 2016 年团委学生会干部名单，并制作红榜展出。

5.11 月末，宣传部协助体育部公布了运动员名单，并制作海报展出。

6.12 月学校举办的冬季运动会中，我部大力配合，完成背景和海报的制作工作。

宣传部主要以海报的形式进行宣传，每次的活动海报均由部员分工联手完成，既给了部员表现的机会，也加强了部员间的联系，促进了部员间的了解，使整个部门更加团结有力！

冬运会时，宣传部及时公布各项比赛的获奖名单，使同学们及时了解各学院的获奖情况。在参与这些活动的过程中，我们积累了丰富的经验也吸取了不少教训，这些都是指导我们今后工作的宝贵财富。

7. 我部还承担了"冬运会战士自我风采"的宣传海报制作工作，同时也非常感谢校团委老师对我们宣传工作的支持以及摄影部提供的精彩照片，使得我们制作的展板能够顺利展出。

本学期，宣传部的各成员工作都很积极，都付出了辛勤的汗水。同时我们也收获了喜悦、感动和温馨。宣传部的很多工作都是比较烦琐的，但我们宣传部的成员都能认真、细心地完成。

我部对下学期的工作做了如下展望。

1. 不断听取大家意见，共同建设学生会、建设宣传部。不断提高工作效率和质量方面，争取让全校师生满意。不断加强成员的自身品德修养、艺术修养，力争做"90后"大学生的表率；在内部关系和对外联系方面，主动友善，活跃校园，加强成员的责任感和荣誉感。

2. 确定学生会宣传部的品牌特色活动，扩展学生会的影响力，同时也多进行自主的活动，突出宣传特色。这学期宣传部自己主办的活动比较有限，我们要向青年志愿者协会学习，在协调好学习时间的同时多举办一些有宣传特色的活动。

总体来说，宣传部的每个成员都在工作中不断地成长，不断地进行自我提升。虽然在工作中我部还存在一些问题，但我们会认真总结不足，努力将我部的工作做得更加出色。

2017年1月10日

思考题

一、填空题

1. 总结通常有_____和_____两类。
2. 总结的主要特点是_____、_____、_____和_____。
3. 总结与计划不同，计划是_____的，而总结是_____的，计划写于行动之前，而总结则在行动之后。
4. 总结一般是用_____人称来写的。
5. 计划与总结既有联系，也有区别。_____是在计划执行一个时期或完成以后要检查_____的执行情况，又要反过来作为今后修订或制订的依据。

二、判断题

1. 写总结不一定要按照完成工作的时间先后顺序来写。（　　）
2. 总结不能采用新闻式标题。（　　）
3. 撰写总结的目的主要是探索规律性的认识，以指导今后的工作。（　　）

三、选择题

1. 写好总结的重要原则是（　　）。
   A. 实事求是   B. 材料充分
   C. 突出重点   D. 语言简明
2. 总结的最基本的特点是（　　）。
   A. 简明性   B. 时效性
   C. 理论性   D. 客观性
3. 无论是综合性总结还是专题总结，如果面面俱到地罗列现象，就不能说明问题，更不能提供规律性的借鉴，因此，总结在写作时要求（　　）。
   A. 分析正确   B. 议论充分
   C. 突出重点   D. 具有说服力

4. 总结的正文包括（　　）。
A. 基本情况　　　　　　　　　B. 成绩和体会
C. 存在问题或教训　　　　　　D. 步骤和注意事项

四、简答题

1. 计划与总结在写作目的和内容上有哪些不同之处？
2. 总结主体的内容有哪些？

五、写作题

1. 根据自己学习"应用文写作"课程的情况写一篇总结。要求格式正确、完整，语言清楚、流畅，字数不少于500字。
2. 根据自己上学期的学习和生活情况写一篇总结，字数不少于600字。

第三节　调查报告

必备知识

一、调查报告的含义

调查报告是运用科学的方法，有目的、有计划地对某一典型现象、问题或经验等进行深入、系统的调查与分析后，写成的书面报告，也称为"调查记""调查汇报""情况反映""情况介绍"等。

调查报告既可用来揭露问题、反映社会情况，也可用来推广经验，介绍新生事物，是实际工作中使用频率非常高的文书。调查报告的写作能力常常被看作是从事各项工作的基本能力，同时由于调查报告能真实、详细地说明情况，深入、客观地反映问题，因此它也是上级部门制定决策的重要依据。

二、调查报告的分类

根据调查对象和写作目的的不同，调查报告可分为以下几类。

（一）典型经验调查报告

典型经验调查报告主要反映社会生产、生活中取得的突出成绩，着重介绍先进经验及优秀典型，通过调查从中找出规律性的内容，以便日后推广普及。这类调查报告对日常工作有很强参考价值和指导作用，使用频率较高，如《靠名牌赢得市场——关于深圳市飞亚达（集团）股份有限公司的调查报告》《关于国营大中型企业推行承包制的调查报告》。

（二）揭露问题调查报告

揭露问题调查报告主要以社会弊端、不良现象或问题人物为调查对象，把揭露这些现象和问题产生的深层原因作为主要目的，希望通过调查报告引起相关部门甚至全社会对此问题的重视，如《天津市未成年人上网问题调查报告》《违规投资玷污希望工程·青基会负责人难辞其咎》。

（三）社会情况调查报告

社会情况调查报告主要针对社会生活中衣食住行、社会风气等方面的基本情况展开调查，对其发展变化、产生原因等进行深入分析与研究，以此为上级机关或有关部门的决策制定提供参考和依据，如《2014年全国研究生招生数据调查报告》《第十一次全国国民阅读调查报告》。

（四）学术调查报告

学术调查报告主要指就某科学领域中的课题展开调查而撰写的具有学术价值的报告。

三、调查报告的特点

（一）真实性

真实性是调查报告的生命。无论是调查对象的选取、调查方式的设定、调查活动的开展、调查数据的分析等都应是实际发生且真实可信的。作者应以公正的态度对调查结果进行评析，并保证调查结果是以真实的材料、数据为依据得出的，切忌使用虚假、浮夸的材料，更不可以偏概全、移花接木。

（二）典型性

调查报告应从众多的调查材料中选取具有典型意义和代表性的材料，在报告中加以呈现。通过这些典型事例、典型材料、典型数据说明被调查对象的本质、规律和发展趋势。

（三）针对性

调查报告是对某一典型现象、问题或经验进行调查与研究，并以此为基础进行写作的。一篇优秀的调查报告所反映的内容往往是当前人民群众普遍关心或亟待解决的问题。即使调查的是历史问题，也与现实生活有着某种关联。一般来说，越是针对当前社会生活、反映社会需要的调查报告，其调查的价值就越突出。

写作指南

一、调查报告的内容与写法

（一）调查报告的写作过程

调查报告的写作要经历"准备—调查—研究—写作"四个阶段。其中，准备是前提，调查是依据，研究是基础，写作是对前期三个阶段工作成果的最终呈现。

（1）充分准备，制订计划。准备阶段要明确调查主旨，设计调查方案，选取调查方法。

在这个阶段，调查方法的选取将直接影响日后调查材料的收集与获取，是准备的重点内容。调查方法分为确定调查对象的方法和收集资料的方法。

（1）确定调查对象的方法。确定调查对象的方法有全面调查、抽样调查、典型调查等，主要根据调查范围的大小进行区分。

① 全面调查是对调查范围内的全部对象进行调查，以获得有关调查对象完整的资料。这种方法收集的资料全面、具体，误差小，但消耗的人力、物力、财力也较多，其调查所需的时间也较长。

② 抽样调查是选取范围内的一部分对象加以调查，用这部分调查结果推论或说明总体的状况。这种方法以部分推知总体，在抽样方法正确的前提下同样能保证调查的精确

度,而且缩短了调查的时间,减少了调查的费用,提高了调查的效率。但这种方法有时也会产生误差,如样本数量不合理,抽样过程未遵循随机原则都会影响未来调查结果的产生。

③ 典型调查是在调查范围内选取具有代表性的组织或个人,对其进行全面、深入的调查,并借助少数典型反映同类事物所具有的一般特征,便于对调查对象进行定性分析。典型调查的关键是正确选择典型。典型选取得准确,结果则真实、可靠。否则,则很可能得出错误的结论。

(2)收集资料的方法。收集资料的方法有问卷法、访谈法、观察法、试点法等,下面重点介绍问卷法。

问卷法是调查者根据调查主旨,运用统一设计的问卷,向被调查对象了解情况或征求意见的方法。问卷包括导言、问题与回答方式、附文三个部分。

① 导言是对本次调查的总体介绍,主要让调查对象明确调查者的身份,问卷设计的背景、依据、目的,填写问卷的方式方法,保密原则以及奖励措施,以消除被调查者的疑虑,激发他们的参与意识。

② 问题与回答方式一般包括调查的问题、回答问题的方式以及对回答方式的指导和说明。这是问卷的主体部分,在设计时必须紧密结合调查中心,做到设计周密、问题合理、内容具体、表达清晰。

③ 附文包括被调查人的姓名、年龄、性别、受教育程度、经济情况、从事行业、单位性质等个人信息。被调查者往往对这部分问题比较敏感,但这些问题与研究目的密切相关,必不可少。具体内容可以根据设计者前期分析预判进行设定。

此外,问卷还可以包括调查时间、地点、完成情况等相关信息,用于日后对问卷内容进行审核,并为数据分析提供依据。

2. 深入调查,收集材料

"没有调查,就没有发言权",调查是调查报告写作的依据。材料的收集要从多方面入手,充分占有现实的与历史的、正面的与负面的、典型的与一般的、直接的与间接的材料,并确保材料的真实、可靠,防止以偏概全、一叶障目。

3. 分析研究,提炼观点

这一阶段主要对调查所得材料进行筛选与整理,做到去粗取精、去伪存真、由表及里、由此及彼。找出材料之间的内在联系,发现带有规律性的东西,并由此提炼出观点。

4. 布局谋篇,撰写报告

这一阶段主要是对调查过程与调查结论的呈现,要按具体的内容要求完成写作任务。

(二)调查报告的写法

调查报告包括标题、正文和落款三部分。

1. 标题

调查报告的标题的常见写法有以下三种。

(1)公文式标题。公文式标题由调查机关、调查内容及文种三部分组成,其中调查机关可省略,如《2014年第一季度中国公民出国旅游满意度调查报告》《关于创建省级文明县城的调研报告》。

(2)文章式标题。文章式标题可以针对调查内容提出问题,以问题作为标题,如《儿童究竟需要什么读物》《当代大学生为什么就业难》；还可以在标题明确提出调查结论，如《莫把温饱当小康》《市民赞成恢复"黄金周"》。前一种写法利于吸引读者的注意力；后一种写法便于明确文章的中心。

（3）双行式标题。双行式标题多由正副标题构成。正标题为文章式标题，副标题为公文式标题，如《被"网"住的大学生——关于大学生网络行为研究的调查报告》《情系水世界——对我市水位站、水文站的调查》。

2. 正文

调查报告的正文包括前言、主体、结尾三个部分。

（1）前言。前言主要围绕主题，介绍调查的情况，让读者对本次调查有大致把握，为主体内容的展开做铺垫。一般情况下，前言主要明确以下几方面内容：其一，调查活动的基本情况，例如调查的起因、时间、地点、对象、方式、方法；其二，调查对象的基本情况，例如调查对象的历史、现状、成绩或问题；其三，调查结论的简要概述，例如肯定意义、指出价值，表明作者的观点或态度，以引起读者的共鸣。

（2）主体。主体是调查报告的核心，一般包括三项内容：一是详细介绍调查对象的具体情况，例如被调查事情的前因后果、发展经过，以及被调查者的观点、态度、做法等；二是对调查材料展开分析，总结经验或教训，得出规律性的认识；三是根据调查结果提出相应的意见、建议或改进措施。

在行文时，常见的主体结构有以下三种。

① 纵向式，以时间为主线，介绍被调查事件或调查活动本身的起因、发展、结果。这种结构可以让读者跟随调查者的视线来了解事情的始末，现场感强，特别适合揭露问题调查报告的写作。

② 横向式，以观点为主线，从调查材料中提炼出几种不同的观点、不同的经验或做法，并以此并列行文。这种结构观点突出、条理清楚，适合典型经验类与反映情况类调查报告的写作。

③ 纵横结合式，即将上述两种结构综合起来。从全文看，按事物发展顺序逐步展开。在叙述中，又对一个事物的几方面特征、一个问题的几方面观点或一个典型的几方面经验，分别加以阐述。这种结构适合新生事物类调查报告的写作。

（3）结尾。结尾对全文内容进行总结，可以对事物未来发展方向提出展望或预测，也可以针对调查结论提出改进措施。

3. 落款

在正文右下方署调查者名称，名称下署时间，也可将调查者名称写在标题下。

二、调查报告写作的注意事项

（一）避免先入为主，保证客观公正

调查报告以发掘典型、揭露问题、反映情况为主要任务。在写作过程中，必须以客观、公正的眼光审视调查对象。不能以自己固有的意识，以先入为主的想法对调查对象做出有失公正的描述与评价。

（二）避免材料单一，实现角度多样

在材料的收集过程中，必须以开放的思维、发展的眼光，多角度地收集材料，特别是收集第一手材料。无论是正面的、负面的、上级的、下级的、具体的、概括的，只有获得了丰富的材料,才能全方位地了解被调查对象。

(三) 避免空洞讲解,注重叙议结合

调查报告是事实与研究的结合,它将对调查过程、调查事件的叙述与对调查对象的分析、评价这两个主要部分结合起来。如果只是说理,就少了调查的必要;如果只是叙述,就缺了报告的深度。

例文赏读

例文一

上海大学生阅读状况调查报告(节选)

一、调查对象及方法

为了全面了解上海市大学生的阅读现状,《上海市大学生阅读现状调查研究》课题组于2012年6—10月,对本市大学生阅读现状进行了抽样调研。本次调研以问卷调查的方式进行,共选取了10所高校(其中重点高校3所,普通高校5所,专科学校2所),发放问卷2 000份,收回有效问卷1 950份,回收率为97.5%,具有完整性。调研对象的具体构成情况如下:男生697人(占35.7%),女生1 253人(占64.3%);文科1 008人(占51.7%),理科942人(占48.3%);重点学校学生477人(占24.5%),普通高校学生1 271人(占65.2%),专科学生202人(占10.4%);公立学校学生1 417人(占72.7%),私立学校学生553人(占27.3%)。

本次调研主要包括大学生对阅读的认知、阅读的内容、阅读的习惯、阅读技能方法四个方面的内容,共涉及20个问题,题型包括单选、多选和开放题,对上海市大学生的阅读情况进行了比较全面的了解。本报告以调查数据统计分析为基础,并结合了访谈结果,所得结论具有较高的可信度。

二、调查结果

(一) 阅读认知

1. 阅读重要性的认识。调研对象中,46.9%的学生认为阅读非常重要,41.4%的学生认为重要,选择非常重要和重要学生的比例占88.3%,选择一般和不重要的分别为10.5%和1.2%。这说明上海高校大学生普遍认识到阅读的重要性。

2. 阅读作用的认识。阅读如此重要,那阅读的重要作用主要体现在哪些方面呢?对此,55.9%的大学生认为阅读的主要作用是拓宽知识面,其次是提升文化修养,占23.8%,认为阅读作用是促进专业学习和休闲娱乐的分别为14.5%和5.8%。这说明大学生对阅读丰富自身知识、提升文化素养的作用有充分的认识。

3. 阅读目的的认识。大学生对阅读作用的认识在"你阅读的主要目的是什么?"的回答中得到了一致性的反映。46.4%认为阅读的主要目的是获取信息和知识,选择比例最高,其次分别是提升文化修养、提高专业学习和打发闲暇时间,选择比例分别为24.6%、16.6%、12.4%。这表明大学生更加注重通过阅读来丰富自身知识、提升自身素养。

4. 阅读态度的认识。关于阅读认知的最后一个问题是阅读态度,认为应该选择读自己感兴趣和有实际作用的书的大学生比例最高,占52.4%;认为应博览群书的大学生为

32.2%，认为应读专业相关书籍和读不读无所谓的比例较低，依次为14%和1.4%。这表明绝大多数大学生的阅读受兴趣和实用性的引导，真正能做到博览群书，阅读各种书籍的同学还不多，能阅读专业相关书籍的同学更少。

（二）阅读内容

1. 阅读的兴趣。阅读兴趣是影响阅读活动最重要的方面，直接影响阅读活动的开展。在对大学生阅读兴趣的调研中，23.3%的学生选择非常感兴趣，44.7%的选择感兴趣，选择非常感兴趣、感兴趣两项累积占68%，这说明绝大多数的大学生对阅读感兴趣。但同时，也有28.8%的大学生对阅读的兴趣不大，更有3.3%的大学生对阅读不感兴趣。对于部分对阅读兴趣不浓的大学生，要通过多种努力，提高他们对阅读的兴趣。

2. 阅读的范围。统计数据显示，文学艺术类图书最受大学生欢迎。有65%的大学生都将文学艺术类图书纳入了自己的阅读范围，其次是生活娱乐类，选择的比例为47.2%，专业教辅类和自然科学类图书阅读的相对较低，分别为39.4%和31%。这表明上海大学生阅读具有一定的偏向性，对文学艺术和生活娱乐类图书情有独钟。

3. 阅读的数量。阅读数量能直观反映大学生阅读的真实现状。在对"你每月大约读几本书？"这一问题的回答中，选择1~2本的为46.5%，3~4本的为17.9%，5本以上的为9.6%，但仍有26%的大学生每月读书少于1本。这一数据表明绝大多数大学生能以合理的节奏阅读，并拥有一定的阅读量，但仍有相当部分学生的阅读量过少。

（三）阅读习惯

阅读习惯包括阅读的经常性、时间、地点、媒介、对象、计划等，本调研主要从以下几个方面进行研究。

1. 阅读活动的经常性。有11.2%的大学生选择每日阅读，31.6%选择经常阅读，52.9%选择想起来就阅读，4.3%选择几乎不阅读。从数据中可以看出，只有40%多的同学能做到经常性的阅读，近60%的大学生阅读没有规律。

2. 每日用于阅读的时间。阅读时间的多少是判断阅读习惯有无的重要标志，对"你每天用于阅读时间为多少？"这一问题的回答显示：每日用于阅读的时间为1小时以内的占50.2%，选择1~2小时的为35.4%，选择3小时及以上的仅占8.5%，更有5.9%的大学生每日用于阅读的时间为0。从数据中可以看出，当前大学生用于阅读的时间普遍偏少，这不利于大学生的学习和发展。

3. 阅读时段的选择。阅读时间是阅读习惯的一个体现。从调研对象的回答中可以看出，利用课余时间阅读的同学占多数，所占比例为53.2%，其次是利用睡觉前的时间阅读，选择比例为32.5%，还有11.3%的大学生选择在上课时阅读，另有3.1%的同学选择在其他时段。这表明超过八成的大学生能够合理安排阅读的时间，但对于那些在上课时阅读的同学应该加以引导，以免影响学习成绩。

4. 阅读地点的选择。通过对阅读地点的调查发现，绝大多数学生都喜欢选择在图书馆（阅览室）或宿舍阅读，选择比例分别为38.4%和45.9%。选择在教室或其他场所阅读的不多，分别为9.5%和6.2%，宿舍是阅读场所的首选。

5. 阅读的媒介。阅读的媒介影响着阅读习惯，阅读媒介的选择也从一个方面反映一个人的阅读习惯。对"你更喜欢通过何种媒介阅读？"这一问题的回答显示：首先59.2%的大学生选择了纸质书籍；其次是电子书，为26.8%；最后是网络在线，比例为13%；另有1%的大学生选择其他媒介。从这个结果中可以看出，当前上海市大学生主要还是通过纸质书籍阅读，但电子书、网络在线等新的阅读媒介对大学生的影响较大，改变了一部分大学生的阅读习惯。

6. 书籍的来源。图书馆借阅和自己购买是图书来源的两个主要渠道，其中图书馆借阅的更多，占44.5%，自己购买次之，为38.6%。从书店租借的比例不高，仅为13.8%，另有3.1%的大学生选择了其他来源。大学生主要通过图书馆借阅的方式获得图书，这与许多高校图书馆都有丰富的藏书以及方便的借阅服务有关。

7. 阅读材料的类别。阅读材料的种类主要包括图书、期刊、报纸等。调查显示，上海市大学生主要的阅读材料仍为图书，占总量的54.1%，具有明显的优势。其次分别是期刊和报纸，所占比例分别为24.8%和17.7%，另有3.3%的同学选择其他。

8. 阅读计划。阅读也应该有计划性，阅读不应该是碰到好书就读、想起来才读这样无计划的行为。好的阅读计划能促进好的阅读习惯的形成。通过对大学生是否制订阅读计划的调查，结果显示：制订并努力完成计划的大学生占14%，制订计划却没有实施的占32.8%，想过但没有制订计划的占31.1%，从未想过制订计划的占22.1%。这组数据表明，高达86%的大学生的阅读都处于盲目状态，没有制订和实施过阅读计划。对于这部分同学应提高他们制订计划的意识，并逐渐帮助他们形成制订并实施计划的习惯。

（四）阅读技能

1. 阅读的方法。阅读技能主要包括阅读的方式方法、阅读时的思考、阅读时的标记等多个方面。对于阅读时最常用的方法，选择精读的学生最多，占38.8%，选择略读的次之，占37.3%，选择选读的同学占22%，选其他的为1.8%。以上数据表明，对于阅读常用的方法——精读、略读、选读，学生的选择没有明显的差异。

2. 对阅读内容的把握。阅读时能否理解文本的内容并触发新的思考，是检验阅读技能高低最主要的指标。在对于这个问题的回答上，选择理解阅读文本的内容并触发新的想法和思考的比例为49.7%，这说明近一半的大学生能够对文本有较为深入的理解。选择理解并接受阅读文本中内容的比例为44.6%，这部分同学能基本把握和理解阅读文本的内容。前两项累计比例高达94.3%，这充分地说明上海市大学生阅读水平很高，只有5.7%的同学不能正确理解文本的内容。

3. 阅读过程中的记录行为。在阅读的过程中适当动笔做些标记，能够增强对文本的理解。对"你阅读时是否会做些记录?"这一问题的回答显示：选择摘抄好句的同学比例最高，为30.3%，选择不做记录、做读书批注和做画线标记三者的比例相当，分别为24.7%、24.2%和23.5%，选择写读书评论的为12%，另有10%的同学选择做其他标记。综合数据来看，绝大多数同学在读书的过程中习惯做一定的记录，只是标记的具体方式不同而已。

4. 阅读中问题的解决。阅读过程中，如何处理自己不能理解的问题，是阅读技能的最主要的体现方式。对"阅读中遇到自己不懂的内容，你通常会怎么做?"这个问题的回答如下：20.8%的大学生选择跳过，40.4%的同学选择停下来仔细研读和思考，35.8%的同学选择查阅相关资料或请教别人，只有3%的同学选择停止并放弃阅读。在阅读中遇到不理解的内容时，选择先跳过、研读思考、查阅资料或请教别人都是正确的阅读方法，本调研中选择这三种的同学累计达97%。这表明,几乎所有的大学生都能合理地处理阅读中的问题,这也表明上海市大学生具有较高的阅读技能。

三、调查结果分析及思考

基于对以上四方面数据的分析,能够形成关于上海市大学生阅读现状的几点基本的认识。

(一)大学生普遍认识到阅读的重要性,并对阅读的目的、态度及作用有正确的认识。……

(二)文学艺术类图书最受大学生欢迎,大部分大学生拥有合适的阅读量。……

(三)上海市大学生的阅读习惯一般,并具有大学生这一群体的鲜明特征。……

(四)大部分大学生都具有较高的阅读技能,能灵活运用多种技能处理阅读理解的问题。……

统计显示,上海市大学生在阅读方式的选择上,精读、略读、选读三种主要的阅读方式受到不同同学的欢迎,大学生没有表现出对某一阅读方法的偏好。在阅读的过程中,学生也会选用自己喜欢的标记方式,以加深对文本的理解。无论选用哪种阅读方法,学生在阅读的过程中,基本能把握和理解文本内容,即使遇到自己不懂的问题,也能灵活运用各种阅读技能予以解决。这充分地说明上海市大学生具有较高的阅读技能。

虽然上海市大学生都具有较高的阅读技能。但由于阅读技能有一些具有针对所有文本的普遍适用性,也有一些是阅读某一类文本特有的技能。高校既可以通过阅读讲座、阅读经验交流等方式进一步加强对大学生一般阅读技能的指导,也可以开展一些针对某一类文本类型的阅读技巧,从而更进一步地提高大学生的阅读技能。

资料来源:当代教育论坛,2013,2.

例文二

大学生手机阅读情况调查问卷

亲爱的同学:

您好,我们是沈阳大学"大学生手机阅读现状"调查与研究小组,为了更好地了解当代大学生利用手机进行阅读的实际状况,特制作此问卷。打扰了您的学习与休息,请谅解。近年来,手机阅读越来越受到大学生的欢迎,手机阅读主要是以手机或手持移动阅读器为终端,通过移动通信网络访问、下载所需信息,并在手机上浏览、收看(听)的阅读活动,包括对手机新闻、手机图书、网络日志、微博、微信朋友圈等的阅读。本问卷采用非实名制方法进行随机抽样调查,不涉及个人隐私问题,答案无好坏、对错之分,请各位同学放心作答。

填表说明:

1. 请将每题符合自身情况的答案写在题后的( )内,或者在_____上补充适当内容。

2. 请独立完成问卷。

开 始 答 题

1. 您的性别是( )。

   A. 男　　　　　　　　B. 女

2. 您所学专业的类别是（　　）。
A. 文　　　　　　B. 理　　　　　　C. 工　　　　　　D. 艺
E. 体　　　　　　F. 农　　　　　　G. 医　　　　　　H. 其他

3. 您的学历是（　　）。
A. 专科　　　　　B. 本科　　　　　C. 研究生

4. 您是否了解手机阅读（　　）。
A. 很了解　　　　B. 了解　　　　　C. 不太了解　　　D. 不知道

5. 您进行手机阅读的频率是（　　）。
A. 每天必须　　　B. 经常　　　　　C. 偶尔　　　　　D. 从未

6. 您进行手机阅读的时间集中在（　　）。
A. 早晨　　　　　B. 闲暇时间　　　C. 随时随地　　　D. 晚上与睡觉前

7. 您每日手机阅读的时长是（　　）。
A. 5分钟以内　　 B. 6~30分钟　　　C. 31~60分钟　　 D. 1小时以上

8. 你认为手机阅读（　　）比较合理。
A. 5分钟以内　　 B. 30分钟以内　　C. 1小时以内
D. 2小时以内　　 E. 2小时以上

9. 手机阅读内容的类型包括（　　）。（可多选）
A. 青春文学　　　B. 招聘信息　　　C. 经典名著　　　D. 成功励志
E. 文化艺术　　　F. 教育辅导　　　G. 科学技术　　　H. 人文社科
I. 网络小说　　　J. 新闻资讯　　　K. 报纸杂志　　　L. 微博论坛
M. 其他_____

10. 您是否在手机阅读过程中对阅读内容进行深入思考（　　）。
A. 经常思考　　　B. 偶尔思考　　　C. 很少思考　　　D. 从来不思考

11. 您对手机阅读的依赖程度属于（　　）。
A. 完全不依赖　　B. 不太依赖　　　C. 比较依赖　　　D. 非常依赖

12. 你最常在（　　）进行手机阅读。（可多选）
A. 寝室　　　　　B. 教室　　　　　C. 路上　　　　　D. 其他_____

13. 您经常使用的手机阅读客户端软件是（　　）。（可多选）
A. QQ　　　　　　B. 飞信　　　　　C. 人人　　　　　D. 微信
E. 微博　　　　　F. 其他_____

14. 您经常使用的手机阅读模式是（　　）。（可多选）
A. 下载模式　　　　　　　　　　　B. 手持终端机模式
C. Wap在线阅读模式　　　　　　　D. 客户端模式
E. 其他_____

15. 您采用手机阅读方式的原因是（　　）。（可多选）
A. 比较方便　　　B. 价格比较实惠
C. 信息比较齐全　D. 比较新潮　　　E. 其他_____

16. 您进行手机阅读的付费方式是（　　）。（可多选）
A. 按流量支付浏览费用　　　　　　B. 按包月方式支付浏览费用

C. 按内容专区付费　　　　　　D. 只阅读免费的手机读物

E. 其他_____

17. 您认为手机阅读内容的不足之处有(　　)。(可多选)

A. 缺乏审核，内容的正确性没有保障

B. 过于商业化，精品难求

C. 过于轻浮，缺乏深度

D. 部分内容过于低俗

E. 其他_____

18. 您认为当前手机阅读模式发展的限制因素有(　　)。(可多选)

A. 技术因素　　　　　　　　　B. 价格因素

C. 阅读观念

D. 个人需求的满足度　　　　　E. 其他_____

19. 您对手机阅读的满意程度为(　　)。

A. 非常满意　　　　　　　　　B. 还可以

C. 不太满意　　　　　　　　　D. 很不满意

20. 您进行手机阅读的主要动机是(　　)。(可多选)

A. 休闲放松，娱乐消遣　　　　B. 提高修养，培养性情

C. 开阔视野，增长见识　　　　D. 专业学习，应付考试

E. 其他_____

21. 您能接受的手机电子书价格是(　　)

A. 0.5元以下　　　　　　　　 B. 0.5~1元

C. 1.1~2元　　　　　　　　　 D. 2元以上

22. 您所学专业与您手机阅读内容的关联性为(　　)。

A. 完全没有　　　　　　　　　B. 很少有

C. 一般　　　　　　　　　　　D. 非常有关联

23. 如果手机阅读逐渐成为一种趋势并且更加完善，您____(是、否)愿意为手机阅读付费。

24. 如果我校推出一款包含专业知识、考试复习资料的手机阅读客户端，您____(是、否)愿意下载该应用。

25. 如果您愿意下载，您能接受的文件下载价格是(　　)。

A. 1元以下　　　　　　　　　 B. 1~2元

C. 2.1~3元　　　　　　　　　 D. 3元以上

再次感谢您的配合，祝您生活愉快，学业有成！

资料来源：2014年国家级大学生创新创业训练计划项目"大学生手机阅读现状调查与研究".

思考题

1. 调查问卷应该包括哪些要素？
2. 调查问卷的题目设置从形式上应该注意哪些问题？
3. 调查问卷中关于个人基本情况的部分，可以调查个人收入和婚姻状况吗？

4. 调查报告的开头部分应该包括哪些基本要素？
5. 如何理解"没有调查就没有发言权"？

第四节 简　报

必备知识

一、简报的含义及特点

（一）简报的含义

简报是党政机关、人民团体、企事业单位用于汇报工作、反映问题、沟通情况、指导工作、交流经验、传递信息的一种简短的、有一定新闻性质的内部文件。简报也可以叫"××简报""××动态""××简讯""情况反映""××交流""内部参考"等。

简报不是一种刊物，它具有一般报纸的新闻特点，特别是要求有很强的时效性，而刊物的时效性则远不及报纸。简报也不是一种文章的体裁。因为一份简报可能只登一篇文章，也可能登几篇文章。这些文章可能是报告、专题经验总结，也可能是讲话、消息等。因此，把简报说成一种独立的文体，或只说是报告，是不妥当的。

（二）简报的特点

1. 新闻性

简报有些近似于新闻报道，特点主要体现在真、新、快、简四个方面。

"真"是内容真实，这是新闻最重要的特点。简报所反映的内容、涉及的情况，必须严格遵循真实性原则，时间、地点、人物、事件、原因、结果，所有要素都要真实，所有的数据都要确凿。虚构编造不行，移花接木、添枝加叶也不行。

"新"指内容的新鲜感。简报如果只报道一些司空见惯的事情，就没有多大价值和意义了。简报要反映新事物、新动向、新思想、新趋势，要成为最为敏感的时代的"晴雨表"。

"快"是报道得迅速及时。简报写作要快，制作、发送也要简易迅速，尽量让读者在第一时间了解到最新的现实情况。

"简"是指内容集中、篇幅短小、提纲挈领、不枝不蔓。简报名目之前冠以"简"字，可以看出简洁对它来说是多么重要。

2. 集束性

虽然一期简报中可以只有一篇报道，但更多情况下，一期简报要将若干篇报道集结在一起发表，形成集束式形态。这样做的好处是有点有面、相辅相成，加大信息量，避免单薄感。

3. 规范性

从形式上看，简报要求有规范的格式，由报头、报身、报尾等部分组成。而且报头和报尾都有固定的格式。

4. 保密性

简报一般在内部一定范围内传播，简报的有些内容不宜对外披露，因此在不同程度上有一定的保密要求，有一定的阅读范围。有的简报专门注上"内部参考"的字样。这一点与新闻稿有明显的区别。

二、简报的作用

1. 便于领导机关掌握情况、指导工作

按照实际情况来决定工作方针，这是一切领导者所应有的工作方法。领导机关通过简报掌握机关内部各种情况和问题，并通过本级的简报，通报上面情况，传达有关指示，介绍典型经验，起到上通下联、推动工作的作用。

2. 向上级汇报工作，争取指导帮助

基层、下级机关撰写简报的目的之一是向上级机关汇报工作、反映情况、提供信息，使上级机关了解工作情况、存在的问题、吸取的经验、涌现的典型，以便根据实际情况采取措施，有问题的给予帮助解决，有经验、典型的，给予表彰推广。

3. 促进单位之间的交流

简报除了上送下发外，还可送发兄弟单位和相关单位。通过简报，单位之间可以交换情况、互通信息、交流经验、取长补短。

三、简报的分类

（一）综合简报

综合简报是反映本部门、本系统各方面工作情况和问题的简报，也称为情况简报。综合简报主要报道本部门、本系统管辖范围内发生的重大问题、事件及其处理；工作中的重要情况；"两个文明"建设中出现的新人、新事、新气象、新动态；工作中的新经验、新办法等，以便发现典型、经验及时推广，发现问题及时引起方方面面的注意及时得到解决。这种简报一般是连续不断地编发，或定期或不定期，以指导、推动本部门、本系统的工作。

（二）专题简报

专题简报是将某项专门工作的动态、进展、经验、问题等向上级部门汇报，或向有关部门通情况，或下发所属基层单位借以推动工作。专题简报报道的事件集中，都是围绕某一项专门工作或中心工作来编写的。

（三）会议简报

会议简报是专门报送、交流有关重要会议内容、筹备和进展情况，反映与会者意见和建议的简报。例如，全国人民代表大会、全国政协会议、中央各种重要会议、地方上的"两会"，以及各种重要的专门会议都要编发会议简报。会议简报分为综合简报和进程简报两种。前者是整个会议编一期简报，在会议后期发送，后者是编发多期简报。一般重大的、时间较长的会议都要编发进程简报，即每个小阶段编发一期，有时天天编发，以供与会者阅读、互通情报、交流思想经验，以便会议的顺利进行。

（四）科技简报

科技简报是为反映最新科学技术研究成果，介绍推广新产品、新工艺、新技术、新动向而编写的简报。这类简报内容新、专业性强，有的属于经济情报或技术情报，有一定的机密性，必要时需加密级。

写作指南

一、简报的结构及写法

简报的版面由报头、报核和报尾三部分组成。

（一）报头

报头一般占首页上方三分之一的版面，用间隔红线与正文部分隔开，报头内容如下。

(1) 报名："××简报""××××简讯"，一般用大字套红，醒目大方。

(2) 期数：排在报名的正下方，连续编发的简报还要注明总期数，总期数用括号括入。

(3) 编号：排在报头右侧的上方位置。

(4) 编发单位：排在横隔线的左上方位置。

(5) 印发日期：在横隔线的右上方位置。

(6) 密级：如"机密""绝密""内部刊物"等，排在报头左侧上方位置。

（二）报核

报头以下、报尾以上的部分都是报核。报核包括以下项目。

1. 目录

集束式的简报可编排目录。由于简报内容简单，容易查找，目录一般不需要标序码和页码，只将编者按、各篇标题排列出来即可，为避免混淆，可在每项前加一个五星标志。

2. 编者按

必要时可加编者按，主要内容是工作任务来源、本期重点稿件的意义和价值、征稿通知、征求意见等。编者按不可过长，短者三五行，长者半页即可。

3. 报道

一期简报可以只有一篇报道，也可以有多篇报道，依次排列即可。编排原则是：第一，各篇文章要围绕一个中心，从不同角度反映某一个问题；第二，最突出中心的文章排在前头；第三，每篇文章疏密间隔要恰当，标题字体大小要一样。简报报道的写法如下。

(1) 标题。标题位置在报头横线下居中排列。简报的标题要求明确，使读者能见题明义。简报的标题可以是单标题，也可以是双标题。双标题有两种情况：一是正题下面加副题，正题概括事实的性质，副题补充叙述基本事实，如"再展宏图创全国一流市场——××农贸市场荣获市信誉市场称号"；二是正题前面加引题，引题指出作用和意义，正题概括主要报道内容，如"尽责社会　完善自身""华东师大团委开展'把知识献给人民'的活动"。

(2) 开头。简报的开头要求开门见山，用简洁的语言，提纲挈领地概括全文，点明主题。具体来说，有下面几种方式：一是叙述交代简报主体内容；二是将结论提前交代；三是提出问题引起读者兴趣和思考。

(3) 主体。主体的结构安排有一些较常用的形式：一是按事件发生、发展、结局的时间顺序来安排材料，这种形式比较适合单一事件的简报。二是把所要反映的情况，分成并列的几个方面，每一个方面加上小标题，以使报道结构清晰，这种形式适合内容较多的简报。三是按事件的因果或递进关系安排材料,这种形式比较适合总结内容、评述内容的简报。

(4) 结尾。结尾可灵活处理,如果内容已在主体说完,可不写结尾,全文自然结束;如果意犹未尽,需要结尾的,也要注意简明,用最概括的语言,或做出评说,或提出问题,或表明希望。

4. 报尾

在简报末页的下方,用两条平行线框住,写清发送范围。给上级机关称"报",给下级机关称"发",给平行机关或不相隶属的机关称"送"。另外要标明印刷份数。目前,大部分简报不写报尾这一部分。

二、简报写作的注意事项

(一)求真忌假

简报报道的内容必须准确真实,才能起到沟通情况、交流信息的作用。

(二)求快忌迟

简报应迅速报道相关情况,以有助于及时解决相关问题。否则,就失去了报道的意义。

(三)求新忌奇

简报应该报道新情况、新问题、新动态、新思索,发人深省,给人启迪。但是,简报又不同于影视作品,不得肆意渲染猎奇。

(四)求简忌繁

简报的性质决定了其简洁明快、言简意赅的特点,啰唆烦冗是其大忌。

(五)求活忌飘

简报的写作技巧无固定模式,可以根据简报内容表现需要,采用灵活多样的写作形式和写作技巧。但是,简报又不得远离写作内容而故意卖弄文采。

例文赏读

例文一

工 作 简 报

第 8 期

中共××一中纪委   2017 年 3 月 18 日

市委督导四组到我校进行
整改落实"回头看"巡回督导检查

3月16日,市委督导四组到我校,采取听汇报、查资料、实地访的形式,对教育实践活动整改落实情况"回头看"进行第二轮督导检查。

校党委书记汪×同志就前期查摆出来的问题的整改落实情况、学校制度建设情况、作风整顿情况,以及下一步的工作打算向督导组做了详细汇报。校纪委书记李××强调:我校的群众路线活动主要体现在"三抓三强"上,即"抓警示,强纪律;抓学习,强规矩;抓整顿，强效果"。同时，就关系师生切身利益，需要上下联动解决的问题向督导组做了反映。如新校区建设政府投入不足，建设进度缓慢影响学校整体搬迁；市政配套设施欠缺，安全隐患大；公交车少，师生出行不便；新校区周围随意燃放烟花爆竹影响正常教学等问题都进行了汇报反映。刘××副校长补充道："教育实践活动解决了以前的乱作为和不作为问题，使各项工作能有章可循，按制度办事，同时使校风、学风明显提升，领导班子的团结协作力、凝聚力增强了。"

市委督导组杨××同志最后肯定了我校在教育实践活动中工作、活动"两不误"的做法，并希望我校在树立教育品牌和完成学校整体搬迁以及申报省级一类示范性高中工作中继续发扬成功做法，借活动之势，凝聚人心，大胆创新，争取各方面的更大提升。

报：市纪委
送：市第六纪工委，市教育局纪检组
发：各支部，各处室、中心、科、年级组、教研组

（共印 50 份）

例文二

徐州市××小学教学工作简报
第 4 期

教导处办公室　　　　　　　　　　　　　　　　　2017 年 3 月 14 日

努力着　收获着

××小学抓实毕业班教学工作。暨上周召开了六年级教师座谈会，老师们干劲十足，课前认真钻研研讨教材，设计有效的教学方案，将打造高效课堂落到实处。

孩子们那一双双渴求知识的眼睛，那专心致志学习的态度都是我们前进的动力。从 3 月 11 日开始，校领导班子亲临一线指导教学更是给予我们莫大的支持和鼓舞！相信这些美丽的花朵经过我们精心呵护一定会结出丰硕的果实。

不遗余力　展现最棒的自己

3 月 14 日上午，××小学的操场上正在举行一场别开生面的拔河比赛。随着体育老师一声令下，拔河比赛开始了！孩子们个个都铆足了劲，用力地拉着绳子，双脚艰难地往后移动，巾帼不让须眉，女生也不甘示弱，不遗余力展现最棒的自己！孩子们快乐学习、身心健康是我们最大的心愿！

报：泉山区文教体局教研室
发：徐州市××小学各办公室

（共印 20 份）

例文三

简　　报

第 18 期

中国共产党××农业职业技术学院第一次代表大会

党委组宣处　　　　　　　　　　　　　　　　　　　　　　　　　2008 年 5 月 28 日

食品系召开党员大会讨论党代会两委报告征求意见稿

　　5月27日下午，食品系党总支全体党员在406会议室集中学习讨论学院即将召开的第一次党代会党委和纪委工作报告的征求意见稿。本次会议由系党总支副书记华××同志主持。

　　全体党员同志在会前已经认真学习了党委与纪委工作报告的征求意见稿，同志们对学院即将召开的第一次党代会十分关注，并投入了高度的热情。党员同志在会上积极讨论，分别对两委报告的征求意见稿发表了自己的看法与建议。

　　学院即将召开的第一次党代会是我院进入新百年、谋求跨越式发展的关键时期召开的一次具有十分重要意义的会议，回顾总结我院五年来的发展历程，进一步明确今后五年发展的目标，并将在本次党代会中选举出中共××市农业职业技术学院第一届委员会委员和第一届纪律检查委员会委员。食品系党总支全体党员对第一次党代会顺利召开充满信心。

　　最后，华××副书记对参加第一次党代会的各位党员代表提出了殷切希望，希望他们在思想上要高度重视，并以高度的责任感和使命感认真参加会议，加强纪律性，坚持党的组织原则，为第一次党代会的顺利召开发挥应有的作用。

　　食品系党总支预祝学院第一次党代会圆满成功！

报：中共江苏省委组织部、省委教育工委、江苏省农林厅党组、中共××市委
发：各党总支、直属党支部、党委各部门

（共印 80 份）

思考题

一、填空题

1. 简报通常有_____、_____和_____三种类型。
2. 简报的主要特点是_____、_____、_____和_____。
3. 简报报头部分有_____、_____、_____、_____和_____。
4. 简报一般是用第_____人称来写的。

二、判断题

1. 写简报不一定要按照时间先后顺序来写。（　　）
2. 简报只能采用新闻式标题。（　　）
3. 简报内容如果没有新颖性，就失去了简报的价值。（　　）

三、选择题

1. 简报的写作目的是（   ）。

   A. 向上级汇报工作

   B. 同级通报情况，交流信息

   C. 向下级指导工作

   D. 反映新情况、新经验

2. 简报的按语有（   ）。

   A. 说明性　　　　B. 指导性　　　　C. 提示性　　　　D. 指示性

3. 简报正文的写法主要有（   ）。

   A. 报道式　　　　B. 综合式　　　　C. 转载式

   D. 总结式　　　　E. 宣传式

四、简答题

1. 编写简报有哪些要求？
2. 简报与新闻有什么不同？
3. 简报写作语言有什么要求？

五、写作题

1. 根据下列内容，按照简报格式写一份《学习简报》。简报内容要表现出同学们在学习中竞争与互助，既学好书本知识又努力拓宽知识面，既尊敬师长又团结同学，遵守纪律，积极参加各种有益活动。字数不少于600字。

   ××大学××系的学生在学习中克服各种困难，刻苦学习，积极接受学校老师和领导的教育与帮助，学习成效显著，形成了一个具有"比、学、赶、帮、超"优秀风气的集体。

2. 根据以下内容写一篇名称为《告别母校，锐意进取》的简报，要求格式完整、正确，语言清楚、流畅，字数不少于500字。

   ××师范学院体育学院隆重举办××届毕业生毕业典礼暨学位授予仪式。

   依依惜别母校，深深师院情长留心间。6月7号下午，在××师范学院隆重举办××届毕业生毕业典礼暨学位授予仪式。××师范学院党总支书记吴××，院长王××，党总支副书记余××，副院长陈×、余××、郭×、梁××，全体教职工与该院1 200余同学共同参加了本次仪式。仪式由该院副院长陈青主持。

   首先，××师范学院副院长梁××公布了××届毕业学生情况，共有437名学生获得毕业证书，233名同学获得学士学位，45名同学考研成功。他对××届毕业生顺利毕业，取得学士学位表示祝贺。希望他们不忘母校，谨遵老师教诲，锐意进取，开创辉煌。接着，毕业生代表高×发言，感谢四年来领导的关怀、老师的教导、同学的鼓励帮助。毕业生集体宣誓："铭记母校校训，谨遵师长教诲。请母校放心，请社会放心"，然后他们以自己的独特方式表达了对母校的感谢，为学院捐赠物品，并一同祝福体育学院桃李满天下，明天更美好。

   最后，院长王××发表重要讲话，她对即将踏上新的人生征程的毕业生们提出了三点希望：善待自己，善待家人，善待朋友和同事。她祝愿毕业生在新的岗位、新的环境中能够不断进步，取得更大的成就。在全场的掌声下，王××院长等17名领导和老师为毕业生颁发学位证书并合影留念。

毕业典礼是本届毕业生对母校的告别仪式，希望他们能够牢记母校，开拓进取，奋力拼搏，开创更美好的明天。

第五节 述职报告和竞聘报告

必备知识

一、述职报告

（一）述职报告的含义和特点

1. 述职报告的含义

述职报告是指党政机关、社会团体、企事业单位的领导者或工作人员，向上级机关或所在工作单位的人事部门、主管领导、人民代表陈述自己在一定的任职时间内履行岗位工作的情况、成绩、问题等。这是一种自我评述、汇报并接受审查和监督的实用文。述职报告是随着人事管理制度和改革而出现的一种新文体，它是考察干部履行职责情况及是否称职的一种手段。

2. 述职报告的特点

（1）述职的自我性。述职的自我性即自我评述，与一般的工作总结、工作报告不同，述职报告的显著特点是：述职报告首要的是"述职"，述职就是述说自己在任职的一定期限内履行职责的情况，既要检查、总结自己的工作情况，又要解剖、评价自己的工作，总是用单数第一人称"我"的口吻。因此，写述职报告要首先把握好述职的自我性特点，不能写成回顾整个单位或他人工作情况的工作总结、工作报告。

（2）论述的针对性。写述职报告，是对自己在任职一定时期内所做工作的评述。以客观叙述、真实报告为主，兼对自己的工作进行评议。但在叙述和评议的时候要有针对性，要围绕一个客观标准，就是岗位职责和一定时期的目标任务。写述职报告要依据这个标准叙述自己围绕岗位职责、目标任务做了些什么，并且评价自己的工作是否称职。

（3）内容的规定性。述职报告不像一般总结和报告那样，内容涉及面较广，而是根据当前组织人事部门考核领导干部的有关规定，要求对任职一定时期的德、能、勤、绩四个方面来述职，尤其是绩（政绩），是评价干部好坏的主要标志。述职报告要充分呈现述职人的工作政绩，应实事求是地写出来，不能夸大，也不能因过于谦虚而缩小。

（二）述职报告的种类

根据不同的分类标准，述职报告主要有以下分类方法。

按时间分，可分为年度述职报告、任期述职报告和临时述职报告。

按内容分，可分为综合性述职报告和专题性述职报告。

按述职者分，可分为个人述职报告和集体述职报告。

按性质分，可分为晋职述职报告、例行述职报告。晋职述职报告，即有关领导者或工作人员为晋升更高一级职务时，必须向主管部门和领导报告履行岗位工作的情况。例行述职报告,即担任一定岗位职务的人员,定期向有关组织和群众汇报工作情况,接受组织的考核与监督。

(三)述职报告的作用

1. 撰写述职报告是完善干部管理制度的一项重要措施

在岗位职责明确的前提下,要求担任一定职务的领导干部定期撰写述职报告,便于干部管理部门对领导干部的理论水平、道德品质、文化修养、业务能力进行全面细致的考察,以便根据干部自身的发展趋势,有计划、有目的地进行选拔、培养、使用,减少或避免使用中的主观性和盲目性。

2. 述职报告是广大群众评议干部的依据

领导干部在某个岗位上工作一段时间之后,通过述职报告的形式向广大群众汇报履行岗位职责的情况,让群众进行审查和评议。这是领导干部接受群众监督、倾听群众意见的有效方式,有助于密切干部群众的关系,克服官僚主义作风。

3. 撰写述职报告有利于干部的自我提高

领导干部在某个岗位上工作一段时间之后,需要通过述职的方式对自己前一段的工作实践进行回顾,总结以前的工作经验,吸取以前的失败教训,强化自己的职责观念。这对于更好地探索本职工作的规律,促进领导干部自我认识、自我学习、自我提高有着重要的作用。

二、竞聘报告

(一)竞聘报告的含义

竞聘报告,又称竞聘演讲稿,是竞聘者在竞聘会议上对与会者发表的一种求职文书,用来阐述自己的竞聘条件、竞聘优势,以及对竞聘职务的认识,被聘任后的工作设想、打算等。

(二)竞聘报告的主要内容

(1)介绍自己的基本条件,包括政治素质、业务能力和工作态度等。针对竞聘的岗位来介绍自己的学历、经历、政治素质、业务能力、已有的政绩等。并非要面面俱到,而是要根据竞聘职务的职能情况,有所取舍。

(2)对竞聘岗位的理解与认识要有一定的高度:对岗位的认识有高度,今后的工作思路才能抓得更准、更到位。对岗位的理解要有新意,做到思想观点新、思维角度新。竞聘者要多关注和研究新形势、新动态、新情况、新问题,得出新结论,令听者耳目一新。

(3)竞聘者的优势和今后的工作思路。

(4)在介绍自己应聘的基本条件时,要尽可能地展示自己的长处,同时对自我评价要一分为二,简要地介绍自身的不足,给评选者留下一个客观、公正的印象。

(5)表明自己任职后的打算。要用简明扼要的语言亮明自己的观点,紧紧围绕听众关心的热点、难点问题,提出明确的工作目标和切实可行的措施。

写作指南

一、述职报告的内容与写法

述职报告由标题、称谓、正文和落款组成。

(一)标题

述职报告的标题有两种。

1. 单标题

（1）述职报告常用的标题形式是直接用文种名称作为标题，即《述职报告》。

（2）完整式标题。完整式标题包括单位名称、职务、姓名、任职时间和文种，如《×××大学办公室主任×××2016年度述职报告》。

（3）省略某要素，如《2016年度述职报告》《××厂×××述职报告》。

2. 双标题

双标题即正副标题，正标题主要概括重点或主旨，副标题以年度和文种构成，如《全心全意为职工服务——2013年度述职报告》。

（二）称谓

称谓即听取述职报告的对象，口头述职报告按一般称谓即可，如"各位领导、各位评委"等。

（三）正文

正文主要由前言、主体和结尾三部分组成。

1. 前言

述职报告的前言部分一般包括以下内容：一般需要简明扼要地说明任现职位的自然情况，包括任职时间、任何职务、岗位职责的目标任务以及个人认识，对自己工作总的评价等，以确定述职的范围和基调。前言内容要简略地写，一般一个自然段即可。

我叫×××，我担任餐饮部经理一职到现在已迎来了两个新年，在这段时间里，我视宾馆为家，工作尽心尽力，任何事情我都亲力亲为。我认真做好每一件事，不辜负领导对我的信任。××××年，餐饮部成功完成了所有接待任务，这和员工的共同努力、各部门的大力协作是分不开的。

前言中的内容在写作中可以灵活处理，除岗位职责必不可少外，其他内容可以安排在后面的主体部分或者结尾部分中。

2. 主体

（1）结构模式。主体是述职报告的重点部分，一般围绕职责要求写任职期间的主要工作实绩，包括所做的主要工作、基本经验、体会、缺点、问题、失误和教训，同时还应写明对今后工作的设想、意见、建议等。在对工作实绩进行评述时，可以采取不同的材料组织方式。

① 工作项目归类法，即把自己所做的工作按性质加以分类，如生产方面、销售方面、后勤方面等，每一类作为一个层次依次进行阐述。自己主持做的工作和协助别人做的工作也要分开写。另外，对自己做出突出成绩的工作、有开拓性进展的工作要重点写，一般性的工作、日常事务性工作要简单写。

② 时间发展顺序式，即把任期内的时间按先后顺序分成几个阶段来写。这种形式在任期述职报告中经常采用，因为任期时间较长、涉及面广，所做的工作和存在的问题较多，为了便于归纳总结，以展现工作的全貌，所以将一个时期的主要工作按时间分段，这样也便于在各个阶段中详细叙述所取得的成绩和经验。

③ 内容分类集中式。这是一种常用的形式，一般分为主要工作、成绩效益、经验教训、存在问题和对策等几部分。

（2）主要内容。不同行业、不同层次的领导，其述职报告的内容必然各不相同。但无论哪一行业、哪一级别、哪一层次领导的述职报告，其主体部分都应该包含以下几方面的内容。

① 岗位职责。述职报告首先要简明扼要地介绍自己的基本情况，如所任职务、任职时间等，然后要详细介绍自己的岗位职责范围，即自己分管的工作、任职期间的主要工作目标。之所以要详细介绍，是因为岗位职责是群众评议和干部考核，部门衡量述职者是否称职的标准。同一层次甚至同一职位的领导者，因为分工不同，其职责范围各不相同，但岗位职责是任何一个职位都具有的，所以说述职报告的核心在"职"。

② 指导思想。这是每一位领导干部工作不可缺少的前提条件。领导干部的工作有其目的性和原则性，那就是站在党的立场上，依据党和国家的政策法规去观察事物、分析问题、处理问题并开展工作。没有正确的指导思想，没有对党和国家方针政策的深入领会，就不可能辨明工作中的是非曲直，看清事物的本质，找出存在的问题，采取正确的方法，从而很好地完成自己的本职工作。因此，指导思想是述职报告的"魂"，写好了，常能由形见神，体现出报告者的精神境界。

③ 主要工作（尽职情况）。这是述职报告最主要的内容，也是最需要细化、量化的部分。要向组织、向群众如实汇报自己所做的主要工作，工作过程中所取得的成绩和由此带来的经济效益与社会效益，工作中出现的失误及由此造成的损失等。具体来说，主要包括以下几方面：其一，自己组织开展了哪几项工作？结果如何？其二，协助别人开展了哪几项工作？结果如何？自己所起的作用如何？其三，在任职期间，党和国家有哪些方针政策出台？自己是如何贯彻执行的？效果如何？其四，在任职期间，上级有哪些重要的指示？自己是如何落实的？效果如何？其五，在工作实践中遇到了哪些新的情况和新的问题？自己是如何处理的？以上各点都包括成绩和失误两方面，不能只说成绩，报喜不报忧。

④ 经验和教训。对自身的工作实践，还要能够概括出一些规律性的认识，其中包括成功的经验有哪些，今后应该如何发扬；失败的教训有哪些，今后应该如何防止。这部分内容要有分析研究、集中概括，要提高到理论的高度来认识。对于教训，则应着重分析造成失误的主客观原因，明确自己应负什么样的责任。

这一部分是由实（工作成绩）到虚（工作规律），也是对主要工作的升华，写好了常常能显示报告者的理论水平、工作能力和敬业态度，因此也是要着力写好的部分。有些述职报告写到这里就草草收场，从而使整个行文的水平打折扣。虎头蛇尾是写文章的大忌。

3. 结尾

结尾主要包括自我评价及努力方向，可以对自己做一个基本的评价，也可以简要说明自己的一些体会或今后的打算。这些内容如果前面已经说过，也可以不写结尾部分。

（四）落款

（1）标题的右下方。

（2）正文之后右下方（如标题中已出现述职人的姓名则不再署名）。

（五）日期

日期应完整，包括年、月、日，时间应写在姓名之下。

二、述职报告写作的注意事项

1. 陈述工作实绩要明确

材料要准确翔实、具体周全，评价要客观公正。不要把述职报告写成经验总结，或者以偏概全，对缺点轻描淡写，要真实、客观地反映工作情况。肯定成绩的同时，也应指出不足。

2. 要把集体的成绩与个人的贡献区分清楚

在写作时，不要把个人的述职报告写成组织的工作报告。有些人写述职报告，容易把集体领导的成果都归功于个人工作的开展。但应明白，述职人只是领导班子的一员或工作集体的一员，述职时只需讲清个人实际作用，而不应将集体功绩占为己有。

三、竞聘报告的内容与写法

竞聘报告一般由标题、称谓、正文和落款四部分组成。

1. 标题

标题有以文种为题的简单写法，如"竞聘报告"；有以竞聘职位和文种为题的，如"财务处处长竞聘报告"。

2. 称谓

称谓一般写"尊敬的各位领导、同志们"。

3. 正文

正文开头是"大家好！首先感谢×××给了我这次竞聘的机会"，接下来介绍自己的基本情况，阐述自己的竞聘优势和劣势，对竞聘职务的认识，被聘任后的工作设想、打算等，最后是结束语。

4. 落款

落款写上姓名和时间。

四、竞聘报告写作的注意事项

1. 气势要先声夺人

竞聘报告的一个重要特征就是具有竞争性，而竞争的实质，是争取听众的响应和支持。做到这一点的有效方法之一，就是要有气势，这气势不是霸气，不是娇气，不是傲气，而是浩然正气。有了渊博的才识、对事业的执著精神和真挚感情，就不难找到恰当的语言表达形式。

2. 态度要真诚

竞聘报告其实就是"毛遂自荐"。自荐，应该将自己优势的方面展示出来，让他人了解自己。但要注意的是，在"展示"时，态度要真诚，不能为了竞聘成功而说大话、说谎话。

3. 语言要简练有力

简练就是话说得少，而意包含得多。竞聘报告虽是宣传自己的好时机，但也绝不可"长篇累牍"。应该用简练、有力的语言把自己的思想表达出来。

4. 内心要充满自信

当一个人充满自信地站在演讲台上，面对众人，才会从容不迫，才会以最好的心态来展示自己。当然，自信必须建立在丰富的知识和经验的基础上。这样的自信，才会成为竞聘的力量，变成工作的动力。

例文赏读

例文一

教师述职报告

　　一学年来，本人在教育教学工作中，始终坚持党的教育方针，面向全体学生，教书育人，为人师表，确立"以学生为主体""以培养学生主动发展"为中心的教学思想，重视学生的个性发展，重视激发学生的创造能力，培养学生德、智、体、美、劳全面发展。工作责任心强，服从领导的安排，积极做好本职工作，认真备课、上课、听课、评课，及时批改作业、讲评作业，做好课后辅导工作。广泛获取各种知识，形成比较完整的知识结构，严格要求学生、尊重学生，发扬教学民主，使学生学有所得，不断提高，从而不断提高自己的教学水平，并顺利完成教育教学任务。现将一年的工作汇报如下。

　　一、完善师德——为师之本（略）
　　二、虚心学习——智慧之源（略）
　　三、教研工作——求真务实（略）
　　四、合作意识——必不可缺（略）
　　五、服务他人——完善自我（略）

　　回顾一年来的工作，有成绩也有遗憾，由于年轻，工作经验不足，在开展工作的过程中也出现了一些不尽如人意的地方：

　　1. 政治、业务学习还有待加强，教学管理水平还有待进一步提高。
　　2. 深入课堂、深入班级不够。平时与学生的交流不多，主动性不强。
　　3. 为教学服务的力度还应加大，及时收集教育信息传达给教师达到信息共享。

　　十几年的教育教学工作给我一个这样的启示：学无止境，没有最好，只有更好。我愿和同仁们一道，共同探讨，携手并进，勇于创新，继续努力成为一名优秀教师。

张××
2018年1月5日

例文二

综合科长竞聘报告

尊敬的各位领导，各位评委，各位同事：
　　大家好！
　　首先感谢党组给予我展示自我的舞台和施展才华的机会！中层干部实行公平、公正、公开竞争上岗，这是深化人事制度改革的重大举措，也是我办加强干部队伍建设的有益尝试。我将珍惜这次提高自己、锻炼自己的机会，勇敢地走上台来，接受大家的评判。
　　我叫××，襄樊市人，生于××××年×月，××××年考入电子技术学院电子计算机工程专业，××××年加入党组织，××××年本科毕业，获得工科学士学位。

我的个性特征，可以说是文武兼备，刚柔并济。

今天，我竞争的职位是综合科科长，理由有三点：

第一，我认为这有利于提高自己的综合素质，全面发展自己。（略）

第二，我认为自己具备担当该职务所必备的政治素养和个人品质。（略）

第三，我认为自己具备担当此任所必备的知识和能力。（略）

从综合科的职能来看，综合性较强、职能繁杂。（略）

从我的自身素质和能力来看，我认为能够履行好上述工作职责。

第一，我具备一定的政策理论水平。（略）

第二，我具备一定的文字综合能力。（略）

相信我能够更快地进入综合科科长角色，开展工作。如果我能够获得综合科科长这个职位，我将在党组的领导下，坚持"一个原则"，实现"两个转变"，抓好"四项工作"。（略）

各位领导、各位评委、各位同事，古人说："不可以一时之得意，而自夸其能；亦不可以一时之失意，而自堕其志。"竞争上岗，有上有下，无论结果怎样，我都将以这句话自勉，一如既往地勤奋学习、努力工作。最后，我想用一句歌词来结束我的演讲："你选择了我，我选择了你，让我们一起风雨兼程，跨越新世纪。"

谢谢大家！

赵××

2017年3月4日

例文三

翔宇科技开发公司办公室主任竞聘报告

尊敬的各位领导：

你们好！

首先感谢公司为我们提供这样一个公开竞聘的平台，给了我一次挑战和展现自我的机会。我今天竞聘的是办公室主任一职，我有充分的自信和决心做好这项工作。

首先，自我介绍一下：我叫王××，毕业于华夏学院汉语言文学专业，辅修商务管理。自2013年1月8日进入公司以来，已有四年零两个月的时间。伴随着公司一步步的发展壮大，先后担任过办公室文员、秘书、企划部助理等工作，现担任公司经理助理一职。依托公司尽乎完美的平台，处理和协调、辅助完成办公室的各项工作，完成了5 000余万元的公司全年目标产值。

我竞聘这个岗位，认为自己有以下几方面的优势。

一、理论知识

我在校学习的是汉语言文学专业，同时还选修了管理学、经济学、市场营销学等课程。工作中，时刻从公司的大局出发，团结合作，并活学活用，利用Excel和数据库建立办公室的综合考评制度等。并且积极参与公司培训，善于思考，不断在工作中总结经验教训，丰富提高自己。

二、实践经验

1. 业务经验

熟悉办公室各种文件的起草和印发流程，能熟练应用各种办公软件，并能独立完成日常工作。熟悉每一个业务流程和公司内部的工作流程，能够使办公室的各项工作正常运转，便于以后工作的开展。

2. 开拓渠道

在过去开发的"交通部""总参局"和正在开发中的"地质大学"项目中，发挥枢纽桥梁作用，边总结经验，边积极与小区拓展部配合开展工作，努力使其成为"年前""节后"公司的主要业务来源。

3. 管理经验

作为一名基层管理者，我承担了实际的管理工作，如纪律考勤、开例会、布置工作、监督执行各项规定等，在这些方面积累了一定的管理经验。

三、学习能力

善于学习同事和领导的优点，并能够取长补短。在这里，尤其感谢副总经理孙颖、孙颢、霍涛和总经理助理李静等很多同事，我在他们身上学习到了先进的管理经验、各项业务的基本知识，也是他们悉心教导我为人处世的道理，才使我能紧紧跟上公司快速发展的步伐。

四、注重团队意识，有强烈的事业心和责任感

在工作中，我以总经理孙威同志为榜样，团结同事，主动帮助他人，理解人、关心人、包容人，能以饱满的工作热情投身于工作之中，具有强烈的事业心和责任感，善于协调关系，能够增强团队的凝聚力。

王××
2017 年 3 月 18 日

思考题

一、填空题

1. 述职报告是一种自我_____、汇报并接受审查和监督的实用文。
2. 述职报告按性质分，可以分为_____述职报告和例行述职报告两类。
3. _____是述职报告的"魂"。
4. 竞聘报告，又称竞聘_____。
5. 竞聘报告的一个重要特征就是具有_____，而竞争的实质，是争取听众的响应和支持。

二、选择题

1. 述职报告的述职者是（　　）。
A. 单位　　　　　　　　　　　　B. 集体
C. 个人　　　　　　　　　　　　D. 个人或单位的领导班子

2. 写述职报告要首先把握好(　　)。

　　A. 述职的自我性

　　B. 论述的针对性

　　C. 内容的规定性

　　D. 时间的限定性

3. 述职报告要求对任职一定时期的德、能、勤、绩四个方面来述职,这体现了述职报告(　　)。

　　A. 述职的自我性　　　　　　　B. 论述的针对性

　　C. 内容的规定性　　　　　　　D. 时间的限定性

4. 述职报告按内容分,可以分为(　　)。

　　A. 年度述职报告、任期述职报告和临时述职报告

　　B. 综合性述职报告和专题性述职报告

　　C. 个人述职报告和集体述职报告

　　D. 晋职述职报告和例行述职报告

5. 竞聘报告的重要特征是(　　)。

　　A. 竞争性　　　　　　　　　　B. 新闻性

　　C. 规范性　　　　　　　　　　D. 明确性

三、简答题

1. 述职报告有哪些特点?

2. 述职报告的作用是什么?

3. 述职报告的主体部分应该包含以下哪几个方面的内容?

4. 述职报告写作的注意事项有哪些?

5. 竞聘报告的主要内容是什么?

6. 竞聘报告的写作要求有哪些?

四、写作题

1. 根据自己的实际情况或需要,写一篇述职报告。要求材料充分,重点突出,结构清晰,语言得当。

2. 根据自己的实际情况或需要,写一篇竞聘某岗位的竞聘报告。要求材料充分,重点突出,结构清晰,语言得当。

第六节　会议记录

必备知识

　　把会议的组织情况和会议讨论发言的具体内容如实地记录下来,就形成了会议记录。会议记录有"记"与"录"的区别。"记"又有略记与详记之分。略记是记会议的大要,记会议上重要的或主要的言论。详记则要求记录的项目必须完备,记录的言论必须详细完整。记

下详细内容则要靠"录"。"录"有笔录、录音和录像等。对会议记录而言，录音、录像通常只是手段，最终还要将录下的内容还原成文字。笔录也常常要借助录音和录像，以此作为让记录内容最大限度地再现会议情境的保证。

写作指南

一、会议记录的格式

会议记录的格式分为记录头、记录主体和审阅签名三部分。

（一）记录头

记录头的内容包括会议名称，会议主要议题，会议时间，会议地点，会议主席（主持人），会议出席、列席和缺席人员情况，以及会议记录人签名。

为了方便记录，提高效率，上述记录头的内容通常事先印制在会议记录簿的首页上。如果用记录簿做记录，开头必须填写好记录头上的全部内容。记录头的格式排列可以参考以下式样：

会议记录

会议名称：

会议时间：

会议地点：

出席人：

缺席人：

列席人：

会议主持人：

记录人：

（二）记录主体

记录主体是实际记录部分，通常包括会议发言和议定事项两项内容。具体包括会议提出了哪些事情与动议、表决的结果、研究的决策、下次会议的时间、散会情况等。一般发言是详细记还是简略记，要根据会议的重要程度和主持人的意见来确定。凡属重要发言，如指示性讲话、权威意见和布置任务、总结工作的言论等，无论会议重要程度如何，均应尽可能地依实而记，不必对会议某些环节做总结式说明。对会议议定的事项更应翔实、精确地依次记下。

（三）审阅签名

记录主体的后面是审阅签名。凡重要的会议，或涉及有关议定事项的会议，会议主席（主持人）均应在会议记录主体之后签名。签名时如果发现有疑问，或者有与会者对某记录内容提出疑问，应朗读或一一传阅有疑问的内容，待疑问消除后，主持人再签名。遇有需要转发的会议讲话，应该在记录稿整理完毕之后送讲话人审阅。因故未能请讲话人审阅的，应注明"根据记录整理，未经讲话人审阅"字样。

在欧美等地，会议记录初稿完成后，有时候还需要拟订会议记录草稿征求意见函，最后把经过整理的会议记录发给所有的与会成员。

二、会议记录的要求

会议记录的要求归纳起来主要有两个方面：速度快和记录准。

（一）速度快

快速是对记录的基本要求。速度跟不上，所记的内容就不完整，记录稿的真实性也就失去了保证。为此，要研究影响记录速度的因素有哪些，以便采取相应的对策。

影响记录速度的主要因素如下。

1. 听力

善听才能善记，听得清才记得准、记得上。听力困难是记录者难以逾越的障碍。

2. 注意力

听力障碍未必都是生理障碍，注意能力较差，时常"走神"，也容易导致"听不清"，进而跟不上说话者的速度。

3. 概括力

会议进程中经常有交叉发言、观点交锋和自由讨论，需要记录者及时对有关言论分别予以综合，并随即概括出发言者的主要观点或基本倾向。既要忠于事实，又要把发言中的枝蔓修剪干净，使其主干突出，中心明确。这就要求有极强的概括能力，否则，记录者不仅速度难以跟上，甚至不得不停下笔来。

4. 技巧

借助录音、录像等技术手段可以实现速度同步。但是，在许多情况下，记录者可能并不具有这些手段，或者不允许使用这些手段。此时，高速度就要靠另一种技术手段来保证，这种手段就是技巧。例如，用简称、符号来代替一个词组或一个句子，在记录稿中进行各种语码的转换等。

（二）记录准

纪实性是会议记录的重要特征，因此确保真实就成了对记录稿的必然要求。

记录准的具体含义如下。

1. 准确

不添加，不遗漏，依实而记。记录人只是需要准确地记录会议情况、各项动议以及对各项动议大会决定采取的行动，而不必做总结式说明。在多数机构中，秘书需要用记录簿做记录。记录的开头必须写上全体出席人员的姓名，并有序记录会议流程。秘书读完会议记录时，主席询问成员是否要做任何添加与修改。如果有些需要，就要进行表决。接着，主席宣布记录通过，秘书则必须标明上述记录已经获得通过，这样就基本可以保证会议记录不添加，不遗漏，依实而记。

2. 清楚

首先，书写要清楚；其次，记录要有条理，尤其是采用略记的，更要记得条理清楚，保证在会后较长时间内，不致因为记录稿的条理不清而导致对发言者有关言论理解上的失真；再次，要突出重点，遗漏了重点，或者掩藏了重点，必然导致记录不准确、不清楚。

会议记录应该突出的重点如下：

（1）会议中心议题以及围绕中心议题展开的有关活动；

（2）会议讨论的内容和争论的焦点及其各方的主要见解；

（3）权威人士或代表人物的言论；

（4）会议开始时的定调性言论和结束前的总结性言论；

（5）会议议定的和议而未决的事项；

（6）对会议产生较大影响的其他言论或活动。

三、会议记录整理的方式

会议记录整理的方式如下。

（一）删

凡表达思想、观点、意见、措施，以及数字、时间、单位的词语，一定不能删除。可删除的内容如下：

（1）口头禅或一些无实际意义的语气词；

（2）无意义的重复句与重复性的短语；

（3）纯粹的方言、土语及即兴而出的摹声词；

（4）不宜以文件形式对外公布的内容。

（二）改

改主要是改口语、方言以及错用的词句。并不是所有口语方言均需改动，需要改动的内容如下：

（1）多数人不太熟悉并可能会引起误解的方言、口语；

（2）用书面文字表达后显得不太雅观的口语、俗语；

（3）发言中需要加以解释或在特定的交谈环境下听众才能听懂的口语及其他方言俗语；

（4）不宜删除，若删除了对原意的表达多少会有些损害的其他词语。

（三）补

补的内容有两方面，一是没有记下来的；二是讲话口语转换成书面语言后显得有缺损的。

1. 补标点

要在从整体上准确理解和把握发言的基础上，认真琢磨每个标点。既要保证补上每一个标点，又要保证补上标点后决不曲解原意。

2. 补句子成分

口语中有大量的省略现象，面对面的发言本身又是一个特殊的语境。如果不补充必要的成分，在脱离了原来的语境变成书面语言后，有些意思就会令人费解，或者容易产生歧义。尤其要注意对主语和谓语的补充。

3. 补标题

会议发言、讲话经常以"我说两句"开头,但记录成书面文字后就得有一个标题,至少需要加上《×××在××会议上的讲话》,最好是根据记录内容补上一个得体而又富有文采的标题。

(四)分

分即划分层次与段落。当讲话层次清楚时,这项工作比较好做,当讲话中有倒置、重复、补叙、平叙、插叙等成分时,这项工作就需要下一番功夫。为此要特别注意以下几点:

(1)尽力寻找记录稿中起承转合的痕迹,辨别过渡段、过渡句与过渡词;
(2)注意寻找"下面我讲三个问题"这类的话,这是重要的层次划分标志;
(3)调整部分颠倒的段落,把补叙段落提到前面来,使层次与段落的划分更合理。

例文赏读

例文一

××区××培训中心的会议记录

时间:2017年3月4日14:30—17:00
地点:培训大楼第一会议室
出席人:刘××(主任)、杨×(教务长)、张××(办公室主任)、吴××(办公室秘书)及各培训部主要负责人
缺席人:王××、张×(外出开会)
主持人:刘××(主任)
记录人:吴××(办公室秘书)
会议内容:
一、报告
(一)杨×报告中心基本建设进展情况。(略)
(二)主持人传达区人民政府《关于压缩行政经费的通知》(以下简称《通知》)。(略)
二、讨论
我中心如何按照区人民政府《通知》的精神抓好行政经费的合理开支,切实做到既勤俭节约,又不影响正常的培训教学、科研等活动的开展。
三、决议
(一)利用两个半天时间(具体时间由各培训部自己安排,但必须安排在本周内)组织有关人员集中传达学习《通知》精神,提高认识,统一思想。
(二)各培训部负责人在认真学习的基础上,利用下周政治学习时间向群众传达、宣讲。
(三)各培训部责成有关人员根据《通知》的压缩指标,重新审查和修改本年度行政经费开支预算,并于两周内报主任办公室。

（四）各培训部必须严格控制派出参加外地会议及外出学习人员的人数，财务科更要严格把关。

（五）利用学习和贯彻《通知》精神的机会，对全中心员工普遍开展一次勤俭节约、艰苦朴素的传统教育。

散会。

主持人：（签名）

记录人：（签名）

例文二

××市城南开发区管委会办公会议记录

时间：2017年10月9日9：00—11：30

地点：管委会会议室

主持人：李××（管委会主任）

出席者：杨××（管委会副主任）、周××（管委会副主任管城建）、李××（市建委副主任）、肖××（市工商局副局长）、陈××（市建委城建科科长）及建委、工商局有关科室宣传人员。街道居委会负责人。

列席者：管委会全体干部

记录人：邹××（管委会办公室秘书）

讨论议题：

1. 如何整顿城市市场秩序。
2. 如何制止违章建筑、维护市容市貌。

杨主任报告城市现状，并请大家来研究：如何整顿市场秩序？如何治理违章建筑、违章作业、维护市容……

讨论发言（按发言顺序记录）：

肖××：个体商贩不按规定到指定市场经营，管理不得力、处理不坚决，我们有责任。这件事我们坚决抓落实，重新宣传市场有关规定，坐商归店、小贩归市、农民卖蔬菜副食到专门的农贸市场……工商局全面出动，也希望街道居委会配合，具体行动方案我们再考虑。

罗××（工商局市管科科长）：市场是到了非整不可的地步了。我们的方针、办法都有了，过去实行过，都是行之有效的，现在的问题是要有人抓，敢于抓，落到实处。……只要大家齐心协力问题是能够解决的。

秦××（居委会主任）：整顿市场纪律，我们居委会也有责任。我们一定发动群众配合好，制止乱摆摊、乱叫卖的现象。

李××（建委副主任）：去年上半年创建文明卫生城市时，市里出了个7号文件，其中规定施工单位不能乱摆战场。工棚、工场不得临街设置，更不准侵占人行道。沿街面施工要有安全防护措施……

周××：城市管理我们都有文件、有办法，现在是贵在执行，职能部门是主力军，由职能部门着重抓，其他部门配合抓。居委会把居民特别是"执勤老人"（退休职工）都发动起来，按7号文件办事，我们市区会变得文明、清洁，面貌得到改观……

与会人员经过充分讨论、协商，一致决定：

1. 由工商局牵头，居委会和其他部门配合，第一周宣传、第二周行动，监督实施，做到坐商归店，摊贩归点，农贸归市，彻底改变市场紊乱状况。

2. 由管委会牵头，城建委等单位配合对全区建筑工地进行一次检查。然后召开一次施工单位会议，对违章建筑、违章工场限期改正。一个月内改变面貌。过时不改者，坚决照章处理。

散会。

主持人：（签名）

记录人：（签名）

思考题

一、填空题

1. 会议记录的种类有_____、_____、_____和_____等。

2. 会议记录有_____和_____的特点。

3. 会议记录不仅是_____和_____的重要依据，更为日后分析、研究、处理有关问题提供参照依据。

二、判断题

1. 会议记录是行政公文的一种，因此对格式的要求非常严格。（　　）

2. 会议记录是按照会议内容重要程序的顺序依次记录的。（　　）

3. 通常情况下，现场记录是原始记录，一般需要整理。（　　）

三、选择题

1. 下列关于会议记录分类的说法中，表述正确的一项是（　　）。

A. 详细的会议记录，实录会议的全过程、所有的发言及会场上的各种情景

B. 摘要式会议记录，只是提纲挈领地记录会议的主要内容或决议

C. 重点式会议记录，只记录发言者的讲话要点、重要数据和材料

D. 会议记录的分类是以反映会议的情况和内容的详略程度来分的

2. 下列表述中，符合会议记录特点的一项是（　　）。

A. 会议记录最重要的特点是实录性

B. 实录性表现在由记录员在开会过程中同步记录会议的全过程

C. 实录性也表现在会议记录不允许弄虚作假，任意歪曲他人原话的基本含义

D. 客观性要求记录员坚持"听到什么记什么"的原则

3. 下列表述中，不符合会议记录规范性的一项是（　　）。

A. 应使用机关统一的记录专用笺

B. 按统一的记录格式，用规范的速记法和紧缩法进行记录

C. 快速记录应使用规范的简化字和行书字体

D. 使用灌注碳素墨水或蓝黑墨水的钢笔做记录

4. 下列有关会议组织情况的表述中，正确的两项是（　　）。

A. 会议组织情况包括时间、地点、出席人、缺席人、列席人、主持人、记录员和议题

B. 会议时间要写清年、月、日、午别、时和分

C. 记录员的姓名、出席人的姓名和主持人的姓名都由自己填写

D. 会议组织情况的内容通常记录在会议记录里

四、简答题

1. 会议记录整理的方式有哪些？

2. 写好会议记录需要做好哪些工作？

五、写作题

1. 根据学校出现的就餐浪费现象，呼吁全校师生节约粮食、勿浪费，以"光盘行动"为题目开一次座谈会，记录同学们的发言内容并归纳主要观点。

2. 为团会或班级班会做一次详尽的会议记录，要求要素完备，格式正确，内容记录准确。

第三章 日用文书

第一节 求职文书

必备知识

个人求职文书是指求职者根据自己的条件和意向，以个人名义向有可能聘用自己的单位进行自我推荐时提交的文字材料，包括求职信、个人简历、证明材料三部分。

一、求职信

求职信是无业、待业、从业人员为谋求工作，向用人单位介绍自己的基本情况、专业特长，以便得到用人单位接纳和聘用的一种文书。

求职信可以充分反映求职者的优势和特长，增进用人单位对求职者的了解。它既是求职者的"敲门砖"，也是用人单位考核应聘者的"试金石"。

（一）求职信的分类

可以按照不同的标准，求职信可分为以下类别。

按求职者身份分类，求职信可分为毕业生求职信、待业人员求职信和从业人员求职信。

按有无具体求职目标分类，求职信可分为定向求职信和非定向求职信。

（二）求职信的特点

1. 自荐性

求职信行文的主要目的就是向用人单位推荐自我，以期得到自己想要的工作岗位。要通过一封信，让一个对求职者一无所知的企业或机构提供工作岗位是一件不容易的事，因此，求职信要将自身的优势、特长、成绩等作为主要内容，详细、客观、明确、充分地表达出来，从而给用人单位留下清晰而深刻的印象。

2. 竞争性

求职信虽名为"信"，但与日常生活中使用的书信不同。它面对的是集体或单位，是个人向单位、向组织"发文"的一种专用书信。随着人才市场的逐渐成熟、就业形势的日趋严峻，要想在激烈的竞争中取胜，在众多求职者中脱颖而出，要明确表达个人优势，既要目标准确又要充满自信。

3. 求实性

求职信中为了让用人单位全方位地了解自己，因此，其所涉及的内容必须是真实可信的，不可夸大其词、言过其实。切忌夸夸其谈，给人一种华而不实的印象，也不要谦虚过度，给人一种平庸无能的感觉。

二、个人简历

个人简历是对个人生活、学习、工作经历有重点地进行概述的一种文书，常以表格的形式呈现。这种文书是对个人全面而简洁的介绍，是一个人整体形象的缩影。在求职过程中，个人简历是一项必备内容，是用人单位迅速了解一个人、评价一个人的依据。

（一）个人简历的类型

根据形式不同，个人简历可分为不同种类。

1. 时间型简历

时间型简历主要按个人学习、工作、参加培训的时间顺序列举个人经历。这种简历清晰、简洁，便于阅读，适用于个人经历较为丰富，且有相关工作记录证明个人能力正在不断提升的求职者。

2. 能力型简历

能力型简历主要是经过对个人优势与特长的分析，将个人的工作技能与专长分为几个部分，并在每部分中相应列举个人的工作经历、取得成绩、学历或培训经历。这种简历重点突出，适用于个人工作经历或学习经历出现中断，以及所应聘工作与所学专业或经历关联较少的求职者。

3. 表格型简历

表格型简历主要是用表格的方式，列出个人的姓名、性别、年龄、学业情况、工作经历、求职意向等内容。这种简历内容全面，一目了然，适用于个人工作经历较少的应届毕业生。

（二）个人简历的特点

1. 简洁性

个人简历不是对个人经历的详细介绍，而是要选取个人经历中能展示能力、突出特点、符合应聘单位人才需求的经历加以介绍，不可面面俱到。

2. 真实性

个人简历中的内容必须是真实可信的，不可编造事实，捏造经历。

3. 正面性

个人简历是为了让用人单位聘用自己，最终达到就业的目的。因此，个人简历在确保内容真实的同时，还应尽量避免负面信息。

写作指南

一、求职信的内容与写法

求职信包括标题、称呼、正文、结尾和落款五个部分。

（一）标题

标题一般为"求职信"，应写在第一行的中间。

（二）称呼

称呼写在标题下一行，顶格处。求职信的称呼可以是单位，如"××贸易公司""××学校""××公司人事处"，也可以直呼具体负责人的职务，如"尊敬的××公司人力资源部部长"，还可以是单位具体负责人，一般是姓氏加职务，如"王经理""赵部长"。写称呼时，要使用单位的全称或规范简称，以示庄重、严肃。

问候语放置于称呼的下一行，空两格书写，结尾用感叹号，如"您好！""近好！"。问候语表示对收信人的尊敬和礼貌。

（三）正文

正文在称呼下一行空两格处写起，这部分是求职书写作的重点和核心。正文部分要用准确、简要的文字将自荐人的基本情况及自荐的依据和理由充分、具体地表述出来，以便使用人单位信服，进而做出考核录用的决定。正方部分主要包括以下内容。

1. 求职的缘由

首先交代求职的缘起，即说明自己是通过何种途径、何种方式获得该用人单位的招聘信息的，自己为什么向该单位求职，最好能明确指出求职岗位。例如，"从《××报》上，获悉贵单位成立网络开发部，急需学历相当、有工作经验的网络开发人员，特来信应聘。"这样既能增强求职的针对性和目的性，又能体现出求职人对用人单位的尊重。

2. 求职人的基本情况

正文部分还要交代清楚求职人的一些基本信息，如姓名、性别、年龄、籍贯、政治面貌、文化程度、职业等，给用人单位一个初步的、完整的印象。注意不能采用填表式的罗列方式，而应将这些要素有机地融于一段完整的文字中，以免给人以生硬、断层之感。

3. 求职人的优势和特长

这部分要针对用人单位的招聘信息或者所了解到的用人单位的通常要求，详尽、具体地叙写个人的专业特长、业务技能、取得的突出成绩等。在写作中，要注意对自身所具有的才能和专长的展示，要揭示出才能、专长与所取得的成绩之间的因果关系，使它们水乳交融地结合起来。除了介绍职业技能以外，也可简要介绍个人的性格特点、爱好，与同等条件的应聘者比较，入选的机会可能大得多。

4. 求职人的愿望和决心

这部分要用简明有力的语言，说明对该工作的喜爱和迫切心情，再写明被录用以后的计划与打算，以及可能给用人单位带来的效益。求职信的常用结束语有"热切盼望贵单位予以肯定答复""期待贵集团的录用通知""希望给予面试机会""如蒙赐复，不胜感激"等。

（四）结尾

出于礼节，求职信的最后往往要写上一两句祝颂的话或敬语。一般正文后另起一行空两格写"祝您鹏程万里，事业发达"。也可在正文后写"此致"，另起一行顶格写"敬礼"。或者正文后另起一行，空两格写"此致"，另起一行顶格写"敬礼"。

（五）落款

在结尾下方右侧，写上求职人的姓名，还要注明通信地址、电子邮箱或电话号码。在署名下面，写上成文的日期。

二、个人简历的内容与写法

个人简历主要包括以下内容。

1. 标题

可直接写"个人简历"或"简历"，也可直接以姓名作为标题。

2. 基本情况

基本情况主要包括个人姓名、性别、年龄、民族、籍贯、政治面貌、学校、专业、婚姻状况、健康状况、身高、住址、联系方式等内容。

3. 学业情况

写明毕业学校、所学专业、起止时间，并列出所学主要课程及成绩，标明学历、学位。

4. 工作经历

写明工作过的单位、起止时间、职称职位、工作性质，以及个人在工作中的突出才能、典型事迹等。

5. 求职意向

写明个人期望的求职方向，如希望的工种、职位以及个人的奋斗目标等，或说明个人具备哪方面技能，适合从事何种类型的工作。

三、附件材料

附件材料是指能够证明学习能力和工作经历的相关材料。由于常常需要投递多份简历，所以在求职材料中提供相关材料的复印件即可，应包括毕业证、学位证、英语水平证明、计算机水平证明、成绩单、获奖证书、公开发表的文章作品或较满意的个人作品、实习证明、推荐信等。

四、求职文书的写作要求

（一）充分挖掘，客观评价

求职文书是以自己介绍、自己评价的方式来向用人单位推荐自己，因此对求职人基本情况的叙写，必须从充分体现个人特点，深入挖掘自身专长，应站在用人单位角度考虑自己能够胜任工作的职场能力、性格特点，能为用人单位创造什么价值，并清晰、明确、有条理地表达出来。

同时，不能一味地为了获得工作而夸大其词，应从实际出发，实事求是。另外，有关求职者才能、专长和成绩等的表述，务必适度得体，不能夸大，也不能缩小。要避免含糊其辞，更不允许凭空编造。

（二）突出重点，针对性强

要重点叙写能够反映求职人工作能力、工作水平，以及符合用人单位要求的材料。切忌平均用墨，主次不分。

针对性强主要包括以下两方面。

（1）针对不同岗位、不同单位性质撰写不同简历。很多应届毕业生在求职时目的不清、目标不明。凭借一份简历盲目投递，大大降低了成功率。可以撰写多份不同职业方向的简历，有针对性地投递。例如，可以在应聘编辑岗位的简历中突出文字能力，在应聘语文教师的岗位中突出从业经历，在应聘活动执行岗位的简历中突出沟通能力和团队协作能力。

（2）针对岗位性质，凸显个人特点。投递给国企的简历一定要写得中规中矩、大气庄重。投递给创意产业企业的简历就可以轻松愉快、特色鲜明。

（三）避免空洞，多用实例

用人单位面对如雪片一样的求职材料时，会不可避免地产生审美疲劳。要在众多简历中脱颖而出，就要避免千篇一律、千人一面的空洞评价，将自己的能力和专长与具体的事实、事迹结合，用事实和数据说话，使之更具有说服力。例如，"学习成绩突出"不如"五次获得奖学金"，"领导力强，具有团队凝聚力"不如"任职期间带领团队获得了优秀团队称号"，"富有创新精神"不如"参加创新创业大赛获三等奖"，"吃苦耐劳持之以恒"不如"三年坚持晨跑从未间断"。

（四）态度诚恳、谦虚谨慎

求职是希望用人单位能聘用自己，所以要用热切和中肯的态度，引起用人单位对求职者的好感，进而博得对方的信任和认可。

避免使用过于强硬和催促的话语，如"请一定回复""伯乐必将选择我"等。

例文赏读

例文一

求 职 信

尊敬的公司领导：

展笺愉快！

我从学校招生就业网获悉，贵公司正在招聘销售代表，我认为自己的条件已符合贵公司的岗位要求，为此不揣冒昧，递上我的求职信。

我叫王××，男，1994年5月出生于辽宁沈阳，汉族，中共党员，身高175cm。现就读于新华大学市场营销专业，将于今年6月份本科毕业。已经顺利通过大学英语六级考试，具备基本的翻译能力和简单的口语沟通能力。获得全国计算机等级考试三级证书。能熟练应用各种办公软件，擅长使用Word、PPT、Excel等软件。

在宝贵的大学四年中，我系统地学习了管理学、经济学、统计学、财务管理、市场营销、经济法、消费者行为学、国际市场营销、市场调查、企业销售策划、市场调查与预测等专业理论知识，积极参加实习和实践。在课余时间自学了统计学和心理学的知识，努力向复合型人才方向发展。大学期间，我学习刻苦认真，取得了优异成绩，连续三次获综合奖学金。我在认真学习理论课程的同时，还协助老师完成著作《××》、教材《××》、省社科基金课题"××××"的资料收集以及文字校对工作，在此过程中学习了撰写学术论文、开展科研项目的方法，开阔了学术视野，提高了专业水平和专业能力。

在进行专业学习的同时，我也非常注重专业实践。其中两次实践经历对我帮助很大。第一次是大学三年级时，我作为项目负责人和我的小伙伴一起申报了大学生创新创业训练

（以下简称"大创"）计划项目"××××"，获批为辽宁省级项目。在中期检查时，由于成果踏实、丰富，该项目最终入选为国家级项目。这次"大创"训练给我提供了一个将专业理论转化为专业能力的机会，丰富了我的实战经验，使我进一步体会到团队协作精神的重要性。第二次是在顶岗实习的过程中，我在华信公司担任实习销售员，主要负责该公司化妆品的校园宣传、推广和销售工作。在此期间，我踏踏实实地跟在师傅身边学习，每天提前到岗半小时，认真做好当天的准备工作。下班后晚走半小时，主动向师傅请教工作中遇到的难题。经过努力，我成为所有实习生中的业绩冠军，甚至超过了几个在职销售员。我认真的工作态度和积极上进的工作作风，给实习单位领导和同事留下了深刻印象，在实习期结束后，实习单位领导特意为我写了求职推荐信。

以严谨踏实的态度对待专业学习是我的优点，但我并不是"两耳不闻窗外事"的书虫。大学四年，我积极参加学校和社会的各种实践活动，曾担任校文学社的秘书和摄影协会的组织部长，参与策划了大型晚会"把自信留给自己"和"奔腾岁月"，并参与组织了摄影协会的野外实习活动，得到院系领导的好评和广大同学的积极响应。

学生工作使我有了较强的组织协调能力和团队合作精神，实习工作培养了我吃苦耐劳、积极进取的工作作风，而知识的积累让我满怀希望和信心。正所谓学以致用，大学四年所学就是为了能在实际的工作中得到运用和发挥。我对贵公司仰慕已久，希望凭借我扎实的专业知识技能和相关实习经验、积极的进取精神和踏实的工作作风，成为公司销售团队的一员，为公司的蓬勃发展贡献力量。如蒙慨允一个面试机会，我将非常感谢。

此致

敬礼！

附件：1. 个人简历
　　　2. 学习成绩单
　　　3. 大学英语六级证书复印件
　　　4. 全国计算机等级考试三级证书复印件
　　　5. 各项获奖证书复印件（5份）
　　　6. 实习证明（2份）
　　　7. 推荐信

王××
2017年5月15日

通信地址：××市××区××路21号新华大学管理学院13级市场营销专业1班
手　　机：139-1234-××××
电子邮箱：123456@126.com

例文二

王 × ×
××市××区××路 21 号
Tel：139-1234-××××　　　　E-mail：123456@126.com

求职意向　　市场营销相关职位

教育背景　　新华大学管理学院市场营销专业　　　2013 年至今
　　　　　　于 2017 年 6 月获得学士学位

核心课程　　管理学、经济学、统计学、财务管理、市场营销、经济法、
　　　　　　消费者行为学、市场调查、企业销售策划、市场调查与预测

专业经历

◆ 参与科学研究工作　　　2015.1—2015.12

协助老师完成著作《××》、教材《××》、省社科基金课题"××××"的资料收集以及文字校对工作。

◆ 国家级大学生创新创业训练计划项目"××××"　　　2016.4—2017.4

作为项目主持人，确定选题，参与研究，全程把控，撰写材料，最终结题。

◆ 华信化妆品有限公司　　　销售顾问　　　2016.9—2017.3

- 调研美容保健品市场，分析本品与竞品的优劣势，确定高校学生为目标顾客群。
- 采集市场数据，研究学生群体美容品消费心理与品牌偏好，企划有针对性的营销方案，举办美容护肤讲座，推广品牌，开拓校园市场。
- 设计制作讲座宣传广告，选址张贴海报，与学校主管部门沟通租借场地。
- 以小型美容课的方式向顾客介绍商品，根据顾客需求推荐适合的产品，并提供免费送货上门和周到的售后服务。
- 拓展顾客 56 名，每月销售 4 000 元以上，业绩名列前茅。

校园活动

◆ 学校文学社秘书　　　2013.12

联系拓展训练志愿者，确定训练项目，统筹前期准备工作，租借场地，布置器械，保障后勤工作

◆ 学院摄影协会组织部长　　　2014.6—2016.6

- 组织学校"我眼看校园"摄影比赛
- 组织学校"被忽略的世界"摄影比赛
- 组织学校"我是你的眼"摄影讲座

◆ 沈阳故宫讲解志愿者　　　2015.5—2016.5

为沈阳故宫游客免费讲解 25 次

职业技能

◆ 通过国家 CET-6，具备较强的英语听说读写能力
◆ 通过国家计算机等级三级考试
◆ 熟练操作 Office 办公软件，如使用 Word 制作方案书，利用 PowerPoint 进行产品演示，使用 Excel 建立客户信息数据库，并进行分析

◆ 能够适应不同条件下的移动办公

获奖情况

2013—2014	院二等奖学金	（奖励全系前10％学生）
2014—2015	院一等奖学金	（奖励全系前5％学生）
2015—2016	市长奖学金	（本年度全校共计10人获得）

个人爱好

喜欢与人交流，擅长写作、摄影、篮球

思考题

1. 求职文书就是指求职信吗？
2. 求职信包括哪些基本要素？
3. 如何理解求职信的"针对性"？
4. 在求职信中如何突出个人优势？
5. 如何避免求职信的"千篇一律"？

第二节 申请书

必备知识

一、申请书的含义

申请书是个人或集体因某种需要，向相关组织、单位、领导表达愿望、提出请求时所使用的一种专用书信。

申请书的主要目的是表达诉求，希望获得对方的认可和同意，它与请示有相似之处，但也有明显不同。

（1）请示属于行政机关公文，申请书属于专用书信。

（2）请示的写作主体和写作对象都必须是机关或部门，不能是个人。而申请书的适用范围更广，写作主体和写作对象可以是组织、机构，也可以是个人，不局限于本部门本系统。

（3）请示属于"请求示意"，用于下级遇到难题时，提出多套解决方案，希望领导指示应该如何去做。而申请属于"请求同意"，用于写作者知道如何去做，但不能擅自行动，而向相应机关或个人提出请求，经批准同意方可执行。

二、申请书的分类

申请书种类繁多，使用范围广泛，从内容上大体可以分为以下三类。

（1）要求解决问题的申请书，如住房申请书、休学申请书、进修申请书、转正申请书、助学贷款申请书等。

（2）要求加入社会组织的申请书，如入党申请书、入会申请书等。

（3）要求获取某种权利的申请书，如商标注册申请书、领养子女申请书等。

写作指南

一、申请书的内容与写法

（一）标题

申请书的标题应第一行居中书写，一般有两种写法：一种是直接写"申请书"；另一种是由申请内容、文种构成，如"入学申请书""开业申请书"。

（二）称呼

在标题之下另起一行顶格书写接受申请书的组织、机关、单位、个人，如"建设银行沈大分行""大连市工商局""敬爱的党组织""尊敬的学院领导"。

（三）正文

称呼下一行空两格开始书写，是申请书的主要部分。一般由申请事项、申请理由、申请人的态度三部分构成。

1. 申请事项

正文部分应开门见山地直接提出申请事项，明确、清晰地写出自己的具体请求和愿望，这是申请的目的所在，在全文中起着主题的作用。

2. 申请理由

根据事实充分阐述申请理由，应清楚合理，突出重点，不需刻意渲染，也不需面面俱到。如果申请的理由比较多，可以分条列点阐述。

申请事项和申请理由可根据具体情况安排顺序，既可以先表明申请事项，也可以先阐述申请理由。

3. 申请人的态度

申请人应表明自己的态度、决心、愿望，如"希望单位能够考虑我的实际情况，予以批准"，"以上申请，请批准"。

（四）结尾

可以使用敬意语、感谢语、祝颂语作为结尾，这是对接受申请部门的一种礼貌，如"此致　敬礼""敬祝""请接受我衷心的感谢"。

（五）落款

在结尾的右下方偏右的位置，署上申请人的姓名。申请者名称前可以加上"申请人""申请者"。署名下方写上申请的具体日期。

二、申请书的写作要求

（一）申请事项合理、明确

申请要求应是必需而且可能实现的事项，可有可无或根本不具备实现基础则不能提出申请。

（二）申请理由实事求是、尊重事实

要发自内心，摆事实、讲困难，切忌空话套话，切忌模糊不清、修饰夸张。

（三）语言使用简洁谦和

申请书一般写给组织或领导，措辞应严肃、庄重、朴实、清楚，不能拖泥带水，切忌用命令式口吻。

例文赏读

例文一

助学贷款申请书

中国建设银行沈阳市分行：

  我是沈阳××大学教育学院小学教育专业16级的贫困学生王××，男，身份证号码是：××××××××××。因为家庭经济困难，难以支付本人在校期间的学费，为了能顺利完成学业，特向贵行申请国家助学贷款18 000元人民币。

  我是来自中国百穷县之一的阳新县的一名农村学生，很高的山林覆盖率以及匮乏的经济开发资源使得我县成为一个交通极不发达的经济很落后的县城，居民的平均生活水平很低。我家的生活水平更是在平均水平之下，是我们村的特困户。我家一共六口人，爷爷奶奶、父母和我们兄妹两人。爷爷奶奶年事已高，身体患有严重的高血压、心脏病，已经没有劳动能力。我的父亲年轻时在部队参军，表现非常优秀，多次被提拔，然而他在一次训练示范中不幸发生意外，腰部摔成重伤一直未能痊愈，如今不能负重，而且一到阴凉潮湿天气就会疼痛难忍，劳动能力远低于正常人水平。我的母亲是一名普通的农村妇女，既无较高文化，又无一技之长。家中去年为爷爷看病已经花光积蓄，而且在亲戚家借了30 000元外债。目前仅靠父母每月微薄收入勉强度日。我作为家中长子，为长辈和父母的辛勤劳动和无私奉献而感动，也为他们的健康状况和日常生活深深担忧。因此，我立志依靠自己的力量读完大学，我已经申请学校勤工助学岗位，并利用业余时间找到打工机会，基本解决了我日常的生活开支，但学费仍无力承担。

  我特向贵行提出助学贷款。我借款的额度是18 000元，计划毕业后2年内还清本息。我父母也同意我贷款，并同意承担连带保证责任。

  我承诺：获得国家助学贷款后，努力学习，积极上进，较好地完成自己的学业；毕业后及时将工作单位或详细的联系方式告知贵行，并信守诺言，在2022年7月1日前还清贷款，做一名守信用的当代大学生。

  此致

敬礼！

申请人：王××
2017年6月20日

例文二

入党申请书

敬爱的党组织：

  作为一名刚刚进入大学的大学生，满怀着憧憬与期待来到了这里学习。十几年的学习生涯，让我深受党的良好的教育与启迪，自己内心深处一直藏有加入伟大的中国共产党的梦想。如今，我已步入大学，也已满足最低18岁的入党申请的条件。今天，我终于有机会向党表达自己的期盼之情了。此时此刻，我正式向尊敬的党组织提出入党申请，期待成为一名合格的共产党员。

我的父母都是优秀的共产党员，从小到大，在良好的家庭氛围里，我受到了良好的教育。在我的心里，从小就已经铭记着"没有共产党就没有新中国"这一亘古不变的真理，虽然那时幼小的我尚不能完全理解，但一直将伟大的共产党当成是神圣的引领者。

来到学校后，我对党有了更深的了解和认识，幼小时的迷惑也随着自己的学习和生活实践经验的丰富而褪去，取而代之的是我对党的不断深入认识和崇敬，"没有共产党就没有新中国"这一真理在我的心里留下了更深的印记。伟大的中国共产党带领人民群众，赢得了抗日战争和解放战争的胜利，使饱受剥削与压迫的人民群众翻身站起来，成为国家真正的主人。随后，党又领导人民在一个饱受战争痛苦的国家建立起社会主义制度，取得了经济、政治、军事等各方面的伟大进步，使人民过上了幸福安康的生活。改革开放以来，我党坚持与时俱进，锐意改革，初步建立起社会主义市场经济制度，使人民生活总体达到小康水平。在21世纪这一新的历史起点，党正带领人民群众不断为全面建成小康社会而努力奋斗。

要求加入我党已经不是源于简单的崇拜了，而是源于对党的忠诚与热爱。我会在以后的学习生活中更加严格地要求自己，在学习科学发展观的基础上不断进步。

首先，从思想认识层面来说，我个人认为首先要有坚定的共产主义信念，这种坚定信念建立的基础来自正确的世界观、人生观和价值观，科学发展观的理论体系为我们形成正确的世界观、人生观和价值观提供了重要的哲学层次的指导。作为一名申请入党的大学生，不仅要用正确的理论体系武装自己的头脑，还要将这种思想转变成实在的行动，只有这样我们的事业才能蓬勃发展。科学发展观的理论体系为我们将理论和实践完美结合指出了行动的纲领和具体的措施，经过对科学发展观的理论体系的系统学习，使我更加坚定了做一名可靠的共产主义战士的决心和信念，为我今后思维方式和学习作风的进一步培养和完善指出了切实可行的理论指导和实践途径。

其次，从行动层面来说，通过对科学发展观理论体系的系统学习，使我在做人和处事方面有了更多的感悟。

第一，就做人方面而言，一是要做一个诚实守信的人，这是我一贯的做人原则。诚信是中华民族一贯传承的优良美德，也是做人最基本的品质。随着社会的发展和多元文化的冲击，各种有悖于诚信理念的思想观念层出不穷，诚信理念的重建成为我们当前民族精神和民族文化建设中最为迫切的方面。诚信理念应该成为我们坚持的美德之一，从大处讲我们要忠实于党的事业，忠实于人民的事业，忠实于民族的事业，忠实于祖国的事业；从小处讲，我们为人处世要以诚信为本。只有这样，我们这样才能更好地融入人民群众之中，团结人民、领导人民、服务人民；只有这样，我们才能融入革命队伍之中，团结同志、帮助同志、齐心协力、共同奋斗，创造出更好的工作业绩，推进我们的事业不断前进。二是要做一个正直正派的人。正直正派同样是做人基本的美德，共产党人的信仰是共产主义，我们更应该将正直正派作为人格品质去恪守和培养。目前，国际国内形势复杂多变，经济纠纷、民族矛盾、文化冲击，甚至反动敌对势力活动不时抬头，只有保持正直正派的作风，我们才能勇敢面对各种反对势力、敢于同各种反对势力作斗争，维护人民权益、维护国家利益;只有保持正直正派的作风,我们才能勇敢面对来自各种层面的压力和诱惑,培养自己、完善自己,为祖国的发展建设贡献自己的力量,不辜负历史赋予我们的光荣使命。

  第二,在做事与学习方面,一是要遵循客观规律,按照规律办事,不符合客观规律的事坚决不办,不符合科学发展观要求的事坚决不做。只有这样,我们才能协调和理顺发展过程中的各种困难和矛盾,科学规划、统一协调,按照科学发展观的要求,推进我们的事业向前发展。二是要坚持走群众路线。民心向背是我们事业成败、为人立德的试金石。三是坚持改革的方向。我们的政治经济体制改革取得了举世瞩目的成就,但这并不表明我们的工作一切都到位了,我们在生产关系和上层建筑领域还有许多不协调的地方,制约着生产力的发展和经济基础的巩固,需要不断深入地改革下去。我们应该看到改革越深入越艰难,切不可浅尝辄止、半途而废。

  通过学习,我也认识到自己与一名合格的共产党员还有较大的差距,但是我会在以后的生活与学习中以一个合格共产党员的标准严格要求自己,争取早日入党。如果暂时没有加入我党,我也不会灰心丧气,我会更加努力。请党组织在实践中考验我本人!

  此致

敬礼!

申请人:李 ×

2017 年 9 月 25 日

例文三

休学申请书

尊敬的学院领导:

  本人王××,女,我校文法学院汉语国际教育专业 2016 级硕士研究生。因本人被国家汉办招募为汉语教师海外志愿者,将于 2017 年 7 月至 2018 年 8 月赴菲律宾雅典耀大学孔子学院进行为期 1 年的志愿服务。因此,现特向学院申请休学 1 年(2017—2018 学年),望学院批准。

  此致

敬礼!

申请人:王××

2017 年 5 月 25 日

思考题

1. 申请书和请示有哪些不同?
2. 申请书应该包括哪些构成要素?
3. 如何将申请理由充分地表达出来?

第三节 开幕词和闭幕词

必备知识

一、开幕词的含义和特点

（一）含义

开幕词是国家各级党政机关、社会团体、企事业单位的领导人在会议开幕时所做的讲话，旨在阐明会议的宗旨、性质、目的、任务、议程、要求等，对会议起着重要的指导作用。

（二）特点

1. 宣告性

召开会议时，一般都要由有关领导人致开幕词，这是一个必不可少的程序，标志着会议或活动的正式开始。

2. 提示性

开幕词是会议的前奏，提醒与会者对会议引起足够的重视，振奋与会者的精神，调动其参加会议的积极性。

3. 指导性

开幕词通常要阐明会议的性质、宗旨、任务、要求和议程安排等，集中体现了大会的指导思想，起着定调的作用，对引导会议朝着既定的正确方向顺利进行，保证会议的圆满成功，有着重要的意义。

4. 概括性

开幕词是统领会议全过程的讲话，是会议的序曲、动员令，一般篇幅简短，是对会议的性质、目的、任务、议程、要求等方面的概括性说明。

二、闭幕词的含义和特点

（一）含义

闭幕词是国家各级机关、社会团体、企事业单位在会议结束时，由有关领导人对会议做出的概括性的评价和总结性讲话。它是大会的结束语，主要内容是概述大会的议程、基本精神、主要成果和意义，说明大会提出的号召、要求等。

（二）特点

1. 总结性

闭幕词是会议即将结束时重要领导人的讲话，要对会议的内容、会议精神和议程进行简要的总结并做出恰当的评价，肯定会议的重要成果，强调会议的主要意义和深远影响。

2. 概括性

闭幕词是大会的结束致辞，一般篇幅短小精悍，高度概括会议的进展情况、完成的议题、取得的成果、会议精神与重大意义。

3. 号召性

闭幕词的行文要充满热情，语言坚定，富有号召性和鼓动性，为激励与会者实现会议提出的各项任务而奋斗，增强与会者贯彻会议精神的决心与信心。

写作指南

一、开幕词的写法与结构

开幕词一般由标题、署名、日期、称呼和正文五部分组成。

（一）标题

标题一般有三种写法：一是由大会名称加文种构成，如"中华人民共和国第一届全国人民大表大会第一次会议开幕词"。二是由致辞人姓名、大会名称加文种构成，如"习近平在二十国集团领导人杭州峰会上的开幕辞"。三是文章式标题，如毛泽东于1945年4月23日在中国共产党第七次全国代表大会上所做的开幕词"两个中国之命运"。

（二）署名

在标题正下方居中位置署上致开幕词的领导姓名，但在致辞时不用念出来。

（三）日期

开幕词的时间一般写在署名下一行正中位置，要用圆括号括起来。

（四）称呼

称呼是对与会者的统称，在日期下另起一行顶格写。如果是党的会议，称呼比较简单，就是"同志们"三个字，后加冒号。如果是国际会议，要按照国际惯例来排列顺序，较常见的是"各位嘉宾、女士们、先生们"，后加冒号。

（五）正文

正文一般由开头、主体和结尾三部分构成。

1. 开头

开头一般要宣布大会开幕；交代会议的名称和内容；介绍出席会议的有关单位和领导人员；对大会表示祝贺，对来宾表示欢迎。

2. 主体

主体即开幕词的核心部分，主要包括：介绍召开会议的背景，阐明会议的重要意义；说明会议的中心任务、主要议题、会议的目的，以及会议的议程安排；向与会者提出希望和要求；说明会议的主要议程。

3. 结尾

开幕词一般用祝颂语结束全文，如"最后，祝大会圆满成功"。

二、闭幕词的写法与结构

闭幕词一般由标题、署名、日期、称呼和正文五部分组成。

（一）标题

闭幕词标题主要有两种写法：一种是用会议名称加文种类别（闭幕词）构成，如刘鹏做的"第十二届全运会闭幕词"；另一种是先用概括性的词句作为正标题，再用会议名称加文种类别作为副标题，如"让阅读成为一种习惯——××学校第七届读书节闭幕词"。

（二）署名

在标题正下方居中位置署上致闭幕词的领导的姓名，但在致辞时不用念出来。

(三)日期

闭幕词的时间一般写在署名下一行正中位置,要用圆括号括起来。

(四)称呼

称呼是对与会者的统称,在日期下另起一行顶格写。写法与开幕词相似。

(五)正文

正文一般由开头、主体和结尾三部分构成。

1. 开头

开头部分要简明说明会议所完成的预定任务的情况。

2. 主体

主体部分要评述大会的议程,总结会议的重要意义。这部分概述会议的进行情况,恰当地评价会议的收获、意义及影响,不能过于空泛笼统。

3. 结尾

结尾部分提出号召与希望,也可以对会议有关的事项略加说明,最后宣布会议闭幕。

三、注意事项

(一)开幕词写作的注意事项

1. 篇幅要短小精悍,语言要简洁明了

开幕词是大会的序曲,只对会议的性质、目的、任务、议程等方面进行概括性说明,切忌长篇大论,语言也要简洁、明快,与会场气氛和谐融洽。

2. 措辞要礼貌,感情要真挚,态度要诚恳

开幕词要做到辞令优美而不做作,礼数周到而非应付。切忌虚情假意,言不由衷。

(二)闭幕词写作的注意事项

(1)闭幕词是会议的结束致辞,语言要高度概括,精练简明。

(2)闭幕词对会议的评价要符合实际情况,要准确客观。

例文赏读

例文一

"走进名著,诵读经典"读书节开幕词

李××

(2015年4月11日)

尊敬的各位老师、亲爱的同学们:

大家好!在这春暖花开的美好季节里,我们迎来了学校以"走进名著,诵读经典"为主题的读书节活动。

我们中华民族历史悠远,在漫长的历史进程中,产生过一批非常优秀、杰出的思想文化经典,这是全人类宝贵的文化遗产,我们应该知道,应该了解,应该阅读。比如说,先秦诸子中,我们可以从孔子那里读到一颗爱心,构建和谐;在孟子那里读到一股正气,平治天下;在墨子那里读到一腔热血,救助苦难;在韩非子那里读到一双冷眼,直面人生;在老子那里读到生活辩证法;在庄子那里读到艺术人生观;在荀子那里读到

科学进取心——在孔子、孟子、墨子、韩非子那里，我们可以读到人生态度，在老子、庄子、荀子那里我们可以读到人生智慧。一句话，我们可以从经典中，读人，读人生，读智慧，读社会。这也是我们这一届的读书节为什么选"走进名著，诵读经典"这个主题。

同学们，我们学校每年都举办读书节，不管哪一年的读书节，都是希望通过读书节活动，使全体师生养成良好的读书习惯，提高审美情趣和人文底蕴。同学们通过大量的阅读，涉猎群书，与大师对话，与经典为友，与博览同行，为精神打底，为人生奠基。

本届读书节，学校安排的活动丰富多彩，如美文共享、经典回味、好书推介、读书方法大看台、国学经典诵读等。相信同学们一定会有所获。在活动中，希望各个班级组建班级图书角，设立图书管理员，制定借阅制度；希望同学们和家长一起积极参加"读书节"亲子阅读活动，和自己的爸爸妈妈分享读书的感动和乐趣。希望每节语文课前3～5分钟进行阅读交流或背诵经典。希望老师们积极参与学校、科组内"教师读书沙龙"活动，读一本经典名篇，做儒雅教师。

同学们、老师们，本次读书节历时三个月，可以说贯穿整个学期，让我们积极行动起来，用心灵和书进行交流，让浓郁的书香充盈校园的每一个角落，让师生共同读书成为一道永恒而亮丽的风景线。活动结束后，学校将对每个班级的读书活动进行全方位的展示，并举行盛大的闭幕式，在闭幕式上，将对活动中表现突出的班级和个人进行大力表彰和奖励。

同学们，加油吧！一旦与书结缘，就注定会与幸福结缘，一步一步迈向人世间最美好的境界！

例文二

让阅读成为一种习惯——××学校第七届读书节闭幕词

王××

(2016年5月22日)

老师们、同学们：

大家好！

为期一周的读书节活动顺利结束了，在这一周里，我看到老师们在辛勤地辅导，同学们在积极地参与各项活动。更可喜地看到，同学们把读书当作自己成长展示的舞台。

今天我想说的还是这样一句话：让阅读成为一种习惯。读书节闭幕了，是不是我们的阅读就该松弛一下呢？这是不应该有的想法。不举行仪式，我们依然在读书学做人。举行仪式的目的就是强调读书做人的认识应该再进一步加强。学校的工作许多都是以一种形式作为载体而进行的，读书节的开幕闭幕都是仪式教育的一种，目的是通过规定的仪式，形成郑重、严肃的气氛，达到终身阅读、终身学习的目的。用读书节的形式强调的是读书的重要性，闭幕式只是阶段性的总结，强调的是读书节是我们一生中永远过不完的节日。我们每一个人都要把阅读进行到底！阅读可以使自己有一种特殊的气质，这气质，是日积月累的"书卷气"。这种"气"必须靠坚持阅读，才能慢慢积聚而成；这种"气"散发着书香而不呆蛮；这种"气"从人的灵魂与血液里、从人的神情和眼睛里无声无息地散发出来。这种气是伪装不出来的，也是模仿不到的，这是人世间最美丽的气息——阅读之美。我多么希望，我们××学校的每一个孩子都成为具有"书卷气"之美的人啊。

最后，让我们感谢此次读书节为同学们辅导的老师们，感谢为筹备、组织各项比赛辛勤工作的老师们！

现在，我宣布"让读书成为习惯，让书香充溢童年"××学校第七届读书节闭幕！

思考题

1. 开幕词与闭幕词的特点各是什么？
2. 请举例说明开幕词的标题有几种写法？
3. 开幕词写作的注意事项有哪些？

第四节 感谢信

必备知识

一、感谢信的含义和特点

（一）含义

感谢信是为了感谢对方对自己的关心、支持、帮助而写的专用书信。

（二）特点

写感谢信既要表达出真切的谢意，又要起到表扬先进、弘扬正气、树立良好的社会风尚的作用。它广泛应用于个人与个人之间、个人与组织之间、组织与组织之间。感谢信的特点体现在以下三个方面。

1. 动情性

感谢信是在受人礼遇、帮助、关怀之后，为表达内心的感激之情而进行的写作。因此它的第一个特点就是动情性。感谢信虽然不必使用"感恩"之类的词语，但字里行间都有感而发，饱含真情，使对方在付出劳动后得到心理的受益。

2. 叙事性

感谢信的动情不能是虚情假意的，通常要在叙事的基础上表达真情实感，否则感情就没有依据。因此，感谢信要用一定的笔墨把对方的感人事迹讲述清楚。

3. 宣传表彰性

我国素有"知恩图报"的美德，受人帮助后，对人表示感谢，这也是起码的美德。感谢信除了具有感谢的意思之外，还有表扬的功能。在多数情况下，感谢信并不只是写给助人者看的，也是写给广大群众看的。感谢信兼有宣传和表彰两方面的特点，应对助人者的事迹有所议论、评价和赞扬。感谢信与表扬信有很多相似之处，所不同的是感谢信虽有表扬的意思，但其重在表达感谢之意。

二、感谢信的分类

感谢信可以按照不同标准划分类别。

按照感谢对象，可以分为写给集体的感谢信、写给个人的感谢信等。

按照感谢形式，可以分为公开张贴型答谢信、邮寄型答谢信等。

写作指南

一、感谢信的内容与写法

感谢信通常由标题、称谓、正文、结尾和落款五部分构成。

（一）标题

标题应写在感谢信第一行的中间，字体应较正文大些。标题通常有以下三种。

（1）单独由文种名称构成，如《感谢信》。

（2）由感谢对象和文种名称构成，如《致××司机师傅的感谢信》《致××物业公司的感谢信》。

（3）由感谢双方和文种名称构成，如《××全家致××社区居委会的感谢信》《××学校致××环保局的感谢信》。

如果写给个人，通常不写标题。

（二）称谓

在标题下方空一行顶格处写明被感谢的机关、单位、团体或个人的名称或姓名，如"××同志""××社区居委会"，称呼后加冒号提领下文。

（三）正文

正文应从称呼下行空两格处写起。正文是感谢信的主要部分，主要包含两层意思，一是感谢的事由，即"为什么感谢"，二是表达感谢之意。通常分段写出以下内容。

1. 感谢的事由

精练地叙述事情的前因后果，写明事件发生的时间、地点、人物、起因、经过、结果等基本情况；然后在叙述的基础上对对方的帮助进行中肯的评价，以突出其好品德、好作风和先进事迹。在叙述的过程中，应注意不能平铺直叙，要突出重点，着重准确而具体地叙述对方在关键时刻给予自己的关心、支持和帮助。另外，在叙述和评价的字里行间要自然渗透感激之情。

2. 表达感谢之意

在叙事和评论的基础上，热情赞颂对方在关心、支持和帮助他人过程中所体现出的高尚品质和可贵精神，揭示其行为对整个事件进展的积极的客观意义，同时也可在表达谢意之后表示用实际行动向对方学习的态度和决心。

（四）结尾

另起一段，书写"此致　敬礼""致以诚挚的敬意"等表示感谢、敬意的词语，也可自然结束正文，不写结语。

（五）落款

在结尾下一行或空一两行的后半行，书写感谢单位名称或感谢人姓名；在下一行书写成文日期。

二、感谢信写作的注意事项

（一）内容要真实，评价要恰当

感谢信的内容必须真实，确有其事，不可夸大其词。评价对方要恰当，切勿不着边际地大发议论，以免给人一种失真的印象。

（二）叙事要准确，用语要适度

感谢信的内容以主要事迹为主，叙述对方对自己或本单位的帮助，一定要把事件发生的时间、地点、人物、起因、经过、结果等基本情况叙述清楚、准确，便于了解和学习。感谢信的用语要得体，遣词造句要把握好一个度，不可过分雕饰。

（三）感情色彩要鲜明

感谢信要洋溢着感激之情，感动和致谢的色彩要强烈鲜明。在叙述事实的过程中，除了要突出对方的好意和表示谢意外，行文要始终饱含着真挚、热烈的感情，使读者受到强烈感染。

例文赏读

例文一

致××消费者协会的感谢信

××消费者协会的全体同志：

  你们好！

  2017年9月16日，我在××皮具专卖店买了一款××品牌的女包，单价998元。出乎我的意料，五天后，皮包出现了严重掉皮的现象，于是我致电××皮具专卖店要求退货。但令我失望和气愤的是，我的合理要求不但遭到拒绝，而且我本人还遭到了店长的谩骂。在与店方多次交涉无果的情况下，为了维护自身的合法权益，我向负责该区域的××消费者协会投诉，寻求帮助。

  在投诉后的第二天下午，我接到××皮具专卖店的致歉电话，并通知我前去领取退款。

  这件事已经过去一段时间了，可是××消费者协会的张××等同志积极负责的工作态度至今让我难以忘怀。通过这件事，我认识到：第一，消费者应该维护自己的合法权益，遇到自己不能解决的问题，应该及时到当地消费者协会寻求帮助；第二，消费者协会是实实在在为我们老百姓办实事的政府部门，是可以为老百姓分忧解难的温暖的家。

  最后，由衷地感谢××消费者协会的同志们。

  此致

敬礼

王××
2017年9月27日

例文二

致离职员工的感谢信

亲爱的小陈：

  你好！

  你在公司服务整整一年。一年，就漫长的人类历史来说，也许只是短暂的一瞬，但就个人而言，却是不短的岁月。在你提出离职的那一刻，我有种酸酸的感觉，毕竟，我不止一次跟你们说："大家一起努力，共同退休！"但你因为个人发展，在劳动合同到期的那一天，选择离开服务过365天的××文化公司，作为老总，内心真有一种说不出的滋味。

  就设计能力而言，你并不占优势，但你忠厚坦诚、任劳任怨。在这物欲横流的社会，这是难得的美德。所以，我一直都非常喜欢你。不知你以后会做些什么，希望你以自身的美德去感染更多愿意支持与帮助你的人。须知，人格魅力才是人生发展最大的锐器。

  虽然你已经离开公司了，但我们还要真诚地感谢你为公司所做的艰辛付出，我们永远不会忘记你的功劳。方便的时候，常回"家"看看。

  谨祝

  事业有成、幸福平安！

××文化公司总经理：张××

2016年9月2日

例文三

感 谢 信

中国对外翻译出版公司：

  7月19日上午，在上海世博会毛里塔尼亚国家馆日官方仪式上，外方发言定由其商务部部长德拉马纳先生用法语致辞。但在仪式现场，外方工作人员在部长上台时却将阿拉伯文的稿子递交给了他，于是部长用阿拉伯语开始发言。这里，贵公司负责当天翻译的法语译员郑君同志临危不乱，沉着镇定地根据对方的发言长度判断停顿节点，最后顺利完成了整篇讲话的翻译工作。

  根据外交部和我部在场同志的反映，当时现场效果极好，各方均未感觉翻译过程存在任何问题，整个发言过程部长与译员衔接流畅自然，每段翻译的长度和停顿也控制得恰到好处。此次工作得到了外交部领导的表扬，充分体现了贵司对上海世博会工作高度重视的精神及对我部翻译工作认真负责的态度。对此，我部表示衷心感谢！

  此外，我部事后了解得知，贵司常驻我部法语译员郑君同志在每次工作前都认真做好各类发言稿的笔译工作，将准备工作做到万无一失，此次贵司的优秀表现也归功于郑君同志细心谨慎的工作作风。为此，我部也向贵司表示感谢！

贵司自成为上海世博会翻译服务赞助商以来,一直与我部紧密合作,精诚团结,为组织方各单位提供各类优质高效的翻译服务,期待着在未来的三个月里继续与贵司保持良好的合作关系,共同为上海世博会的精彩闭幕做出贡献。

上海世博会事务协调局礼宾部
2010 年 7 月 21 日

思考题

一、填空题

1. 为了感谢对方对自己的关心、支持、帮助而写的专用书信是_____。
2. 感谢信与表扬信有很多相似之处,所不同的是感谢信重在表达_____之意。
3. 按照感谢对象,感谢信可以分为写给集体的感谢信、写给_____的感谢信等。
4. 按照感谢形式,感谢信可以分为公开张贴型答谢信、_____答谢信等。
5. 感谢信除了具有感谢的意思之外,还有_____的功能。

二、选择题

1. 感谢信是在受人礼遇、帮助、关怀之后,为表达内心的感激之情而进行的写作,因此它的第一个特点就是(　　)。
   A. 动情性　　　　　　　　　　B. 叙事性
   C. 宣传性　　　　　　　　　　D. 表彰性
2. 感谢信的动情不能是虚情假意的,通常要在(　　)的基础上表达真情实感,否则感情就没有依据。
   A. 抒情　　　B. 议论　　　C. 叙事　　　D. 说明
3. 感谢信与表扬信有很多相似之处,所不同的是感谢信重在表达(　　)之意。
   A. 警醒　　　B. 表彰　　　C. 弘扬　　　D. 感谢
4. 按照感谢对象,感谢信可以分为(　　)。
   A. 写给集体的感谢信、写给个人的感谢信等
   B. 公开张贴型答谢信、邮寄型答谢信等
   C. 写给集体的感谢信、邮寄型答谢信等
   D. 公开张贴型答谢信、写给个人的感谢信等
5. 按照感谢形式,感谢信可以分为(　　)。
   A. 写给集体的感谢信、写给个人的感谢信等
   B. 公开张贴型答谢信、邮寄型答谢信等
   C. 写给集体的感谢信、邮寄型答谢信等
   D. 公开张贴型答谢信、写给个人的感谢信等

三、简答题

1. 感谢信的特点主要体现在哪几个方面?
2. 感谢信的正文包含哪些主要内容?
3. 感谢信有哪些写作要求?

四、写作题

1. 陈××,女,某超市收银员。其母亲带五岁的外孙回老家过年,途中换车时,在火车站与外孙走散,老人万分焦急。车站派出所所长刘××同志得知这一情况后,立即发动派出所大部分人员去寻找。找了一个多小时,最终在火车开车前15分钟,在火车站一超市的角落里找到了小男孩。为此,孩子母亲给车站派出所全体同志写了一份感谢信。

2. 张××,男,某公司经理。乘坐通达出租车公司一出租车时,不慎将皮箱落在后备厢中。皮箱内有人民币15万元、身份证一个、护照一本、空白发票三张及各种票据若干张。在张××万分焦急的时候,出租车司机王××发现皮箱后第一时间交至派出所,值班民警及时联系到了失主,箱子完璧归赵。张××拿出一万元人民币作为酬谢,但被司机王××婉拒。为此,张××给通达出租车公司写了一封感谢信。

第五节 祝 词

必备知识

一、祝词的含义和特点

(一)含义

祝词也称为祝辞,是行政机关、企事业单位、社会团体或个人在社会活动中,为表达祝愿希望、增添喜庆气氛而写作的一种礼仪文书。

(二)特点

祝词广泛应用于各种场合,大到国际交往,国内各种场合的集会、宴会、喜庆活动等;小到日常生活中的家庭宴会或喜庆活动等,婚嫁乔迁、升学参军、延年长寿、房屋落成等喜事都需要祝词来联络感情,增进友谊,烘托气氛。祝词的特点体现在以下5个方面。

1. 喜庆性

祝词是在喜庆的场合对祝贺对象的一种真诚的祈颂祝福和良好心愿的表达,因此喜庆性是祝词的基本特点。写作中在措辞用语上务必体现出一种喜悦、美好之情。

2. 广泛性

祝词所祝贺的对象十分广泛。无论是单位中的上级、平级、下级,还是家庭中的长辈、平辈、晚辈,无论是国家元首,还是平民百姓,无论是传统节日,还是寿辰庆典、开业典礼、朋友联欢、同学聚会,都会用到祝词,以活跃场面,加深友谊。

3. 鼓动性

祝词主要是传达美好愿望,其所祝愿的内容往往尚未成为事实,只是一种期待。因此,祝词必须带有鼓动性,能够鼓舞士气,激励人们为美好的前景继续努力。

4. 严肃性

有些祝词代表组织、单位、团体行文,不可过于随意,应轻松而不散漫,热情而不张扬。要做到语言自然得体，表达准确无误。

5. 体裁的多样性

祝词无须拘泥于某种文体，可以根据祝贺对象的具体情况采用合适贴切的文章体裁。如既可以用一般的应用文体，也可以采用诗、词、对联等各种其他的文体样式。

二、祝词的分类

祝词可以按照不同标准划分类别。

（1）根据内容不同，有事业祝词、健康祝词、喜庆祝词等。

（2）根据祝愿对象的不同，有新年祝词、会议祝词、寿诞祝词、祝酒词等。

（3）按形式分，有简约型祝词、书面型祝词等。简约型祝词一般在一些宴会或庆典上使用，以简短的言语传达祝愿之情，写法相对简单，有时甚至都不必行文。书面型祝词一般在较为正式的会议、比较重大的场合上使用，为严肃起见，能更好地沟通感情，应事先拟好发言稿，写法相对复杂。

写作指南

一、祝词的内容与写法

祝词一般由标题、称谓、正文和落款四部分构成。

（一）标题

祝词的标题主要有三种写法。

（1）由祝贺内容和文种构成，如《中国道教协会成立五十周年的祝词》《中国水科院50周年院庆祝词》等。

（2）由祝贺人、祝贺场所、文种三部分组成，如《毛泽东主席在元旦团拜会上的祝词》《邓小平在中国文学艺术工作者第四次代表大会上的祝词》等。

（3）由正副标题构成。正标题用一句话对文章的主旨进行高度概括，副标题补充说明祝贺的内容与文种，如《在发展中国特色社会主义的伟大征程上创造新的青春业绩——在中国共产主义青年团第十六次全国代表大会上的祝词》《让星星火炬在发展中国特色社会主义伟大进程中放射出更加灿烂的光芒——在中国少年先锋队第六次全国代表大会上的祝词》等。

（二）称谓

称谓主要指被祝贺人，一般用泛称，可以根据身份确定，如"各位女士、各位先生""朋友们""同志们"等。如果要表达热情、亲切、友好之意，前面可以加修饰语，如"亲爱的各位来宾""尊敬的各位学者"等。例如，"为庆贺朱总司令六十大寿的祝词"这篇祝寿词，是采用书信体写的，文中称呼"亲爱的"，既亲切又尊敬，表达了一个革命家对另一个革命家的崇高和真挚的感情。如果涉及具体人的姓名，一般要在姓名后面加上称呼或有关的职务头衔，以示敬意，如"尊敬的××教授"等。

（三）正文

正文由开头、主体、结语构成。

开头说明祝贺的缘由，一般要先简要地说明祝贺的对象、祝贺的原因，表达祝贺人的心情。一般使用"致以××的祝福""致以××的祝贺""向××表示最诚挚的祝贺"等形式。

主体概括评价被祝贺人所取得的成就及其重要意义。一般根据不同的祝贺对象，或肯定工作中取得的成绩，或赞颂品德，或指出被祝贺之事的意义、作用等。

结语写出希望或祝愿之类的礼节性的语句，再次表示祝贺，收束全文，如"祝取得更好成绩""祝节日愉快"等。

（四）落款

在文章的右下方，应先写祝贺人的姓名或祝贺单位的名称，然后写致贺时间。有些祝词因致贺人身份或所祝贺事件涉及范围较广，可将祝贺人姓名与祝贺时间依次写在标题正下方。

二、祝词写作的注意事项

祝词属于演讲词范围，除文稿本身的写作要求外，还要注意演讲技巧问题。这就对讲话者提出了更高的要求，即不仅要有一定的文字修养，还要具备一定的社交能力，如礼节礼仪、口头表达、即席发挥能力等。

撰写祝词时应注意以下几点写作要求。

（一）态度要热情

祝词的形式比较灵活，遣词造句要充满鼓励、希望、褒扬之意，要让听者感到温暖和愉快，受到勉励和鼓舞。

（二）语言要得体

祝词要体现真情实感，颂扬和祝贺要注意分寸，恰如好处，力求典雅大方、自然得体，避免浮言巧语、故弄玄虚、低级庸俗。例如，"为庆贺朱总司令六十大寿的祝词"这篇祝寿词，正文开头先写明因何而祝，并表达祝贺人万分高兴的心情。接下来便怀着崇敬、感激的心情对朱总司令革命的光荣历程和取得的伟大功绩，以及高尚的品德给予高度的赞扬。最后代表全国人民向朱总司令献上最真挚美好的祝愿。行文庄重得体，语言真挚感人。

（三）言辞要柔和

祝词要求感情热烈，但是不应使用辩论、谴责、批评等词句和语气。要用柔和的语言给人以温暖、愉快、喜庆之感。

例 文 赏 读

例文一

启蒙老师七十大寿祝酒词

尊敬的朱老师，亲爱的各位同学们：

大家好！

今天是我们尊敬的启蒙老师朱美华女士七十大寿。我们这里的初夏，花红柳绿，草长莺飞；初夏时节的母校，书声琅琅，魂牵梦萦。我们龙山一小六年级二班的同学们，在阔别26年之际，重逢在我们敬爱的朱老师七十大寿的盛宴上。在此，我为阔别多年的同学又能集聚一起重温当年同窗趣事、畅谈毕业后的心路历程感到万分幸福；更为我们这些当年儿时的小伙伴，在这个喜庆、祥和而又美丽的日子里，能像一群孩子给自己亲爱的妈妈一样祝寿感到由衷的高兴。借此机会，我代表在座的各位同学，向朱老师的七十寿诞表示最诚挚的祝贺！

朱老师，今天站在台上、代表同学们发言的我，就是那个当年常常流着鼻涕、酷爱扎着冲天小辫的小女孩。您还记得吗？那时每天放学后，我总是徘徊在您的家门口。您最懂我的心思，让我看遍了您书柜里所有适合我阅读的图书，还总留我在您那里吃晚饭。后来，当年那个总缠在您身边的小女孩，长大以后，像您当年一样，教室里，放飞的是希望，守巢的是自己；黑板上，写下的是真理，擦去的是功利。亲爱的朱老师，当年我只是一个普通得再不能普通的孩子，更算不上您较为出色的弟子之一，但是您的爱心、您的善良、您的宽容、您的豁达深深地感染着这个喜欢您、佩服您、总赖在您家里的小女孩。我没有辜负您的期望，没有辜负母校的培养，我在自己热爱的教师岗位上发出了应有的热量和光芒。无论要走过多少风风雨雨，我要把您吃苦敬业的精神和朴实善良的品质传承下去，我要像您一样教好我的每一届学生。

时光如梭，26年倏忽而逝。母校的感召、恩师的呼唤、集体的力量，让我们今天又重新坐在当年自己的座位，回到了当年和朱老师朝夕相处的美好时光。我们永远不会忘记30几年前的那一幕：一个梳着两根长辫子的老师欢快地走进了我们的教室，明亮深情的大眼睛，乌黑飘逸的长发，是那样的温柔，那样的美丽，这就是年轻的朱老师。您是一位充满爱心、充满智慧的好老师，教书、画画、唱歌、跳舞样样拿手。您是一位慈母般的好老师，用最美丽、最有激情的年华，陪伴着我们成长。从此，我们龙山一小这一群懵懂无知的孩子，在您的引领下，学知识，学做人，一天天长大、进步、成长。

当年那一颗颗幼苗，汲取了您的养分，在后来的人生旅途中不断成长、壮大。在这里，我想请亲爱的朱老师到台上来，请您来看看当年那群不懂事的孩子们，如今一个个在社会上都成了中坚力量。我们在工作岗位上挑大梁，在生意场上有闯劲，在各自的家庭中有担当。我们之所以能够踏踏实实地奉献于社会，全心全意地爱护我们的亲人和朋友，这一切都源于我们的启蒙老师赋予我们的最朴实、最直接的素质教育。朱老师，您的呕心沥血，换来了如今的桃李兴旺、满园春色。您应该为我们骄傲，更应该为自己喝彩！

现在，让我们一起举杯，祝愿我们慈母一般的朱老师生日快乐，健康快乐，春晖永驻！

学生：孙××
2015年6月10日

例文二

母亲生日祝寿词

各位嘉宾：

晚上好！

时值家母大人六十寿辰之际，承蒙各位嘉宾来为家母祝寿。在此，我谨代表家母及同胞兄妹向各位长辈以及各位亲朋好友，致以最热烈的欢迎和最衷心的谢意！

亲爱的妈妈，您用深厚的母爱，含辛茹苦，将我们兄妹抚养成人。如今，岁月的痕迹悄然爬上了您的额头，染白了您的双鬓。无论我们走到哪里，眼前总是浮现出您那和蔼可亲的面孔、慈爱温柔的目光。我们将永远牢记您的养育之恩。在这里，我由衷地向母亲道一声：妈妈，您辛苦了！儿女们祝您永远健康、长寿！

有这样一段话：世上有一个人，她占据在你心里最柔软的地方，你愿用一生去爱她；世上有一种爱，她让你肆意地索取、享用，却不要你任何的回报，这个人叫"母亲"！这一种爱，叫"母爱"！母爱是伟大的、永恒的、无私的。世上有什么爱能比得上母爱更让人震撼与心动？

我的母亲与普天下成千上万的母亲一样，淳朴、善良、勤劳、宽厚！风风雨雨几十年，母亲一生中积累的最大财富是她那勤劳善良的朴素品格，她那宽厚待人的处世之道，她那严厉有加的朴实家风。这一切，伴随她经历了坎坷的岁月，更伴随她迎来了今天晚年生活的幸福。

常年含辛茹苦和辛勤劳作，岁月在母亲的脸上刻下了沧桑的年轮，春秋在她的头上镶嵌了累累的霜花。而今，六十岁的老妈妈依然为我们操心，为生活琐事烦心！在我们这些子女都有了一定的社会阅历，能进行理性思考的时候，我们才深深地感受到，母亲给予我们的，不仅是生命和身体，还有热血心肠和铮铮铁骨；母亲给予我们的，不仅是物质财富，更多的是勤奋质朴、与人为善的精神动力，而这些才是一个人傲立于世的无价之宝，取之不尽、用之不竭的力量和财富源泉。

如今父母老了，作为子女，我们没有理由不让我们的父母健康快乐，我们没有理由不让我们的父母亲安康幸福。今天，我们隆重地为亲爱的妈妈祝寿，表达儿女的一份孝心，意义重大而深远，因为妈妈六十寿辰不仅意味着您又开始了新的征程，也标志着子女们的成长成熟和孝敬赡养父母步入了新的阶段！

"谁言寸草心，报得三春晖"。在这里，我代表兄弟姐妹，再次祝您老人家福寿安康，万寿无疆！

陈××

2010 年 1 月 20 日

资料来源：李展，温昊. 秘书写作实务[M]. 北京：北京大学出版社，2010：103-104.

例文三

酒店开业祝词

尊敬的来宾朋友们：

  大家中午好！

  金秋时节，硕果飘香，在喜迎中秋佳节到来之际，我们今天欢聚在这里，共同祝贺新时代大酒店隆重开业。这是一个大喜的日子，借此机会，我谨代表宏达集团的全体员工对酒店的顺利开业表示衷心的祝贺，对今天参加开业典礼的各位来宾表示热烈的欢迎，同时向酒店全体员工致以亲切的问候！

我们这里拥有优越的投资环境和悠久的人文历史。而便利的交通、日趋完善的配套设施，使这里成为一个投资、旅游、休闲的理想之地。新时代大酒店是一个集客房、餐饮、会议、康体、娱乐为一体的综合性酒店，是完全按照国际四星级标准建造的酒店，其别致的风格、新颖的设计、幽雅的环境都无不彰显出其高档品质。今天，我们欣喜地看到，新时代大酒店圆满落成并顺利开业，这必定会推动我们地区的经济发展，为我们这里的发展注入更多的崭新活力。

最后，我们衷心地希望新时代大酒店能立足新区，稳步发展，生意兴隆！同时，也衷心地祝愿各位嘉宾身体健康，万事顺意，家庭幸福！

谢谢大家！

赵××
2016 年 9 月 15 日

思考题

一、填空题

1. 祝词是行政机关、企事业单位、社会团体或个人在社会活动中，为表达_____、增添喜庆气氛而写作的一种礼仪文书。
2. _____是祝词的基本特点。
3. 祝词所祝愿的内容往往尚未成为事实，只是一种期待，因此，祝词必须带有_____，以激励人们为美好的前景继续努力。
4. 有些祝词代表组织、单位、团体行文，不可过于随意，这体现了祝词的_____特点。
5. 根据祝愿_____的不同，祝词可以分为新年祝词、会议祝词、寿诞祝词、祝酒词等。

二、选择题

1. 祝词所祝愿的内容往往尚未成为事实，因此祝词必须带有（　　），以激励人们为美好的前景继续努力。
   A. 喜庆性　　　　　　　　B. 广泛性
   C. 鼓动性　　　　　　　　D. 严肃性
2. 有些祝词代表组织、单位、团体行文，不可过于随意，这体现了祝词的（　　）特点。
   A. 喜庆性　　　　　　　　B. 广泛性
   C. 鼓动性　　　　　　　　D. 严肃性
3. 根据内容不同，祝词可以分为（　　）。
   A. 事业祝词、健康祝词、喜庆祝词等
   B. 新年祝词、会议祝词、寿诞祝词等
   C. 事业祝词、健康祝词、会议祝词等

D. 简约型祝词、书面型祝词、祝酒词等
4. 根据祝愿对象的不同，祝词可以分为（　　）。
A. 事业祝词、健康祝词、喜庆祝词等
B. 新年祝词、会议祝词、寿诞祝词等
C. 事业祝词、健康祝词、会议祝词等
D. 简约型祝词、书面型祝词、祝酒词等
5. 根据形式的不同，祝词可以分为（　　）。
A. 事业祝词、健康祝词、喜庆祝词等
B. 新年祝词、会议祝词、寿诞祝词等
C. 事业祝词、健康祝词、会议祝词等
D. 简约型祝词、书面型祝词等

三、简答题
1. 祝词的特点主要体现在哪几个方面？
2. 祝词的正文包含哪些主要内容？
3. 祝词有哪些写作要求？

四、写作题
1. 妈妈要过生日了，请写一篇祝词，在妈妈的生日宴会上向她表达祝福。
2. 你朋友的公司要举行开业庆典，请写一篇祝词，以便在庆典上使用。

第六节 演讲稿

必备知识

一、演讲稿的含义和特点

（一）演讲稿的含义

演讲稿也叫演说词，是在较为隆重的集会和会议上所发表的讲话文稿，是保证演讲质量、增强演讲效果的不可或缺的书面形式。

（二）演讲稿的特点

演讲稿具有很强的鼓动、宣传、教育和欣赏作用，它不仅要将演说者的观点、主张、思想感情传达给听众，更要使听众在思想情感上产生共鸣，因此演讲是影响和感召听众的一种交流活动。演讲稿的特点体现在以下三个方面。

1. 针对性

演讲是一种社会性活动，它由演讲者、听众，以及沟通两者的媒介即演讲稿，还有演讲的场合共同构成。演讲具有明确的目的性，或是说明一个问题，或是阐述某个观点，或是宣传一个道理，这就决定了演讲词必须具有鲜明的针对性。演讲稿的写作一方面要针对听众的实际情况，考虑听众的思想状况、文化水平、职业状况；另一方面还要针对演讲的具体场合，考虑到演说的时间、地点、环境等。只有这样才能最大限度地实现演讲的鼓动、宣传作用。例如恩格斯的《在马克思墓前的讲话》这篇演讲，演讲者紧紧围绕"马克思不仅是一个伟大的思想家，而且是一个伟大的革命家，他的英名将永垂不朽"这一主题，开头对马克思逝世的情景进行简要叙述，接着从理论建树、伟大的革命实践等几方面展开论述，最后推出"他的英名和事业将永垂不朽"这一结论。这样的开篇，观点鲜明，具有鲜明的针对性，能够很快把听众的注意力集中起来。

2. 鼓动性

演讲的目的在于追求真理、捍卫正义，只有为真理而呼唤的演讲才具有真正的生命力，才能激起听众的共鸣。演讲者通过自己的情感，创造出一种特有的气势，鼓动听众接受演讲者的观点和主张。因此，一篇演讲稿既要有冷静的剖析，又要有热情的鼓动。另外，由于演讲本身具有临场性和直观性，演讲者感情的传达比起一般作者更直接、更强烈、更具有感染力，因此演讲稿比起一般文章更具有鼓动性。这种鼓动性往往能够起到催人泪下、发人深思、感人奋进的功效。例如，丘吉尔首相任职后的首次演讲就有这么一段富有激情的演讲词：

你们问我们的目标是什么？我可以用一个词来回答：胜利——不惜一切代价，去赢得胜利；不论多么可怕，也要赢得胜利；无论道路多么遥远和艰难，也要赢得胜利。因为没有胜利，就不能生存。我要说："来吧，让我们同心协力，一道前进！"

这种富有感召力的演讲，不仅为听众树立了坚定的信念，而且也极易使听众内心产生火热的情感，具有很强的鼓动性。

3. 有声性

演讲是采取口语和态势语的形式向人们发号召、做动员、谈见解的一种特定的表情达意方式。演讲活动以"讲"为主，以"演"为辅，它要面对听众发表意见，抒发情感，以理服人，以情动人，从而感召听众，因此在撰写演讲稿时，必须以"好讲""好听""好懂""好记"为前提。

演讲词与一般文章在语言方面具有共同的基本要求，即准确、简明、生动，但这两者之间又存在着不容忽视的区别。一般文章是让人看的，而演讲词则是供人听的，它通过口说，作用于听众的听觉，从而产生宣传效果；一般文章可以供人们反复揣摩玩味，而演讲词则具有暂留性，且人们的听觉易于疲劳、分散，正如老舍先生所说的："耳朵不像眼睛那么有耐性，听到一个不爱听的字或一句不易懂的话，马上就不耐烦。"

二、演讲稿的分类

演讲稿可以按照不同的标准，分为以下类别。

按照演讲内容，演讲稿可分为政治演讲稿、学术演讲稿、教育演讲稿、军事演讲稿、商业演讲稿、竞聘演讲稿等。

按照演讲方式，演讲稿可分为命题演讲稿、即兴演讲稿和论辩演讲稿等。

按照演讲技巧，演讲稿可分为叙述性演讲稿、议论性演讲稿和抒情性演讲稿等。

写作指南

一、演讲稿的内容与写法

演讲稿一般包括标题、称呼和正文三大部分。

（一）标题

演讲稿的标题往往涉及演讲的内容，关系到演讲的效果。一个新颖、生动、恰当而富有表现力的标题，不仅能在演讲前造成悬念，唤起听众急欲想听的愿望，而且能在演讲结束后给听众留下美好、永久的记忆。

1. 从标题的形式来看

从标题的形式来看，演讲稿标题的常见写法有以下三种。

（1）文章式标题。文章式标题主要根据演讲的主要内容概括提炼而成，如《有一种爱叫认错》《坚持才会获得精彩》。

（2）特殊式标题。特殊式标题有些演讲题目根据会议的名称或演讲发表的时间、地点确立标题，如《在林肯纪念堂前的演说》《在马克思墓前的讲话》。

（3）正副标题式。正副标题式即上面两种标题的结合，正标题用以揭示演讲的主题，副标题则点明了事由和文种。如苏加诺的《让新的亚洲诞生吧——1955年4月18日在亚非会议开幕会上演讲》《用发展的眼光看中国——在剑桥大学的演讲》。

2. 从标题的内容来看

从标题的内容来看，演讲稿标题常见的写法有以下 4 种。

（1）提要式。提要式标题主要是概括演讲的核心内容，简明扼要地向听众展示演讲的中心，如《打开心结的话最有力量》《人总是要点精神的》。

（2）寓意式。寓意式标题主要是运用比喻、象征等修辞手法，将抽象的哲理或某种特殊意义形象地表达出来，如《让美的横杆不断升高》《扬起生命的风帆》。

（3）警句式。警句式标题主要是运用名言警句来提醒、劝谏、鼓励听众，以激发听众，使之觉醒，如《忧劳可以兴国，逸豫适足亡身》《天下兴亡，匹夫有责》。

（4）设问式。设问式标题主要是通过设问来提示演讲涉及的内容，用演讲来回答标题的提问，如《我们喜欢怎样的父母》《美女的优势在哪里》。

（二）称呼

称呼应根据会议性质及与会人员的不同情况而定。如果成员复杂，称呼宜粗不宜细，一般按身份、主次排列。例如，1955年苏加诺在亚非会议开幕会上演讲的称呼"阁下们，各位女士、各位先生，各位姊妹、各位兄弟"，层次分明，很好地体现了大会团结合作的主旨。

（三）正文

正文包括开头、主体、结尾三部分。

1. 开头

演讲稿的开头，又叫开场白，是演讲者登台开始讲的几句简短的话，是演讲者和听众之间的第一座桥梁，是演讲者是否能够取胜的重要环节。俗话说"万事开头难"，演讲稿的开头也是这样。好的开头是成功的一半,任何形式的演讲开头总是很关键,开头在演讲稿的结构中具有重要的作用。好的演讲稿开头既能用简洁的语言迅速引起听众对演讲的注意和兴趣,有效控制听众的情绪,又能创造出良好的氛围,增强感染力,为进入正题做铺垫,以求得不同凡响的演讲效果。

演讲的开场白具有双重作用:一是赢得听众的兴趣,二是把演讲引入主体。演讲稿的开头应根据演讲的时间、地点、听众、主题的不同,采用灵活多样的形式。常见的开头有以下几种。

(1)落笔入题,开宗明义。这是一种提纲挈领、开门见山的演讲开头方式,演讲者直接概括全文的主要内容或揭示演讲的主题,从而展开分析,使听众很快跟进演讲的内容,把握演讲的中心和要领。例如,一篇题为《我的极品老板》的演讲稿,开头简短直接:

最近呢,"极品"两个字特别的火。比如说,我的前任是个极品,我的极品爸妈,等等。今天,我就给大家讲讲我经历的一段奇幻的工作之旅,谈谈我遇到的令人无比抓狂的极品老板。

又如,一篇题为《我们喜欢怎样的父母》的演讲,开头是这样写的:

我是一个"零零后",我的同学总和我抱怨,我们的家长怎么就不明白我们的心呢。所以今天,我想和大家谈一谈。我们"零零后"究竟喜欢什么样的父母。

(2)提出问题,发人深思。这是一种以设问句开头,引起听众关注的演讲开头方式,开篇通过一个或几个发人深省、引人入胜的问题,引起听众的注意,从而促使听众与演讲者一起思考。例如,一篇题为《我和我的小伙伴》的演讲,开篇也是非常有力地提出了问题。

在我们国家,一共有8 692万残疾人,他们都是我的小伙伴,他们经历了很多,但是他们没有被困难所吓倒,依然坚强乐观,积极向上,而作为这个8 692万分之一的我,今天能站在这儿,我觉得我自己是幸运的,我有责任、有义务替他们去说几句话。其实我想问问大伙,您觉得对于我们这个群体,最需要的是什么?其实很简单。只有两个字"平等"。

可见,用提问式开头,既能引起听众的兴趣,又能为下文点明主题蓄势,在很大程度上能够缩短演讲者与听众的心理距离。

(3)哲理名言,统领题旨。这是一种以名言开头、富于哲理的演讲开头方式,这种写法就是开篇通过引用名言警句、诗词短文来增强演讲稿的哲理性和说服力,从而让听众喜闻乐见,易于接受。例如,曾获全国青年演讲比赛第一名的演讲《精英大营救》的开头就采用了一系列的格言和警句:

法国大文豪巴尔扎克有一句名言:"一夜可以冒出一个暴发户,但是三年也培养不出一名贵族",然而对于一个民族、一个国家来说,更为重要、更为宝贵、更为难得的,既不是暴发户,也不是贵族,而是精英——民族的、国家的精英!巴比伦犹太教法典说:"一个精英胜过一个以色列国王。因为一个国王死了,所有的以色列人都是合适的人选;

而一个精英死了,却没有人能够代替他。"所以,德国伟大的音乐家贝多芬能够理直气壮地对那些权倾朝野的王公大臣们说:"你们算什么,国王算什么,你们和国王到处都是,而我贝多芬只有一个!"

像这样用格言警句开头,既精练,又具有较强的启发性,一开始就能吸引听众,使听众产生兴趣。

(4)故事开场,引出正题。这种写法就是开篇或者讲述一段有趣的经历,或者讲述一个动人的小故事,或者举出一个令人深思的事实,以感人的情节吸引听众,制造悬念,从而使听众产生非听下去不可的欲望。例如,一篇题为《小强是怎样炼成的》演讲是以这样的故事开头的:

十年前,有一个人,三次高考两次落榜,身材矮小,其貌不扬。如果他跟你说:"我要来改变世界!"各位,你相信吗?这个人居然成为全中国第一个登上福布斯排行榜的马云先生。十年前,你看到天王周杰伦,他还在餐厅当服务员;十年前,你看到小沈阳,他还经常被别人赶下台。今天,当你看到站在台上的姬剑晶,我要告诉你,十年前,他居然还是一个忧郁症的患者。十年的时间,只要面对十几、二十个人说话,我要么面红耳赤,要么脸色苍白。

这种方式的开头,事情本身亲切感人,耐人寻味,极易触发听众的兴趣,可以收到良好的演讲效果。

此外,还有幽默式开头,就是以幽默、风趣的自我介绍开头,从而迅速缩短演讲者和听众的距离,给听众留下亲切而难忘的第一印象;即兴式开头,就是开篇以眼前的人、事和背景为话题,即兴发挥,引申开去,从而使演讲者的演讲灵活自然,更容易被听众所接收。

演讲稿的开头方式多种多样,不能将其模式化和概念化,应该根据具体情况灵活安排。

2. 主体

主体是演讲稿的主干,其任务是运用大量的事实和理论论据,通过科学的推理和判断,做到以理服人、以情动人,从而使听众在哲理的思辨中受到启迪,在美好的情感中受到感染。由于演讲内容外延的丰富性、演讲者对于内容把握的独特性和听众对象的复杂性,所以这部分的结构安排应灵活多变、风格迥异。

常见的结构形式有以下两种。

(1)并列式。并列式写法就是围绕中心,从不同的角度和侧重点进行论证,从而使人们全面而深刻地了解和认识演讲的主题。

(2)递进式。递进式写法就是层层深入地展开主题,从而将所论述的问题讲深讲透,并升华到更高的层次和境界。例如,一篇题为《女人永远是最佳辩手》的演讲词,首先提出"在生活的辩场上,女人永远是最佳辩手"这一中心论点,接着从两个方面论述其原因,层层递进,环环相扣,严谨而深刻,使听众心悦诚服。

在演讲稿的写作中,有时将上述两种形式结合起来,往往能产生良好的效果。

3. 结尾

俗话说,"编筐编篓,重在收口;描龙画凤,难在点睛"。美国作家约翰·沃尔夫认为,"演讲最好在听众兴趣未尽时戛然而止"。因此,演讲稿往往在演讲达到高潮时果断"刹车",以此强化给听众的印象,从而收到"余音绕梁,三日不绝"的效果。

演讲的开头和结尾都应当力求"出奇制胜",但由于所处的位置不同,开头宜呈"开放"状,而结尾宜呈"收束"状。这就要求结尾要收得寓意深刻,令人回味无穷。如果说演讲的开头要以惊人妙语刺激听众,让他们以饱满的情绪听取演讲,那么结尾则是要深入听众的内心,以"余音绕耳"来引起听众对演讲的回味与思考,最终实现激发人、鼓舞人、引发人的根本目的。

常见的结尾有以下3种。

(1) 要点总结。这种结尾就是以极其简练的语言对全文进行概括,对演讲内容和思想观点做一个高度概括性的总结,以强化主旨。例如,一篇题为《中国丈母娘》的演讲在结尾处是这样总结的:

为什么中国女婿永远追不上丈母娘的要求?因为丈母娘从来不是要求你有多少套房子、多少存款,丈母娘只是希望:哪怕你只有一套房子、一间房子,很少的存款,她能在房产证上、在存折上看到她女儿的名字。她们要的不是这个钱,她们要的是钱背后的那份舍得和那份安心呐!那意味着一个更可以把握的未来!到这个时候我才有点理解,为什么当初我的丈母娘,愿意让我这么一个一无所有的穷小子去娶了她的宝贝女儿,而且脸上还挂着微笑。因为如果当她真的意识到,你是真的爱她女儿,并且能够承担起责任的时候,其他的那些真的还重要吗?这是我一直在思考的,为什么再多的财产也打不开丈母娘们的心结,因为丈母娘们心结的真正答案,从来不在当下的存折里,而只在未来的时光里。各位亲爱的中国女婿们,你们做好了一个给出最佳答案的准备吗?

上述结尾采用了要点总结的方法,对演讲的内容进行高度概括和总结,进一步加深了听众的印象。

(2) 前后照应。这种结尾就是以前后内容遥相呼应的方法来进一步深化主题。例如,题为《像我这样一个女人》演讲稿的开头这样写道:"女人如车,车如女人。"演讲稿的结尾处又写道:

我期许自己不要做花卉型女人——脸蛋这么"标致"(世界名车,外表亮眼,引人注目);身材这么"法拉利"(世界名跑车,造型流线型,凹凸有致,流线畅快);头脑这么"裕隆"(台湾产车,零件性能稍差);而希望自己像"奔驰"(世界名车,外形、内涵兼具,古典中不失现代化)。

这个结尾在内容上与开篇紧密相关,比喻恰当,令听众回味无穷。

(3) 诗词精句作结。这种结尾就是以正统的、改编的或自创的诗词精句来结尾,给演讲增加力度,使观众受到启迪和鼓舞。例如,一篇题为《人性的力量》的演讲稿在结尾处是这样写的:

阿基米德说过:"给我一个支点,我可以撬起整个地球。"今天,此时此刻,我站在《超级演说家》的舞台上对你们说,撬起地球的这个支点,他不是某个领袖,他不是某个精英,他不是某个英雄,而是我们每一个人的心灵!

这种结尾方式，简洁明快，含蓄高雅，可以起到画龙点睛的作用，备受众多演讲者的青睐。

二、演讲稿写作的注意事项

（一）感情真挚，以情动人

演讲稿应有真情实感，才能打动人、感染人。写作时，应做到感情真挚，以情动人。演讲者不仅要注重自身思想感情的表达和倾诉，更要关心、爱护听众的情感，不能忽视与听众之间的互动和交流，避免把与听众之间的感情互动和共鸣，变成演讲者一个人的自我抒情和陶醉。

（二）叙议结合，以理服人

由于演讲这一实践活动具有稍纵即逝的特点，因此演讲稿的叙事要具体、鲜明、形象。同时，演讲这一实践活动还要启发人，因此，在具体可感的事实基础上，演讲应自然引发精辟的感慨议论，从而引发听众思考，达到事理相依、情理相彰的目的。

（三）语言通俗易懂

演讲词不仅是文字连缀的结果，而且是有声语言的呈现。有声语言在表达思想、感情、情绪等方面要比书面语言更为丰富。这就要求我们在写作演讲稿的时候，要考虑到演讲稿不同于一般作文语言的一系列特殊要求。演讲稿语言应生动形象、通俗易懂，不可讲空话、大话，也不可讲抽象的话。应适当使用成语、惯用语和歇后语，恰当运用排比、比喻等修辞手法。这样才能做到既能准确表达自己的思想内容，又能在临场演讲时充分表达自己的情感。

例 文 赏 读

例文一

女人永远是最佳辩手
陈　铭

今天要跟大家分享的是一个关于女人和辩论的故事，名字叫作《女人永远是最佳辩手》。

我在辩论的赛场上拿过世界冠军，拿过全程最佳辩手，也算得上是小有收获，但是说实话，有一件事情真的非常丢人。但是在这里我必须要向在座所有人坦白，就是在生活的辩场上，有那么一个人，我是从来都没有赢过，那个人就是我的老婆。所以不知道在座各位会怎么想，但是我本人是发自内心深处赞同一句话："女人永远是最佳辩手。"

但是，凡事总有原因，为什么呢？后来我开始琢磨，我找到了第一层原因：男人总是输，那是因为男人总是讲道理。我有一个饱经沧桑和血泪的小小忠告，告诉在座所有的男士，就是当你面对女人的时候，你永远永远不要试图讲道理，因为她们会坚信你解释就是掩饰，掩饰就是欺骗的开始。

我老婆有一次看中了一款包，她就把我拉过去说她想买。大家都知道全世界所有的女人，喜欢的包就只有两个特色：第一美，第二贵。当然女人会比较关注它的前者，男人呢，只能关注后者。所以我老婆一直在看那个包的时候，我也一直在看那个包的价签。我在数，个、十、百、千。我当时数着数着就崩溃了，我背着导购赶紧把她拉到一边，我得说服她。我说：老婆，你知道咱们中华民族五千年最美的传统美德是什么吗？勤俭节约呀；你知道当今中国经济最欠缺的精神是什么吗？是支持国货呀。你看看这个包，你看看这个包的价格，你知道它成本只有多少吗？你知道它利润翻了多少倍吗？你冷静一下，你跟我一起深呼吸，你想想看，我们家庭现在的经济情况，我们的收入状况。你现在买这么一个包，它理性吗？它负责吗？它是我们现在应该有的选择吗？你这么漂亮一个大姑娘，拎着这么一个包走在路上，你遭贼惦记呀！你拎着这么一个包去单位，遭人妒忌呀！你考虑过单位和谐吗？你考虑过人际关系吗？你考虑过你办公室大妈的感受吗？

我当时说实话，上到民族情怀、消费理念，下到买这个包的性价比、收现比、收益比、风险比、收支情况对比，我慷慨激昂，鞭辟入里，我自己都已经快为我自己的沉稳和理性征服了。然后，她只是看着我，眨巴着她的大眼睛，问我说：是你的那些道理重要，还是我重要？傻了吧？你说呀！说呀！说呀！说呀！你的那些叽叽咕咕、滴滴答答的臭道理、烂道理，都比我重要一千倍、一万倍！对不对？在你心里，我根本就不重要！对不对？你根本就不爱我了！对不对？你之前要娶我的时候，说的那些你爱我你爱我，都是骗人的！对不对？你根本就不爱我了！对不对？真的，她的眼泪当时已经快要飙出来了。

各位，在座的各位，你说这个时候你除了宣布她是最佳辩手，并且掏出银行卡给她颁奖之外，你还有任何其他的选择吗？

这是我总结的第一层原因，然后我往下深入地踏了一步。完了，我发现了事情的真相。女人永远是最佳辩手，就是因为女人根本就不是辩手啊！亲们，她们是——她们是评委啊！她们是在你们感情生活中，判断对错输赢、选择最佳辩手的评委和导师啊！对不对，李咏老师，是不是？很多时候如果您和您的老婆发生了争执，万籁俱寂的夜晚，您看向身边爱人的时候，有没有一种看着导师，甚至是看着导演的这种感觉。对不对？当然，对于我本人来讲，我是个辩手，作为一个辩手，大家想一想，还有比发现你的对方辩友其实是评委更深的悲哀吗？

就在这一份浓得不能再浓的悲哀当中，突然有一个全新的观点，让我一下子灵台透亮、豁然开朗。大家想一想，作为一个男人，咱们输，输掉了一生的比赛；可是咱们赢，赢得了什么呢？那是一颗可爱的、俏皮的，甚至有一点点蛮横的，但是从不遮掩、从不伪装的少女的心啊。这个世界上还有什么比一颗愿意陪伴你到终老的、真诚的、少女的心更宝贵的东西呢？

所以人生的辩场上，女人永远是最佳辩手，男人总是输，女人总是赢。那只是因为，爱。

资料来源：百度文库.

例文二

我的故事以及背后的中国梦
白　岩　松

　　过去的二十年，中国一直在跟美国的三任总统打交道，但是今天到了耶鲁我才知道，其实她只跟一所学校打交道。但是通过这三位总统我也明白了，耶鲁大学的毕业生的水准也并不很平均。

　　接下来就进入我们这个主题，或许要起个题目的话应该叫《我的故事以及背后的中国梦》。我要讲五个年份，第一要讲的年份是1968年。那一年我出生了。但是那一年世界非常乱，在法国有巨大的街头的骚乱，在美国也有。的确，这一切的原因都与我无关，但是那一年我们更应该记住的是马丁·路德·金先生遇刺，虽然那一年他倒下了，但是"我有一个梦想"的这句话却真正地站了起来，不仅在美国站起来，在全世界站起来。但是当时很遗憾，不仅仅是我，几乎很多中国人并不知道这个梦想，因为当时中国人，每一个个人很难说拥有自己的梦想。中国与美国的距离非常遥远，不亚于月亮与地球之间的距离。但是我并不关心这一切，我只关心我是否可以吃饱。很显然，我的出生非常不是时候，不仅对于当时的中国来说，对于世界来说，似乎都有些问题。

　　1978年，十年之后。我十岁，我依然生活在我出生的时候，那个只有二十万人的非常非常小的城市里。它离北京的距离有两千公里，要想看到北京出的报纸的话，要在三天之后才能看见，所以对于我们来说，是不存在新闻这个说法的。那一年我的爷爷去世了，而在两年前的时候我的父亲也去世了，所以只剩下我母亲一个人抚养我们哥俩，她一个月的工资不到十元。因此，即使十岁了，"梦想"这个词对我来说，依然是一个非常陌生的词汇，我从来不会去想它。我看不到这个家庭的希望，只是会感觉，那个时候的每一个冬天都很寒冷，因为我所生活的那个城市离苏联更近。但是就在我看不到希望的1978年的时候，不管是中国这个国家，还有中国与美国这两个国家之间，发生了非常巨大的变化，那是一个我们在座的所有人，今天都该记住的年份。

　　1978年12月16号，中国与美国正式建交，那是一个大事件。而在中美建交两天之后，12月18号，中国的十一届三中全会召开了，那是中国改革开放三十一年的开始。历史，两个伟大的国家，一个非常可怜的家庭，就如此戏剧性地交织在一起，不管是小的家庭，还是大的国家，其实当时谁都没有把握知道未来是什么样的。

　　1988年，那一年我二十岁。这个时候我已经从边疆的小城市来到了北京，成为一个大学生。虽然我们今天在中国依然有很多的人在抨击中国的高考制度，认为它有很多的缺陷，但是必须承认正是高考的存在，让我们这样一个又一个非常普通的孩子，拥有了改变命运的机会。当然，这个时候美国已经不再是一个很遥远的国家，它变得很具体，它也不再是那个过去口号当中的"美帝国主义"，而是变成了生活中很多的细节。这个时候，我已经第一次地尝试过可口可乐，而且喝完可口可乐之后会觉得中美两个国家真的是如此接近，因为它几乎就跟中国的中药是一样的。

　　那个时候，我已经开始非常狂热地去喜欢摇滚乐，那时正是迈克尔·杰克逊还长得比较漂亮的时候。更重要的是，这个时候的中国已经开始发生了非常大的变化，因为改革已经进行了十年。那一年中国开始尝试放开很多商品的价格，这在你们觉得是非常不可思议的事情，但是在中国当时是一个很大的迈进，因为过去的价格都是由政府来决定的。就在那一年，因为放开了价格，引起了全国疯狂地抢购，大家都觉得这个时候不会有太久，于是要把一辈子都用的食品和用品买回家。这一年也就标志着中国离市场经济越来越近。当然那个时候没有人知道市场经济，也不知道会有次贷危机。当然我知道那一年，1988年对于耶鲁大学来说格外的重要，因为耶鲁的校友又一次成为美国的总统。

1998年，那一年我三十岁。我已经成为中央电视台的一个新闻节目主持人。更重要的是，我已经成为一个一岁孩子的父亲。那一年在中美之间发生了一件非常重要的事，主角就是克林顿。也许在美国你记住的是件丑闻，但是在中国记住的是他那一年访问了中国。在6月份的时候，他访问中国，在人民大会堂和江泽民主席进行了一个开放的记者招待会，然后又在北京大学进行了一个开放的演讲，这两场活动的直播主持人都是我。

克林顿总统在北京大学的演讲用的全是美方所提供的翻译，我猜想有很多的中国观众，是一直知道克林顿在说话，但是说的是什么不太清楚。所以我在直播结束的时候，说了这样的一番话，我说看样子美国需要对中国有更多的了解，有的时候要从语言开始，而对于中美这两个国家来说，面对面永远要好过背对背。当然也是在这一年年初，我开上了我人生的第一辆车。这是我过去从来不会想到的，中国人有一天也可以开自己的车。个人的喜悦，也会让你印象很久，因为往往第一次才是最难忘的。

2008这一年，我四十岁。很多年大家不再谈论的"我有一个梦想"这句话，在这一年我听到太多的美国人在讲。看样子奥巴马的确不想再接受耶鲁占领美国二十年这样的事实了。他用"改变"以及"梦想"这样的词汇，让耶鲁大学的师生在为他当选总统之后举行了游行，甚至庆祝。

而这一年也是中国梦非常明显的一年。它就像全世界所有的伟大的梦想都注定要遭受很多的挫折一样显现出来。无论是期待了很久的北京奥运会，还是"神舟七号"中国人第一次在太空当中行走，那都是很多年前我们期待了很久的一个梦想。但是，突如其来的四川大地震，让这一切都变得没有我们期待中的那么美好。八万个生命的离开，让整个2008年中国人度日如年。我猜得到在耶鲁校园里头，在每一个网页、电视以及报纸的前面，也有很多来自中国的人，以及世界各地的人们，为这些生命流下眼泪。但是就像四十年前马丁·路德·金先生倒下，却让"我有一个梦想"这句话站得更高，站得更久，站得更加让人觉得极其有价值一样，更多的中国人也明白了，梦想很重要，但是生命更重要。

在北京奥运会期间，我度过了自己的四十岁的生日。那一天我感慨万千，因为时间进入我生日那一天的时候，我在直播精彩的比赛。二十四小时之后，当这个时间要走出我生日这一天的时候，我也依然在直播。但是这一天我觉得我非常的幸运。因为正是这样一个特殊的，在北京奥运会期间的四十岁生日，让我意识到了我的故事背后的中国梦。

正是在这样的四十年的时间里头，我从一个根本不可能有梦想的，一个遥远边疆的一个小城市里的孩子，变成了一个可以在全人类欢聚的一个大的节日里头，分享并传播这种快乐的新闻人，这是一个在中国发生的故事。而在这一年，中国和美国相距并不遥远，你中有我，我中有你，彼此需要。据说，在北京奥运会期间，布什总统度过了他作为总统以来，在国外一个国家待得最长的一段时间。菲尔普斯在那儿拿到了八块金牌，而他的家人都陪伴在他的身边，所有的中国人都为这样一个特殊的家庭祝福。当然，任何一个这样的梦想都会转眼过去。在这样的一个年份里头，中美两国历史上几乎是第一次同时发出了"我有一个新的梦想"，如此的巧合，如此的应该。

美国面临了一次非常非常艰难的金融危机，当然不仅仅是美国的事情，也对全世界有重大的影响。昨天我到达纽约，刚下了飞机，我去的第一站就是华尔街，我看到了华盛顿总统的雕像，他的视线总是永久不变地盯着证券交易所上那面巨大的美国国旗。而非常奇妙的是，在这个雕像后面的展览馆里正在举行"林肯总统在纽约"这样的一个展览，因此林肯总统的大幅画像也挂在那上面，他也在看那面国旗。我读出了一种非常悲壮的历史感。在离开那个地方的时候，我对我的同事说了这样一句话，"很多年前，如果美国发生了这样的状况，也许中国人会感到很开心，因为你看，美国又糟糕了。但是今天，中国人会格外地希望美国尽早地好起来，因为我们有几千亿的钱在美国。我们还有大量的产品等待着装上货船，送到美国来。如果美国的经济进一步好转的话，在这些货品的背后，就是一个又一个中国人增长的工资，是他重新拥有的就业岗位，以及家庭的幸福。"

在过去的三十年里头，你们是否注意到了，与一个又一个普通的中国人紧密相关的中国梦。我不知道世界上还有哪个国家，在过去这三十年的时间里头，让个人的命运发生了这么大的变化。一个边远小城市里的孩子，一个绝望中的孩子，今天有机会在耶鲁跟各位同学交流。或许该换一个视角，去看十三亿个非常普通的中国人，他们并不宏大的梦想，改变命运的冲动，依然善良的性格和勤奋的品质。今天的中国是由刚才的这些词汇构成。在过去的很多年里头，中国人看美国，似乎在用望远镜看。美国所有的美好的东西，都被这个望远镜放大。经常有人说美国怎么怎么样，你看我们这儿什么时候能这样。在过去的好多年里头，美国人似乎也在用望远镜看中国，但是我猜测可能拿反了。因为他们看到的是一个缩小了的、错误不断的、有众多问题的中国。他们忽视了十三亿非常普通的中国人，改变命运的这种冲动和欲望，使这个国家发生了如此巨大的变化。但是我也一直有一个梦想，为什么要用望远镜来看彼此？

当然我也希望非常多的美国人有机会去看看中国，而不是在媒体中看中国。你知道我并不太信任我的所有的同行，开一个玩笑，其实美国的同行是我非常尊敬的同行。我只是希望越来越多的美国朋友去看一个真实的中国，因为我起码敢确定一件事情，即使在美国你吃到的被公认为最好的中国菜，在中国都很难卖出好价钱。就像很多很多年之前，在中国所有的城市里流行着一种加州牛肉面，加利福尼亚牛肉面。相当多的中国人都认为，美国来的东西一定非常非常好吃，所以他们都去吃了，即使没那么好吃，但由于觉得这是美国来的，也没有批评。这个连锁的快餐店在中国存在了很多年，直到有越来越多的中国人来到美国，在加州四处寻找加州牛肉面，但是一家都没有找到的时候，越来越多的中国人知道，加州是没有这种牛肉面的。于是，这个连锁店在中国现在处于陆续消失的过程中。这就是一种差异。当人来人往之后，这样的一种误读就会越来越少。

所以，最后我只想再说一句，四十年前，当马丁·路德·金先生倒下的时候，他的那句话"我有一个梦想"传遍了全世界。但是，一定要知道，不仅仅有一个英文版的"我有一个梦想",在遥远的东方,在一个几千年延续下来的中国,也有一个梦想。它不是宏大的口号,并不是只在政府那里存在,它属于每一个非常普通的中国人。它用中文写成"我有一个梦想"。

资料来源:人才网.

思考题

一、填空题

1. 通常我们把在较为隆重的集会和会议上所发表的讲话文稿称为_____。
2. 从标题的形式看,演讲稿标题的常见写法包括_____式标题、特殊式标题和正副标题式。
3. 从标题的内容看,演讲稿标题的常见写法包括提要式、寓意式、警句式和_____式。
4. 演讲稿的称呼,如果成员复杂,一般按身份、_____排列。
5. 演讲稿的主体常见的结构形式有并列式和_____式。

二、选择题

1. 演讲或是说明一个问题,或是阐述某个观点,或是宣传一个道理,这就决定了演讲词必须具有鲜明的(   )。
   A. 针对性   B. 鼓动性
   C. 有声性   D. 欣赏性
2. 由于演讲本身具有临场性和直观性,因此演讲稿比一般文章更具有(   )。
   A. 针对性   B. 鼓动性
   C. 有声性   D. 欣赏性
3. 演讲活动是(   )。
   A. 以"讲"为主,以"演"为辅   B. 以"演"为主,以"讲"为辅
   C. 以"好懂"为主,以"好记"为辅   D. 以"好记"为主,以"好懂"为辅
4. 从标题的内容看,《打开心结的话最有力量》是(   )标题。
   A. 提要式   B. 寓意式
   C. 警句式   D. 设问式
5. 从标题的内容看,《扬起生命的风帆》是(   )标题。
   A. 提要式   B. 寓意式
   C. 警句式   D. 设问式

三、简答题

1. 演讲稿的特点主要体现在哪几个方面?
2. 演讲稿开头的常见写法有哪几种?
3. 演讲稿结尾的常见写法有哪几种?

四、写作题

任选一个题目,写一篇演讲稿。

1. 我有一个梦
2. 责任

3. 学会合作
4. 学会放弃
5. 理想与择业
6. 永不绝望
7. 为了母亲的微笑
8. 平凡中,让我们奉献
9. 真诚无价
10. 时代,需要我们推销

第四章 党政公文

第一节 党政公文概述

必备知识

一、党政机关公文的含义

党政机关公文是党政机关实施领导、履行职能、处理公务的具有特定效力和规范体式的文书，是传达贯彻党和国家的方针政策，公布法规和规章，指导、布置和商洽工作，请示和答复问题，报告、通报和交流情况等的重要工具。

《党政机关公文处理条例》中规定的15种公文分别是决议、决定、命令（令）、公报、公告、通告、意见、通知、通报、报告、请示、批复、议案、函和纪要。

二、党政机关公文的特点

（一）内容的政治性

党政机关公文是国家权力机关意志的表达者。它通过制发公文来传达政策、公布措施、解决问题、推动工作，在各项事业中发挥着阐明事理、启发觉悟和提高认识的作用，是治国理政的重要工具。因此，党政机关公文具有鲜明的政治性。

（二）作者的法定性

公文不同于出版物上发表的文章，也不同于一般图书或资料。党政机关公文由特定的法定机关制定和公布，代表着法定机关或组织的意图。公文的制发者必须是国家行政机关、企事业单位、社会团体及依法成立并能以自己的名义行使权利和承担义务的组织。因此，党政机关公文具有作者的法定性。

（三）执行的权威性

党政机关公文是国家的管理工具，代表国家的权力和意志。因此，公文具有法定的权威性。公文一经下发，其相关单位及成员就必须执行。这是保证党和国家的路线、方针、政策得以顺利贯彻执行的重要前提。

(四) 格式的规范性

党政机关公文格式有严格的规范性要求，这种规范性是公文的权威性和法定效力的具体体现，也是文书工作科学化、规范化、适应现代管理和提高政府机关工作效率的客观需要。我国对党政机关公文格式做出了非常具体的规定，要求在进行公文写作时遵照执行。如党政机关公文写作必须根据实际需要选择合适的公文种类，结构安排必须完整、统一等。

(五) 作用的时效性

党政机关公文是在现实工作中形成和使用，并为推动现实工作而服务的。公文是随着在实际工作中发现问题、提出问题、解决问题而产生，并为现实需要而应用，它常会随着公文所要解决的问题得到解决而失去其现实的效用。只是各种文件的实施期限不等，有的时效长些，有的时效短些。如某些具体工作的通知等，在工作完成之后，其效用也就终结了。

(六) 制发的程序性

党政机关公文的制发和办理都必须经过严格的处理程序。如公文的制发，一般应经过起草、核稿、签发等程序。几个机关联合发文须履行完备的会签程序，重要的政策性文件还须报上级机关审批或由主管部门批准等。收文也有相应的程序，任何人不得违反公文办理程序擅自处理。

写作指南

一、党政机关公文格式

党政机关公文格式就是指党政机关公文的各组成部分在文面上所占的位置。

2012年6月29日，国家质量检测检疫总局、国家标准化管理委员会批准颁布了《党政机关公文格式》(GB/9704—2012，以下简称《格式》)，新的《格式》根据中共中央办公厅、国务院办公厅印发的《党政机关公文处理工作条例》的有关规定对GB/T 9704—1999《国家行政机关公文格式》进行修订。

按照《党政机关公文处理工作条例》的有关规定，《格式》结合这些年来党政机关公文格式的实际应用，对公文用纸、印刷装订、格式要素、式样等做出了具体规定。特别是将党政机关公文用纸统一为国际标准A4型，首次统一了党政机关公文格式要素的编排规则，使党政机关公文的表现形式更加规范。该标准的实施，有利于进一步提高各级党政机关公文制作水平和质量，有利于推动党政机关公文处理工作实现科学化、规范化。

本标准将版心内的公文各要素划分为版头、主体、版记三部分。公文首页红色分隔线以上的部分称为版头；公文首页红色分隔线(不含)以下、公文末页首条分隔线(不含)以上的部分称为主体；公文末页首条分隔线以下、末条分隔线以上的部分称为版记。页码位于版心外。

(一) 版头

位于公文首页红色分隔线(反线)以上的各要素统称版头。版头的主要构成要素包括以下几个方面。

1. 发文机关标志

由发文机关全称或者规范化简称加"文件"二字组成，也可以使用发文机关全称或者规范化简称。例如：

××市交通局文件

联合行文时，如需同时标注联署发文机关名称，一般应当将主办机关名称排列在前。如有"文件"二字，应当置于发文机关名称右侧，以联署发文机关名称为准，上下居中排布。例如：

××市公安局
××市教育局　　文件
××市物价局

发文机关标志推荐使用小标宋体字，颜色为红色，以醒目、美观、庄重为原则。

2. 份号

份号是指将同一文件印制若干份时每份公文的顺序编号。如需标注份号，一般用6位3号阿拉伯数字，顶格编排在版心左上角第一行，如"000001"。

3. 秘密等级和保密期限

秘密等级是标识公文保密程度的一种标志，分"绝密""机密""秘密"三种。如需标注密级和保密期限，一般用3号黑体字，顶格编排在版心左上角第二行；保密期限中的数字用阿拉伯数字标注，秘密等级和保密期限之间用"★"隔开，如"机密★1年"。

4. 紧急程度

紧急程度是对公文传递和办理时限的要求。标明紧急程度，是为了引起特别注意，以保证公文的时效，确保紧急事项的及时处理。根据紧急程度，紧急公文应当分别标注"特急""加急"，电报应当分别标注"特提""特急""加急""平急"。紧急电报紧急程度办结时限为"特提"1天内，"特急"3天内，"加急"5天内，"平急"10天内。

如需标注紧急程度，一般用3号黑体字，顶格编排在版心左上角。如需同时标注份号、密级和保密期限、紧急程度，按照份号、密级和保密期限、紧急程度的顺序自上而下分行排列。

5. 发文字号

发文字号又称发文编号、文号，它是发文机关在某一年度内所发各种不同文件总数的顺序编号。发文字号有以下作用：一是便于公文的分发；二是便于掌握公文的类别和数量；三是便于查询和引用；四是便于保管和提取。

发文字号由发文机关代字、年份和序号组成。编排在发文机关标志下空两行位置，居中排布。年份、发文顺序号用阿拉伯数字标注；年份应标全称，用六角括号"〔〕"括入；发文顺序号不加"第"字，不编虚位（即1不编为01），在阿拉伯数字后加"号"字。例如：

国发〔2010〕3号

6. 签发人

签发人就是签发文件的人，签发人一般为单位主要领导或者主要领导授权人。上行文须标识签发人姓名。由"签发人"三字加全角冒号和签发人姓名组成，居右空一字，编排在发文机关标志下空两行位置。"签发人"三字用 3 号仿宋体字，签发人姓名用 3 号楷体字。如有多个签发人，签发人姓名按照发文机关的排列顺序从左到右、自上而下依次均匀编排，一般每行排两个姓名，回行时与上一行第一个签发人姓名对齐。例如：

签发人：×××
×××

7. 版头中的分隔线

发文字号下方 4mm 处居中印一条与版心等宽的红色分隔线。

（二）主体

1. 标题

标题是指具体公文的标题，完整的公文标题由发文机关名称、事由和文种组成。一般用 2 号小标宋体字，编排于红色分隔线下空两行位置，分一行或多行居中排布。回行时，要做到词意完整，排列对称，长短适宜，间距恰当，标题排列应当使用梯形或菱形。例如：

中共中央关于在县级以上党政领导班子、
领导干部中深入开展以"讲学习、
讲政治、讲正气"为主要内容的
党性党风教育的意见

2. 主送机关

公文的主要受理机关应当使用机关全称、规范化简称或者同类型机关统称。编排于标题下空一行位置，居左顶格，回行时仍顶格，最后一个机关名称后标全角冒号，如"各省、自治区、直辖市人民政府，国务院各部委、各直属机构："。如果主送机关名称过多导致公文首页不能显示正文时，应当将主送机关名称移至版记。

3. 正文

正文用来表述公文的主要内容。公文首页必须显示正文。一般用 3 号仿宋体字，编排于主送机关名称下一行，每个自然段左空二字，回行顶格。

文中结构层次序数依次可以用"一、""（一）""1.""（1）"标注。一般第一层用黑体字、第二层用楷体字、第三层和第四层用仿宋体字标注。

4. 附件说明

公文附件的顺序号和名称。

公文正文中一些内容，如图表、名单、规定等，如果穿插在公文正文中，往往隔断前后意思的联系而造成阅读上的不便，这时需要将其从公文正文中抽出而作为公文的附件单独表述，而且要放在公文生效标识印章之后。但公文的附件是正文内容的组成部分，与公文正文具有同等效力。

如有附件，在正文下空一行左空二字编排"附件"二字，后标全角冒号和附件名称。如有多个附件，使用阿拉伯数字标注附件顺序号；附件名称后不加标点符号。附件名称较长

需回行时,应当与上一行附件名称的首字对齐。例如:

  附件:1.×××××
     2.×××××

  5. 发文机关署名、成文日期和印章

  署发文机关全称或者规范化简称。成文日期署会议通过或者发文机关负责人签发的日期,联合行文时,署最后签发机关负责人签发的日期。印章是公文生效标识,证明公文效力的表现形式,公文中有发文机关署名的,应当加盖发文机关印章,并与署名机关相符。有特定发文机关标志的普发性公文和电报可以不加盖印章。

  成文日期一般右空四字编排,用阿拉伯数字将年、月、日标全,年份应标全称,月、日不编虚位(即1不编为01)。

  印章用红色,不得出现空白印章。

  单一机关行文时,一般在成文日期之上、以成文日期为准居中编排发文机关署名,印章端正、居中下压发文机关署名和成文日期,使发文机关署名和成文日期居印章中心偏下位置,印章顶端应当上距正文(或附件说明)一行之内。

  联合行文时,一般将各发文机关署名按照发文机关顺序整齐排列在相应位置,并将印章一一对应、端正、居中下压发文机关署名,最后一个印章端正、居中下压发文机关署名和成文日期,印章之间排列整齐、互不相交或相切,每排印章两端不得超出版心,首排印章顶端应当上距正文(或附件说明)一行之内。

  6. 附注

  附注是公文印发传达范围等需要说明的事项。如有附注,居左空二字加圆括号编排在成文日期的下一行。

(三)版记

版记中的各个要素之间,用黑色的分隔线隔开。

  抄送:×××××××××,×××××××,×××××,×××××,
    ×××××。

  ×××××××××   2017年7月1日印发

---

  1. 版记中的分隔线

  版记中的分隔线与版心等宽,首条分隔线和末条分隔线用粗线(0.35mm),中间的分隔线用细线(0.25mm)。首条分隔线位于版记中第一个要素之上,末条分隔线与公文最后一面的版心下边缘重合。

  2. 抄送机关

  除主送机关外需要执行或者知晓公文内容的其他机关,应当使用机关全称、规范化简称或者同类型机关统称。

  如有抄送机关,一般用4号仿宋体字,在印发机关和印发日期之上一行、左右各空一字编排。"抄送"二字后加全角冒号和抄送机关名称,回行时与冒号后的首字对齐,最后一个抄送机关名称后标句号。

如需把主送机关移至版记，除将"抄送"二字改为"主送"外，编排方法同抄送机关。既有主送机关又有抄送机关时，应当将主送机关置于抄送机关之上一行，之间不加分隔线。

3. 印发部门和印发日期

印发部门和印发日期是指公文的送印机关和送印日期。

一般用4号仿宋体字，编排在末条分隔线之上，印发机关左空一字，印发日期右空一字，用阿拉伯数字将年、月、日标全，年份应标全称，月、日不编虚位（即1不编为01），后加"印发"二字。

二、党政机关公文的行文规则

行文是指公文在机关内部和机关之间的传递运转。行文应当确有必要，讲求实效，注重针对性和可操作性。行文规则是指公文在制发、传递、办理过程中所应遵循的规定。行文关系根据隶属关系和职权范围确定，一般不得越级行文，特殊情况需要越级行文的，应当同时抄送被越过的机关。

（一）上行文的行文规则

上行文是指下级机关向上级机关的行文。通常情况下，请示、报告、议案等属于上行文，其规则如下：

（1）原则上主送一个上级机关，根据需要同时抄送相关上级机关和同级机关，不抄送下级机关。

（2）党委、政府的部门向上级主管部门请示、报告重大事项，应当经本级党委、政府同意或者授权，属于部门职权范围内的事项应当直接报送上级主管部门。

（3）下级机关的请示事项，如须以本机关名义向上级机关请示，应当提出倾向性意见后上报，不得原文转报上级机关。

（4）请示应当一文一事。不得在报告等非请示性公文中夹带请示事项。

（5）除上级机关负责人直接交办事项外，不得以本机关名义向上级机关负责人报送公文，不得以本机关负责人名义向上级机关报送公文。

（6）受双重领导的机关向一个上级机关行文，必要时抄送另一个上级机关。

（二）下行文的行文规则

下行文是指上级机关向下级机关的行文。通常情况下，通知、通报、批复等属于下行文，其规则如下：

（1）主送受理机关，根据需要抄送相关机关。重要行文应当同时抄送发文机关的直接上级机关。

（2）党委、政府的办公厅（室）根据本级党委、政府授权，可以向下级党委、政府行文，其他部门和单位不得向下级党委、政府发布指令性公文或者在公文中向下级党委、政府提出指令性要求。须经政府审批的具体事项，经政府同意后可以由政府职能部门行文，文中须注明已经政府同意。

（3）党委、政府的部门在各自职权范围内可以向下级党委、政府的相关部门行文。

（4）涉及多个部门职权范围内的事务，部门之间未协商一致的，不得向下行文；擅自行文的，上级机关应当责令其纠正或者撤销。

（5）上级机关向受双重领导的下级机关行文，必要时抄送该下级机关的另一个上级机关。

（三）平行文的行文规则

平行文是指平级或没有隶属关系和业务指导关系单位之间的行文。函是一种平行文，其规则如下。

(1) 平级之间的行文大多选择"函"这一文种。即使向主管部门请求批准某一事项，也只能使用"函"。

(2) 不相隶属机关之间行文用"函"。不相隶属机关是指既不是同一系列内的平行机关，也没有业务上的指导与被指导关系，也没有上下级之间的关系。这些机关之间行文，只能用"函"。

（四）联合行文的规则

(1) 同级政府、同级政府各部门、上级政府部门与下一级政府可以联合行文。

(2) 政府与同级党委、军队机关可以联合行文。

(3) 政府部门与相应的党组织和军队机关可以联合行文。

(4) 政府部门与同级人民团体和具有行政职能的事业单位也可以联合行文。

三、党政机关公文文种的选择

撰写公文时要正确选定文种，否则，不仅会给公文的撰写制作带来困难或麻烦，而且会给公文的效用带来损害。选择公文文种要严守有关规范，特别是要严格遵循党和国家关于公文文种的使用规则。

选择公文文种的依据主要有以下三个方面。

（一）发文机关与主要受文者间的工作关系

根据发文机关与主要受文者间的工作关系选择文种，就是要求明确双方间本来的工作关系，选取为这种关系所允许的文种。

文种的选用是非常严格的，误用、混用文种，会使公文的质量和效用受到严重影响。例如，下级向上级请求批准、批复的公文，就不能用"报告"，而必须用"请示"。

（二）发文机关的法定或规定权限

根据作者的权限选择文种，就是要明确作者的职责、权力范围，选择与之相符合的文种。这是因为有一部分公文文种对使用者的权限有明确规定，只有具备相应地位和权力的机关才能选用。

（三）行文目的、行文要求和表现公文主题的需要

根据行文目的、要求和表现主题的需要选择文种，就是在相同性质的文种中，选取有助于实现目的和要求，有助于使主题得到正确、鲜明表现的具体文种。

在公文文种体系中，有一部分是性质相近或相同但具体用途各异的，它们分别适用于表现不同的公文主题，适用于表明不同的行文目的和对公文阅读、办理、答复、执行等方面的不同要求。

四、党政机关公文拟写者的修养

党政机关公文是国家管理政务，机关处理工作的重要工具，它的政策性、思想性和业务性都很强。拟写公文的文书、秘书工作人员必须具有以下几个方面的修养。

（一）具有较高的政治理论水平

党政机关公文是受政治思想影响最大的一种文体。公文拟写者要有正确的政治观

点和立场，就必须具备一定的政治理论知识，必须认真学习和掌握马列主义、毛泽东思想的基本理论、基本原则和科学方法，并运用这些基本理论和观点去分析解决实际问题。

（二）熟悉和掌握政策法令

各级各类行政机关在实际工作中制发的公文，需要密切与本部门、本地区或本系统的实际情况相结合。这就需要公文拟写者必须熟悉和掌握这些政策法令，真正领会其重要性、必要性和精神实质。只有提高了政策水平，才能谈到结合本地区、本系统或本部门的实际情况，分析研究贯彻执行的具体办法。

（三）具有广博的知识

我国的经济体制改革在不断加快、深化，政治体制改革在逐步展开、深入，形势在迅速发展，新知识、新事物层出不穷，知识也在不断更新。在社会主义市场经济条件下，从事公文拟写工作的人员，不仅要有较好的政治理论修养和较高的政策水平，懂得各项业务知识，而且要博学多闻，通晓各方面的科学文化知识。

思考题

1. 举例说明党政机关公文的特点。
2. 党政机关公文的构成要素有哪些？
3. 举例说明党政机关公文拟写者应具备的基本素质。

第二节 通　知

必备知识

一、通知的含义

通知是用于批转下级机关、转发上级机关和不相隶属机关的公文，传达要求下级机关办理和需要有关单位周知或者执行的事项，以及任免人员时使用的一种公文。

二、通知的特点

通知的使用频率和范围极广，具有多功能的特征，具体表现如下。

1. 广泛性

通知不受发文机关级别高低的限制，党政机关可以用，人民团体、企事业单位也可以用。主要用于上级机关对下级机关、组织对所属成员公布相关事项，平行机关之间、不相隶属的机关之间有时也可使用通知知照有关事项。通知中的批转文件、转发文件、印发文件、指示性文件等类型也体现了其广泛性的特点。

2. 指导性

上级机关在向下级机关发布规章、布置安排工作、批转和转发文件时，均须明确阐述处理问题的原则方法和具体措施。说明需要做什么、怎样做、达到什么要求等，以此来指导下级机关开展工作。

3. 时效性

通知是在受文对象对某件事情应知而未知、应办而未办的情况下下达的。事项一般是要求立即处理、执行或知晓的，不容拖延，否则会失效或误事。有的通知如会议通知，只在指定的一段时间内有效，故行文更要及时。

三、通知的种类

1. 批转性、转发性通知

批转性、转发性通知，是指领导机关批转下级机关的公文，转发上级机关、同级机关和不相隶属机关的公文时所使用的通知。

2. 颁布性通知

颁布性通知，是指印发或公布规范性公文、领导讲话的通知。

3. 指示性通知

指示性通知，是指上级机关对下级机关就某项工作有所指示和安排时使用的通知。这类通知常常带有强制性、指挥性和决策性等特点。

4. 告知性通知

告知性通知多用于上级机关向下级机关宣布某些应知事项，不具有强制性。这类通知是机关日常工作经常用到的公文文种，如设立或撤销机构、迁移办公地点、启用或更换印章、修改行政规章、修正或补充文件内容等各种事项。

5. 会议通知

会议通知属于告知性通知范畴，其用途仅限于通知会议的召开及有关事项。会议通知主要用于对下级或平级。

6. 任免通知

任免通知是上级机关对任免的人员用通知的形式告知下级机关。确切地说，任免性通知也属告知性通知，但《国家行政机关公文处理办法》在规定通知的用途时，把"任免人员"单列为一项，故这里将其作为通知的一个类别。

写作指南

一、通知的内容与写法

（一）批转性、转发性通知的写法

批转性、转发性通知，一般由标题、主送机关、正文、附件和落款构成。

1. 标题

标题由发文机关名称、被批转或转发的公文标题与"通知"构成，如《国务院批转国家发展改革委关于2017年深化经济体制改革重点工作意见的通知》。

2. 主送机关

主送机关指公文的主要受理机关。标题下空一行，左侧顶格标注。

3. 正文

正文一般有两种写法。

（1）正文只有一个自然段。批转性通知内容一般包括批转机关审批意见、转发说明和贯彻执行的要求三个部分，如"××市人民政府同意《××意见》，现转发给你们，请认真贯彻执行"。

转发性通知内容一般包括转发说明、贯彻执行的要求两个部分，如"现将《××通知》转发给你们，请认真贯彻执行"。

（2）正文有两个或两个以上自然段。除第一个自然段与上述写法相同外，还要根据实际情况写明具体的指导性意见，包括做好某项工作的意义等。

4. 附件

附件说明在正文下空两行左空两字位置标识。批转性、转发性通知必须将批转或转发文件以附件形式附在正文之后。

5. 落款

落款由发文机关名称、成文日期和印章构成。

（二）颁布性通知的写法

颁布性通知一般由标题、主送机关、正文、附件和落款构成。

1. 标题

标题由发文机关名称、被印发的公文标题与"通知"构成，如《××省人民政府关于印发〈×××的办法〉的通知》。

2. 主送机关

主送机关指公文的主要受理机关。标题下空一行，左侧顶格标注。

3. 正文

正文内容包括印发说明、贯彻执行的要求两部分，如"现将《×××办法》印发给你们，请认真贯彻实施"。

4. 附件

附件在正文下空一行左空两字位置标识。颁布性通知必须将颁布的文件以附件形式附在正文之后。

5. 落款

落款由发文机关名称、成文日期和印章构成。

（三）指示性通知和告知性通知的写法

指示性通知和告知性通知写法类似，一般由标题、主送机关、正文和落款构成。

1. 标题

标题由发文机关名称、事由和"通知"构成，如《××市卫生局关于做好2017年流感疫苗预防接种准备工作的通知》。

2. 主送机关

主送机关指公文的主要受理机关。标题下空一行，左侧顶格标注。

3. 正文

指示性通知和告知性通知的正文一般由开头、主体和结语三部分构成。通常包含通知缘由和通知事项两个写作要素。

开头部分以精练的文字写出要发通知的理由，即布置开展工作、做出规定、提出措施的理由。理由包括根据、目的、意义等，即开展该项工作的目的或根据是什么、意义何在，然后用惯用语"做如下通知""特通知如下"或"现就××问题(有关事项)做如下通知"等承上启下。

主体部分开门见山写通知的事项,其内容一般由做好某项工作的意义(为什么要这样做)、具体措施(如何去做)、保障措施(如何确保具体措施的实施)三部分构成。

通知内容较多的,具体通知事项部分可根据内容的需要采用段落式、小标题式或分条列项式。

通知一般采用自然结尾法,部分结语用"特此通知"。

4．落款

落款由发文机关名称、成文日期和印章构成。

(四) 会议通知的写法

会议通知一般有通知缘由和通知事项两个写作要素,应写明召开会议的原因、目的、会议名称、主要议题、到会人员、报到时间及地点、需要的材料等。通常采用条文式写法,要求内容周密、语言清楚、表述准确,不产生歧义。

(五) 任免通知的写法

任免通知正文简短,包含任免缘由和任免事项两个写作要素。任免缘由一般采用"根据工作需要,经××研究决定"的惯用写法。任免事项要注意排列合理,如任免不止一人,排列应以级别高低为序。既有任命又有免去的,应先写任命,后写免去。

二、通知写作的注意事项

(一) 通知的简单分类

通知的种类较为烦琐,这里也可简单的将其分作两类。

1．处理文件性通知

批转、转发、印发类通知可统称为处理文件性通知。此类通知写法、结构类似,正文内容较少,多以"附件"形式发布通知。用于批转下级机关的公文,转发上级、同级或不相隶属机关的公文以及印发、发布某些行政法规等。

2．其他通知

指示性、告知性、会议性、任免性属于另一类通知。这类通知的写法、结构具有一致性特点。其中指示性通知带有较强的强制性、指挥性和决策性;告知性通知主要以知照为目的,用于告知某一事项或某些信息;会议通知和任免通知作为知照性通知的特殊形式,单独提出,只是工作实践中较为常用的文件形式,加以强调。

(二) 处理文件性通知的标题

处理文件性通知的标题一般由"发文机关＋关于发布(批转、转发)＋被发布文件标题＋通知"构成。

有时由于被批转、转发公文标题中已有"关于"和"通知"字样,或者被批转、转发的公文标题比较长,这时,通知的标题一般可保留末次发布(批转、转发)文件机关和始发文件机关,省略多余的"关于"和"通知"字样。否则,就会出现一个标题中有多个"关于"和"通知"的现象,显得很长、很啰唆,读起来也拗口。

例如,"××县人民政府关于转发××市人民政府关于转发《××省人民政府关于转发人事部关于×××同志恢复名誉后享受××级待遇的通知》的通知"这个标题有四个层次,用了三个"关于转发",两个"的通知",可把这个标题简化为"××县人民政府转发人事部关于×××同志恢复名誉后享受××级待遇的通知"。至于被省、地区等转发过的内容,可在转发意见中交代清楚。

（三）指示性通知和告知性通知写作要开门见山，忌转弯抹角

在说明事项时，要突出重点，把主要的、重要的内容写在前面。根据需要，主要的内容可详写，讲清道理，讲明措施；次要的内容尽量简略，扼要交代即可。

（四）在语言表达方面，通知主要以说明为主，对下级单位提出要求

有时可以适当做一些分析、说理。但通知中的说理不像议论文的说理那样要有严密的逻辑性，只要抓住关键问题，用简洁的语言把道理阐述清楚即可。

例文赏读

例文一 批转性通知

国务院批转国家发展改革委
《关于 2017 年深化经济体制改革重点工作的意见》的通知

国发〔2017〕27 号

各省、自治区、直辖市人民政府，国务院各部委、各直属机构：

  国务院同意国家发展改革委《关于 2017 年深化经济体制改革重点工作的意见》，现转发给你们，请认真贯彻执行。

  附件：《关于 2017 年深化经济体制改革重点工作的意见》（略）

国务院
2017 年 4 月 13 日

（此件公开发布）

例文二 转发性通知

辽宁省人民政府办公厅转发省海洋渔业厅
《关于在黄海实施海洋生态红线制度的意见》的通知

各市人民政府，省政府各厅委、各直属机构：

  省海洋渔业厅《关于在黄海实施海洋生态红线制度的意见》已经省政府同意，现转发给你们，请结合本地区、本部门实际，认真贯彻落实。

  附件：《关于在黄海实施海洋生态红线制度的意见》（略）

辽宁省人民政府办公厅
2016 年 12 月 28 日

例文三 颁布性通知

辽宁省教育厅办公室
关于印发辽宁省学前教育宣传月活动实施方案的通知

各市教育局：

　　教育部启动学前教育宣传月活动以来，各地高度重视，紧紧围绕宣传主题，精心策划，严密组织，通过多种形式传播科学育儿理念，在全社会营造了关心、支持学前教育的良好氛围。为深入贯彻落实《3～6岁儿童学习与发展指南》，组织开展好2017年学前教育宣传月活动，根据《教育部办公厅关于开展2017年全国学前教育宣传月活动的通知》（教育厅函〔2017〕5号）要求，现将《辽宁省学前教育宣传月活动实施方案》印发给你们，请结合本地实际，认真贯彻执行。

　　附件：辽宁省学前教育宣传月活动实施方案（略）

辽宁省教育厅办公室（印章）
2017年5月2日

例文四 指示性通知

财政部　海关总署　国家税务总局
关于赣州市执行西部大开发税收政策问题的通知
财税〔2013〕4号

江西省财政厅、国家税务局、地方税务局，海关总署广东分署、各直属海关：

　　为贯彻落实《国务院关于支持赣南等原中央苏区振兴发展的若干意见》（国发〔2012〕21号）关于赣州市执行西部大开发政策的规定，现将赣州市执行西部大开发税收政策问题通知如下：

　　一、对赣州市内资鼓励类产业、外商投资鼓励类产业及优势产业的项目在投资总额内进口的自用设备，在政策规定范围内免征关税。

　　二、自2012年1月1日至2020年12月31日，对设在赣州市的鼓励类产业的内资企业和外商投资企业减按15%的税率征收企业所得税。

　　鼓励类产业的内资企业是指以《产业结构调整指导目录》中规定的鼓励类产业项目为主营业务，且其主营业务收入占企业收入总额70%以上的企业。

　　鼓励类产业的外商投资企业是指以《外商投资产业指导目录》中规定的鼓励类项目和《中西部地区外商投资优势产业目录》中规定的江西省产业项目为主营业务，且其主营业务收入占企业收入总额70%以上的企业。

三、本通知自2012年1月1日起执行。

财政部(印章)

海关总署(印章)

国家税务总局(印章)

2013年1月10日

例文五　告知性通知

关于教育局办公地址搬迁的通知

各中小学、幼儿园、成校,局属各单位:

从4月25日起,教育局、教育师资管理中心、教育后勤管理中心、财政支付(核算)中心教育分中心搬迁至平湖市当湖街道东湖大道38~86号办公,单位原有的电话号码均保持不变。

平湖市教育局办公室

2016年4月21日

例文六　会议通知

省教育厅关于召开2015年度
全省教育工作会议的通知

苏教传电〔2015〕2号

各市、县(市、区)教育局,各高等学校:

经研究,定于2015年2月10日在南京召开2015年度全省教育工作会议。现将有关事项通知如下:

一、会议内容

深入学习贯彻党的十八届三中、四中全会和习近平总书记系列重要讲话精神,按照省委、省政府部署要求,回顾总结2014年全省教育工作,研究分析当前教育改革发展形势,全面部署2015年重点任务。

二、出席对象

各市、县(市、区)教育局主要负责同志,各高等学校主要负责同志1人。

三、会议时间和地点

时间:2月10日下午1:30,会期半天;地点:江苏省会议中心主楼三楼大会堂。

请各位与会代表于10日上午至江苏省会议中心(地址:南京市中山东路307号)报到,

南京与会代表于 10 日下午 1：15 前直接到会场参会。
　　四、其他
　　请各单位将出席人员的名单(姓名、性别、职务)于 2 月 7 日前报省教育厅办公室，电话：025-83335883，传真：83335883，83335888，邮箱：luow@ec.js.edu.cn。请各市教育局通知所辖县(市、区)教育局并汇总与会人员名单后集中上报。

江苏省教育厅
2015 年 2 月 3 日

思考题

1. 通知的种类有哪些？不同种类的通知有哪些特点？
2. 通知和通告有哪些不同？
3. 以党政机关公文的形式拟写一份会议通知，并说明与平时学校黑板报上的通知有哪些不同。

第三节　通　报

必备知识

一、通报的含义

通报是表彰先进，批评错误，传达重要精神或者情况时所使用的公文，其目的是交流经验，吸取教训，教育干部、职工群众，推动工作进一步开展。

二、通报的特点

（一）告知性

通报的内容，常常是把现实生活中一些正反面的典型或某些带倾向性的重要问题告诉人们，让人们知晓、了解。

（二）教育性

通报的目的，不仅仅是让人们知晓内容，其主要的任务是让人们知晓内容之后，从中接受先进思想的教育，或警戒错误，引起注意，接受教训。这就是通报的教育性。这一目的，不是靠指示和命令方式来达到，而是靠正反面典型的带动、真切的希望和感人的号召力量，使人真正从思想上确立正确的认识，知道应该这样做，而不应该那样做。

（三）政策性

政策性并不是通报独具的特点，其他公文也同样具有这一特点。可是，作为通报，尤其对于表扬性通报和批评性通报来说，在这方面显得特别重要一些。因为通报中的决定

（即处理意见），直接涉及具体单位、个人或事情的处理，同时，此后也会涉及其他单位、部门效仿执行的问题。决定正确与否，影响颇大，因此，必须讲究政策依据，体现党的政策和国家法律、法规。

三、通报的分类

（一）根据内容的不同分类

根据通报内容的不同，通报可以分为表彰性通报、批评性通报和情况性通报。例如，《中山市人民政府关于表彰2008年度全市重点项目工作先进单位的通报》属于表彰性通报，《国务院办公厅关于对少数地方和单位违反国家规定集资问题的通报》属于批评性通报，《四川省人民政府安全生产委员会办公室关于近期我省几起煤矿较大事故的情况通报》则属于情况性通报。

（二）根据写作方法的不同分类

根据写作方法的不同，通报分为直述式通报和转述式通报。

1. 直述式通报

直述式通报是发文单位直接叙述被通报的事件，又可分为综合性通报、专题性通报。

（1）综合性通报，是把各地各部门同类的有关问题、情况及经验教训综合整理后一并通报。

（2）专题性通报，是把某一件事件的经过、产生的原因、处理的情况、应吸取的经验教训等专门行文的通报。

2. 转述式通报

转述式通报又叫转发性通报，是发文单位转发下级机关通报的事件，也可分为正式通报和参阅性通报。

（1）正式通报，是指比较重要的、用有特定版头的文件转发下级机关通报的通报，在本级通报标题之下、下级通报标题之前加按语。有的虽不用特定版头，也不写标题和文种，用函的形式下发，也属正式通报。

（2）参阅性通报，是指通报的事件、内容不很重要，但也须向下级机关通报，使之引起注意，以对工作有借鉴作用的通报。这种通报，一般不用特定版头的文件下发，而是用内参、简报的形式，在下级机关的通报或报告或调查报告前面加按语，指出通报的目的、应吸取的教训，对下级机关的要求等。通报的范围，视情况和工作需要确定。

（三）根据行文主体的不同分类

根据行文主体的不同，通报可分为独立行文通报和联合行文通报两种。

写作指南

一、通报的内容与写法

通报一般由标题、主送机关、正文和落款四部分组成。

（一）标题

通报标题一般由发文机关名称、事由与文种组成。在特定的情况下，也可省略发文机关名称或只写"通报"二字，如《中山市人民政府关于表彰2008年度全市重点项目工作先进单位的通报》《关于部分地区违反国家棉花购销政策的通报》《通报》等。

（二）主送机关

主送机关即主要受理通报的机关。除普发性通报外，都应标明主送机关，如"各学院""各县人民政府，市政府各委、办、局"等。注意，主送机关必须为机关名称，不可使用相关负责人的名称。

（三）正文

通报正文一般由三个部分组成，即提出问题、分析问题和解决问题。由于内容侧重点的不同，表彰性通报、批评性通报和情况性通报的内容与写法也有所不同。

1. 表彰性通报

这类通报的正文，一般由先进事迹、分析评价、表彰决定和希望号召四部分组成。

（1）先进事迹。这一部分用来介绍先进人物或集体的行动及其效果，要写清时间、地点、人物、基本事件过程。表达时使用概括叙述的方式，只要将事实讲清楚即可，不需要展开绘声绘色地描绘，篇幅也不可过长。

（2）分析评价。分析评价即分析先进事迹的性质和意义。这一部分以评价性的文字为主，要注意措辞的分寸感和准确性，不能出现过誉或夸饰的现象。其中，对先进单位和先进人物的突出成绩、先进精神和优秀品质，要从具体到抽象、从感性认识到理性认识，做出高度精练的概括。

（3）表彰决定。这一部分写明什么会议或什么机构决定，给予表彰对象以什么形式的表彰和奖励。

（4）希望号召。这一部分是表彰性通报必须要有的结尾部分，用来提出希望、发出号召。希望号召部分表述的是发文的目的，也是全文的思想落脚点，要写得完整、得体，富有逻辑性。

注意，如表彰单位或人员较多，正文只点明代表单位或代表人物，其余以附件形式予以说明。

2. 批评性通报

这类通报的正文，一般由错误事实、分析评价、惩罚决定、告诫事项及希望要求四部分组成。

（1）错误事实。这部分要写明犯错误人的基本情况，包括姓名、所在单位、职务等，然后叙述错误事实。

（2）分析评价。分析评价即分析错误的性质和危害及其产生的根源。处理单一错误事实的通报，这部分要对错误的性质、危害进行分析，一般都写得比较简短。对综合性的不良现象或问题进行通报，这部分的分析性文字可能要复杂一些。

（3）惩罚决定。对单一错误事实进行处理，要写明"根据什么规定，经什么会议讨论决定"，给予什么处分等。对普遍存在的错误现象或问题，在这部分中要提出治理、纠正的方法措施。内容复杂时，这部分可以分条列项。

（4）告诫事项及希望要求。在结尾部分，发文机关要对受文单位发出告诫，提出希望要求，以便受文单位能够高度重视、认清性质、吸取教训、采取措施。

3. 情况性通报

这类通报的正文，一般由缘由与目的、情况与信息、希望与要求三部分组成。

（1）缘由与目的。情况通报的开头要首先阐明发布通报的根据、目的、原因等，有时也可以总体叙述基本事实，然后用"现将有关情况通报如下"等惯用语引出下文。

（2）情况与信息。通报正文的主体部分主要用来叙述有关情况、传达某些信息，通常内容较多，篇幅较长，要注意梳理归类，合理安排结构。

（3）希望与要求。在明确情况的基础上，对受文单位提出一些希望和要求。这部分是全文思想的归结之处，写法因文而异，总的原则是切实可行，简练明白。

情况通报是用来传达重要精神、沟通重要情况的通报。为了让下级单位对一些重要事件或全局状况有所了解，上级机关应该适时发布这样的通报。

（四）落款

通报落款由发文机关名称（印章）和成文日期两部分组成。

二、通报写作的注意事项

（1）要注意通报的类型，不同类型的通报用不同的写作方法。

（2）要学懂、吃透上级领导机关的有关文件精神，全面、准确地了解和掌握有关政策、法律法规。

（3）要深入实际，搞好调查研究，选择通报的事例，并对被通报的人或事件有比较全面、准确的了解。

（4）要对事件的叙述实事求是，不拔高，不贬低，一就是一，二就是二，确保"通报"的客观性。

（5）要把握分寸，无论表彰先进的通报还是批评错误的通报，评价或定性要十分准确，恰如其分。

例文赏读

例文一

辽宁省人民政府关于表扬赴利比里亚维和警队的通报

各市人民政府，省政府各厅委、各直属机构：

2012年7月19日，由我省公安机关单独组建的中国第十一支赴利比里亚维和警队奔赴利比里亚执行为期一年的维和任务。一年来，维和警队面对利比里亚政治动荡、治安混乱、疾病肆虐、宗教文化冲突严重等复杂环境，克服了高温酷暑、食品匮乏、电力缺乏、设施简陋等诸多困难，圆满完成了维护当地社会治安秩序、打击违法犯罪、处置难民危机、配合我国外交工作等维和任务。共平息群体性骚乱事件5起、处理治安案件2 600余起；完成了对当地警察的培训、监督、考核和评估等任务；密切了与当地政府和民众的联系，受到当地民众的欢迎和爱戴，充分展现了中国警察文明之师、威武之师的良好精神风貌。

维和警队在利比里亚的工作表现，得到了联合国、中国驻利比里亚大使馆和公安部的充分肯定，被赞许为专业、高效、有纪律的警察部队。维和警队中有17名被联合国授予维和勋章。国务委员、公安部部长郭声琨同志特为警队签发了嘉奖令。

鉴于其优异表现，省政府决定，对我省公安机关单独组建的这支维和警队予以通报表扬。希望全省各地区、各部门和广大干部群众向他们学习，学习他们在维和工作中展现的"忠于祖国、维护和平、英勇善战、文明执法"的精神；学习他们攻坚克难、无私无畏的精神；学习他们开拓进取、勇于争先的精神，为建设富庶文明幸福新辽宁做出更大的贡献。

辽宁省人民政府
2013年10月24日

例文二

国务院办公厅关于批评××省××市××县
擅自停课组织中小学生参加迎送活动的错误行为的通报

各省、自治区、直辖市有关部门：

××××年××月××日，××省××市××县举行××高速公路在本县通车仪式，××县主要领导擅自决定，让本县部分中小学校停课参加通车仪式，近千名中小学生在风雪中等候长达两小时，致使部分中小学生生病，学生家长和群众极为愤慨，致信中央要求坚决制止此类行为。

中小学校依照国家规定建立有严格的教育教学秩序，这是教育教学质量的保证，任何单位和个人都不能随意破坏。现在一些地方的个别领导利用自己的权力，动辄调用中小学生为各种会议、考察、参观、访问甚至商业性典礼搞迎送或礼仪活动，有些地方还因此发生了严重的安全事故，造成极恶劣的社会影响。××县发生的问题，已不只是一般的形式主义，而是官僚主义，严重脱离群众，此类不良风气必须坚决予以制止。

鉴于××省××市××县擅自停课组织中小学生参加迎送活动的行为，国务院决定予以通报批评。

各省、自治区、直辖市有关部门，要高度重视这一问题并从中吸取深刻的教训，切实增强群众观念，杜绝此类事件再度发生。中小学生是祖国的未来，他们的学习和活动安排，要有利他们的学习和身心健康。今后各省、自治区、直辖市有部门都必须严格执行国家的有关法规和规定，不得擅自停课或随意组织中小学生参加各种迎送或"礼仪"活动，如确有必要组织的，须报经省级教育行政部门批准。

国务院办公厅（公章）
××××年××月××日

例文三

2016年第三次全国政府网站抽查情况的通报

国务院办公厅政府信息与政务公开办公室近期组织开展了2016年第三次全国政府网站抽查，并对各地区、各部门抽查的结果进行了核查。现将有关情况通报如下：

一、总体情况

2016年9—10月,按照《国务院办公厅关于开展第一次全国政府网站普查的通知》(国办发〔2015〕15号)确定的检查标准,国务院办公厅政府信息与政务公开办公室随机抽查了各地区和71个国务院部门政府网站共867个,抽查合格率88%,比第二季度提高3个百分点。其中,国务院部门(含内设、垂直管理机构)政府网站抽查合格率为98%,各地区政府网站抽查合格率为86%。北京、辽宁、上海、青海、宁夏和新疆生产建设兵团政府网站抽查合格率达100%,广东、江苏、湖南、安徽、陕西、浙江、河南、贵州政府网站抽查合格率超过90%。本次抽查还对第一、第二季度发现的224个不合格政府网站进行了复查,其中96%合格达标。除黑龙江省外,各地区、各部门还报送了对本地区、本部门政府网站的抽查情况,共检查网站7 788个,占运行政府网站总数的15%,总体合格率89%。

本次抽查对县级以上地方政府门户网站和国务院部门政府网站转载国务院重要信息情况以及添加"我为政府网站找错"监督举报平台情况进行了专项检查。73%的政府网站在首页显著位置开设了国务院重要政策信息专栏,超过60%的政府网站能够在国务院重要信息发布后24小时内进行转载。84%的政府网站在首页添加了"我为政府网站找错"监督举报平台入口,其中北京、天津、河北、江苏、福建、湖北、湖南、海南的政府网站已全部完成添加工作。第三季度,网民通过监督举报平台反映政府网站问题1 434条,有关网站主管单位及时对留言进行了核实、处理和反馈,回复率达100%。

工作中,各地区、各部门进一步强化责任、完善制度,加强对政府网站的监管。78%的省(区、市)将政府网站管理纳入政府年终绩效考核或专项考核,53%的省(区、市)采取通报、约谈、给予行政处分、取消年度评优评先资格等多种方式对问题网站的主管单位和相关责任人员进行问责。部分地方采取提高抽查比例、频次和公开抽查结果等手段推进工作,取得较好效果,如北京市对全市所有政府网站进行了检查,辽宁省按月对本省的政府网站开展抽查,湖南省主动向社会公开抽查结果。

二、主要问题

(一)少数地方工作落实不到位。黑龙江省连续三个季度抽查不合格率较高,且尚未提交本省政府网站抽查情况报告。吉林、甘肃等省上报的"合格网站"中有部分网站存在突出问题。内蒙古、西藏等地一些基层政府门户网站没有转载国务院重要信息。贵州等地政府门户网站添加"我为政府网站找错"监督举报平台的比例不足60%。

(二)个别政府网站问题仍较突出。国家中医药局网站首页存在不可用栏目;河南省"开封市人民防空办公室"网、江西省"乐平市后港镇"网、云南省"罗平县交通运输局"网等网站整改后仍存在突出问题。此外,一些新建政府网站,如政务服务类网站,未在全国政府网站信息报送系统中填报,一些关停网站未及时更新状态信息,影响了对政府网站的日常监管。

(三)一些网站安全防护水平较低。部分单位网络和信息安全意识薄弱,管理责任不明,一些网站安全防护系统脆弱,甚至缺乏防病毒、防篡改、防攻击等基本防护措施,应用系统存在风险漏洞且未及时修复,易被黑客攻击,数据信息存在严重安全隐患。

三、工作要求

(一)进一步强化监管责任。建立健全政府网站建设运维、检查整改、评优问责等制度机制,加强日常监管和绩效考核,做到专人负责、措施有力。要认真组织开展季度抽查,严格标准,对发现严重问题的政府网站要督促整改,并及时报送有关抽查和整改处置情况。

（二）提高网站安全保障水平。建立政府网站安全管理责任制，高度重视网信、工信和公安部门的网络风险预警，提升网站安全防护水平。加强政府网站日常安全监测，定期开展网络安全检查和风险评估，及时消除发现的隐患，特别要保障政府网站数据中心、云计算服务平台安全运行。

（三）发挥监督举报平台作用。"我为政府网站找错"监督举报平台已成为网民参与政府网站建设、促进政府网站提升内容质量的重要平台和渠道。要充分倾听网民意见建议，认真核实纠正问题，改进完善工作。各地区、各部门收到网民留言后，要在1个工作日内转有关网站主管单位及时处理，并在3个工作日内答复网民。

对本次通报的问题网站，各有关地区和部门要采取有力措施进行整改，整改情况及四季度网站抽查情况请于12月20日前书面报送国务院办公厅政府信息与政务公开办公室。

附件：1. 各地区政府网站抽查情况
2. 国务院部门及其内设、垂直管理机构政府网站抽查情况
3. 抽查发现存在突出问题的政府网站名单
4. 各省（区、市）政府网站有关制度建设情况

国务院办公厅（公章）
2016年11月2日

思考题

一、填空题

1. 通报是"_____先进，_____错误，_____重要精神或者情况"时所使用的公文。

2. 根据通报内容的不同，通报可以分为_____性通报、_____性通报和_____性通报。

3. 根据写作方法的不同，通报分为_____式通报和_____式通报。

4. 通报一般由_____、_____、_____和_____四部分组成。

5. 除_____通报外，通报都应标明主送机关。

二、选择题

1. 下列有关通报的说法中，正确的是（　　）。

A. 通报是党和国家机关、人民团体、企事业单位用于发布法规、任免干部、传达上级机关指示，需要有关单位周知或执行的事项时所使用的下行公文

B. 通报是党和国家机关、人民团体、企事业单位在一定范围内公布应当遵守或周知的事项时使用的下行公文

C. 通报是国家机关、社会团体、企事业单位表彰先进、批评错误、传达重要精神或情况所使用的一种下行公文

D. 通报是传递信息、沟通情况、反映问题、汇报工作、交流经验的一种事务性公文

2. "通报"与"通知"都属于法定公文，在发文时间上的特点是（   ）。
   A. 都是在事先制发　　　　　　B. 都是在事后制发
   C. 通知在事前制发，通报在事后制发　D. 通知在事后制发，通报在事前制发
3. 通报的表达方式侧重于（   ）。
   A. 叙事　　　　B. 说理　　　　C. 说明　　　　D. 说明、说理
4. ××学校××同学严重违反了校规校纪，学校决定给他们以记过处分。为教育全校学生，应该以（   ）的书面形式，张贴出去。
   A. 通告　　　　B. 通报　　　　C. 决定　　　　D. 布告
5. 下列各项中，可用通报来处理的是（   ）。
   A. ××县工会拟表彰奋不顾身抢救落水儿童的青年工人
   B. ××厂拟向市工业局汇报该厂遭受火灾的情况
   C. ××县县委拟公布加强机关廉政建设的几条规定
   D. ××市安全办公室拟向各有关单位知照进行全市安全大检查

三、简答题

1. 表彰性通报的正文主要构成要素有哪些？
2. 批评性通报的正文主要构成要素有哪些？
3. 通报的基本特点有哪些？
4. 通报的写作有哪些方面需要注意？

四、写作题

1. 根据所给材料拟写一份通报。

　　李××现为新源公司后勤部男性职工。他长期工作散漫，责任心不强，并且经常脱岗。2017年5月旷工累计5天，违反了《新源公司工作人员考勤实施细则》，公司对其通报批评，并扣除其5月份的奖金和业绩津贴。

2. 根据所给材料拟写一份通报。

　　2017年3月15日下午，新华大学经济学院李×同学步行路过大学路建设银行储蓄所门前时，捡到一捆人民币。李×同学等了一个多小时不见失主前来寻找，就把钱交给了储蓄所的工作人员，经工作人员查验，为人民币10 000元。当丢钱的某单位出纳员赵×复沿途寻找回到储蓄所，拿到失而复得的10 000元钱时，十分激动。他取出其中的一叠钱硬要送给李×同学，被李×谢绝。新华大学对其进行表彰并奖励现金500元。

第四节　决　定

必备知识

一、决定的含义

决定是对重要事项做出决定和部署、奖惩有关单位及人员、变更或者撤销下级机关不

适当的决定事项的公文。它是各级党政机关普遍使用的一种下行公文。

一方面它适用于对重要事项和重大行动做出安排。这里的重要事项，是指带有全局性或具有重大意义和影响的事项，重大行动是指对社会产生巨大影响的行动。另一方面，各级党政机关、企事业单位也经常使用决定，例如，一些表彰、处分、机构编制、人事安排等事项都可用决定行文。

二、决定的特点

1. 权威性

决定的发文机关在法定的职权范围内，有权对有关事项、问题、行动做出决策和安排，不受其他因素和条件的限制。

2. 制约性

决定一经做出，在所属下级机关组织或所辖系统内具有强制约束力，受文单位必须严格遵照执行。

3. 指导性

决定经重要会议或领导班子研究通过后，对下级机关或某一时期的工作提出重要的指导性意见，确定具体措施及实施方案，要求下级单位依照执行，具有较强的指导性作用。

三、决定的分类

根据内容和作用的不同，决定可分为以下几种类型。

（一）部署性决定

部署性决定也称指挥性决定，这种决定主要用于对重要事项做出规定、对重大行动做出安排，它能充分体现领导机关的意图，阐述有关的方针政策，对重大行动提出政策措施和要求，如《中共中央、国务院关于加快发展第三产业的决定》。

（二）法规性决定

法规性决定用于发布权力机关制定、修订或试行的法律文件以及由政府部门制定的行政法规，如《××市人民政府关于修改〈市商品交易市场管理规定〉的决定》。

（三）奖惩性决定

奖惩性决定主要用于对人员的表彰或处分，内容简明扼要，如《国务院关于授予巴金"人民作家"荣誉称号的决定》《关于给×××撤职处分的决定》《关于表彰2017年度先进集体和先进个人的决定》。

（四）变更性决定

变更性决定用于变更机构人事安排或撤销下级机关不适当的决定事项，如《国务院关于取消和调整一批行政审批项目等事项的决定》。

写作指南

一、决定的内容与写法

决定一般由标题、主送机关、正文、发文机关和发文日期等部分组成。

（一）标题

决定的标题由发文机关（或通过决定的会议名称）、事由、文种三部分组成。如果是会议通过的决定，还应在标题的下方居中以括号注明批准、通过该决定的会议名称和通过的日期，如《中共中央关于全面推进依法治国若干重大问题的决定》(2014年10月23日，中国共产党第十八届中央委员会第四次全体会议通过)

（二）主送机关

决定的主动机关为应该知照的单位或群体。普发性的决定没有主送机关。

（三）正文

由于决定的类型不同，其正文的内容侧重点就有不同，写法也有不同。

现以部署性决定正文的写法为例进行如下阐释：

这种决定具有很强的规定性和指挥效能，既要提出工作任务或重大行动，又要阐述完成工作任务或重大行动的政策规定、方法措施等，内容丰富，行文较复杂。正文一般包含两个基本写作要素，即决定的根据(或原因)和决定的事项。

(1) 决定的根据(或原因)，写明做出决定的政策性依据和事实依据，或是交代做出决定的原因，用"做如下决定""现决定如下"等惯用语承上启下。

(2) 决定的事项，主要阐明决定的具体内容和措施。这一部分结构的安排应根据内容和需要拟订，一般采用分条列项式或分层分段的写法，把复杂的内容写得条理分明，逻辑清楚，使下级机关易于把握，便于执行。

有些决定在最后还要写上决定事项的意义或执行要求。

（四）发文机关和发文日期

略。

二、决定写作的注意事项

（一）不能滥用决定行文

决定的内容要与"决定"文种相符，不能滥发决定。有些单位以为用决定才能引起注意，把该用"通知"行文的内容，用"决定"行文。这种滥用决定的情况应避免。

（二）决定的缘由要充分、准确、合理

决定的缘由是决定事项的依据、理由。要注意交代清楚，做到既简明扼要，又要有理有据，令人信服。

（三）决定事项要具体、明确、清楚

决定事项是决定的主要内容，有关机关据此贯彻执行。因此，决定事项要求具体、明确地讲清应当如何贯彻执行。内容比较复杂的决定，事项部分要分条列项表述，把主要的、重要的放在前面，次要的放在后面。结构要合理，层次要分明，内容要合乎逻辑。

三、决定与其他文种的区别

（一）决定与决议的区别

决定和决议都能反映重大的事件或重要的问题，都具有较强的法规性，但两者又有如下区别。

1. 形成的方式不同

决议必须是某一级领导机关或组织法定的正式会议表决通过，才能形成文件，并以会议名义发布。决定则不同，它既可以经某种会议讨论通过，以机关的名义下发，也可以由某一级领导机关直接制定并发布。

2. 行文用语不同

决议的行文中常用"会议认为""会议指出""会议号召"等惯用语领起下文。决定的缘由和事项两部分之间常用"为此,特做如下决定"之类的惯用语过渡。

(二)决定与通知、意见的区别

一般事关全局、政策性强、任务艰巨、执行时间长的重大工作,才适宜使用"决定"这一文种。它的使用范围较"通知"要窄一些。意见虽也是指导性的文件,但它是针对某一时期全面的原则性问题,且偏重于步骤、方法和原则的指导。在使用时要加以区分。

例文赏读

例文一

国务院关于取消和下放一批行政
审批项目等事项的决定

国发〔2013〕19号

各省、自治区、直辖市人民政府,国务院各部委、各直属机构:

第十二届全国人民代表大会第一次会议批准的《国务院机构改革和职能转变方案》明确提出,要减少和下放投资审批事项,减少和下放生产经营活动审批事项,减少资质资格许可和认定,取消不合法不合理的行政事业性收费和政府性基金项目。经研究论证,国务院决定,取消和下放一批行政审批项目等事项,共计117项。其中,取消行政审批项目71项,下放管理层级行政审批项目20项,取消评比达标表彰项目10项,取消行政事业性收费项目3项;取消或下放管理层级的机关内部事项和涉密事项13项(按规定另行通知)。另有16项拟取消或下放的行政审批项目是依据有关法律设立的,国务院将依照法定程序提请全国人民代表大会常务委员会修订相关法律规定。

各地区、各部门要认真做好取消和下放管理层级行政审批项目等事项的落实和衔接工作,切实加强后续监管。要按照深化行政体制改革、加快转变政府职能的要求,继续坚定不移推进行政审批制度改革,清理行政审批等事项,加大简政放权力度。要健全监督制约机制,加强对行政审批权运行的监督,不断提高政府管理科学化、规范化水平。

附件:1. 国务院决定取消和下放管理层级的行政审批项目目录(共计91项)(略)
   2. 国务院决定取消的评比、达标、表彰项目目录(共计10项)(略)
   3. 国务院决定取消的行政事业性收费项目目录(共计3项)(略)

国务院
2013年5月15日

(此件公开发布)

例文二

教育部关于表彰全国优秀教师和
全国优秀教育工作者的决定

近年来,全国广大教师和教育工作者坚持以邓小平理论、"三个代表"重要思想、科学发展观为指导,认真学习贯彻党的十八大和十八届二中、三中全会精神,贯彻落实习近平总书记系列重要讲话精神,全面落实教育规划纲要,涌现出一大批优秀教师和优秀教育工作者。

为表彰他们对教育事业做出的积极贡献,进一步激励广大教师和教育工作者献身教育事业,大力营造尊师重教的浓厚社会氛围,教育部决定授予郑燕斌等1 798名同志"全国优秀教师"荣誉称号,授予雷海环等200名同志"全国优秀教育工作者"荣誉称号。希望受到表彰的同志保持荣誉,继续努力,在教育事业改革发展中取得新的成绩。

教育战线广大教职工要以全国优秀教师和全国优秀教育工作者为榜样,牢记使命,爱岗敬业,为全面深化教育领域综合改革、办好人民满意教育做出新的更大贡献。

附件:1. 全国优秀教师名单(略)
      2. 全国优秀教育工作者名单(略)

教育部
2014年8月29日

例文三

辽宁省人民政府
关于奖励辽宁杰出科技工作者的决定

各市人民政府,省政府各厅委、各直属机构:

近年来,全省广大科技工作者认真贯彻落实党的十八大和十八届三中、四中、五中、六中全会精神,围绕中心,服务大局,牢记使命,勇于担当,始终站在时代发展前列,紧随科技发展前沿,创新求实,攻坚克难,无私奉献,为辽宁经济社会持续健康发展做出了重要贡献,涌现出了一批争一流、创佳绩的杰出代表。为深入实施创新驱动发展战略和人才强省战略,切实把科技人才资源开发放在科技创新的优先位置,进一步激发全省广大科技人才创新创业活力,激励全省广大科技工作者勇攀科学高峰、促进科技创新、加速成果转化,积极投身辽宁全面振兴发展实践,省政府决定授予张勇等94名同志"辽宁杰出科技工作者"荣誉称号,并奖励每位获奖者10万元人民币。

各地区、各部门要进一步牢固树立和落实科技是第一支撑、人才是第一资源的发展理念,为科技人才更好发挥作用提供舞台、搭建平台,最大限度地激发和释放科技人才的创新创业活力。同时,希望被授予荣誉称号的杰出科技工作者,珍惜荣誉,戒骄戒躁,再接再厉,继续创造新业绩。全省广大科技工作者要以杰出科技工作者为榜样,学先进、赶先进、做先进，立足岗位、勤业敬业、奋发有为，以促进科技创新的新业绩和服务全省经济社会发展的新贡献，为辽宁老工业基地新一轮全面振兴贡献才智和力量。

附件：辽宁杰出科技工作者名单（略）

辽宁省人民政府
2017 年 2 月 23 日

思考题

1. 简述决定的特点和分类。
2. 通过采访收集本校共青团员的优秀事迹，并以××学院团委的名义起草一份表彰性决定。

第五节 通 告

必备知识

一、通告的含义

通告是党政机关、社会团体或企事业单位在一定范围内公布社会各有关方面应当遵守或者周知的事项时使用的告知性公文。通告告知的多是与某一部门、某一方面的工作或某一专项业务有关的内容。

通告的适用范围主要有两个方面。一方面公布应当遵守的事项，其内容带有明确的规定性，有关单位和个人都必须严格执行；另一方面公布周知的事项，其内容只有告知性。

通告作为使用频繁、用途广泛的告知性公文文种，既可以用来公布重大事项，也可以用来公布一般事项。其内容有的与国家大事有关，有的与人民群众的日常生活有关。通告的发布方式与其他公文不同，多是以张贴的方式或通过报纸、电台公开发布。

二、通告的特点

（一）法规性

通告常用来颁布地方性的法规，这些法规一经颁布，特定范围内的部门、单位和民众都必须遵守、执行。

（二）周知性

通告的内容要求一定范围内的人或特定的人群知晓，以使他们了解有关政策法令，遵守某些规定事项，共同维护社会公务管理秩序。

三、通告的分类

（一）周知性通告

把需要周知的事项或情况在一定范围内告知有关单位和个人，以达到沟通信息、互相配合做好某项工作的目的。

（二）执行性通告

对有关事项或问题做出明确具体的规定并在一定范围内公布、要求一定范围内的公众切实遵守和执行。这类通告有较强的约束力和强制性。

写作指南

一、通告的内容与写法

通告一般由标题、正文和落款三部分构成。

（一）标题

通告的标题有四种形式。

（1）由发文机关、事由和文种组成，如《沈阳市交通局关于××事宜的通告》《广西工商行政管理局、广西国有资产管理局关于办理××年度企业法人年检及国有资产产权登记的通告》。

（2）由事由和文种组成，如××市公安局发布的《关于加强本市流动户外广告管理的通告》《关于税收财务大检查实行持证检查的通告》。

（3）由发文机关和文种组成，如《××公司通告》《中华人民共和国交通部通告》。

（4）只有文种，如《通告》。

（二）正文

正文一般由通告缘由、通告事项和尾语三部分构成。

1. 通告缘由

通告缘由通常介绍发布通告的原因、目的和意义。之后，用"通告如下"或"特此通告"等一些习惯用语自然过渡到下文。

2. 通告事项

通告事项写明有关方面应该周知或遵守的事项。如果内容单一，可以直接说明，与发文缘由部分合为一段即可；如果内容复杂，可以分条列项写作。

3. 尾语

一般为"特此通告"之类的用语，以示强调，提起注意。有些通告不用结语，意尽而言止，干净利落。

（三）落款

落款由发文机关、印章和成文日期组成。其中成文日期也可以写在标题下方。

二、通告写作的注意事项

（1）通告的内容要符合有关政策法令的精神，不得与之违背或相抵触。

（2）语言要明确具体，不能含糊笼统。表达要周密严谨，防止出现漏洞；为便于群众理解，应避免使用晦涩的专业词语。

例文赏读

例文一

天津市人民政府关于 2012 年
天津夏季达沃斯论坛期间实施机动车限行措施的通告
津政发〔2012〕12 号

为保障 2012 年天津夏季达沃斯论坛期间道路交通安全畅通，市人民政府决定，对机动车在指定区域实施临时性限行措施。现通告如下：

一、限行区域

由卫津南路、卫津路、南门外大街、福安大街、张自忠路、台儿庄路、洞庭路、外环线围成的区域内道路(含上述道路，但限行区域内的黑牛城道、外环线除外)，在特定时间内实施限行措施。

二、限行规定

(一)自 2012 年 9 月 10 日起至 9 月 13 日止，每日 7 时至 19 时，我市牌照的载客汽车按照机动车号牌尾号的限行规定行驶，限行日期和尾号分别为：9 月 10 日限行尾号为 0 和 1，以及全部临时号牌和 2002 式号牌；9 月 11 日限行尾号为 7、8 和 9；9 月 12 日限行尾号为 4、5 和 6；9 月 13 日限行尾号为 2 和 3。

(二)自 2012 年 9 月 9 日起至 9 月 15 日止，每日 7 时至 22 时，货运机动车禁止在限行区域以内道路上通行。

三、对以下机动车不采取限行措施

(一)警车、消防车、救护车、工程救险车 4 类特种车辆，武警、驻津部队车辆。

(二)公共汽车、出租汽车和由公安交通管理部门核发相应通行证的班车、长途汽车、大中型客车。

(三)各国驻华使领馆和国际组织驻华机构机动车。

(四)车身喷涂统一标识并执行任务的城管、工商、交通执法车辆，环保监察车辆，邮政专用车辆以及救援、抢险、清障等专用车辆。

(五)环卫、园林、道路养护等专项作业车辆。

(六)殡葬车辆。

违反限行规定的，按照道路交通安全管理法律、法规的相关规定，依法进行处罚。

特此通告。

附件：2012 年天津夏季达沃斯论坛期间限行区域示意图(略)

天津市人民政府
2012 年 8 月 28 日

例文二

江苏省教育厅　江苏省公安厅
关于维护学校正常秩序的通告

　　为有效维护我省学校正常的教育教学秩序，保证学校各项工作有序进行，依照国家有关法律法规和省有关规定，特通告如下：

　　一、学校是传播知识、培养人才的重要场所。（略）

　　二、学校要认真开展法制安全教育，切实提高师生员工的安全防范意识，预防各类不安全、不安定事件的发生。（略）

　　三、全体公民应遵纪守法，自觉履行公民义务。（略）

　　四、学校师生员工和聘用的工作人员在校内如发生非正常伤害事故，学校和相关部门应高度重视。（略）

　　五、经政府主管部门调查确定原因后，学校应成立工作组，负责做好善后处理工作。（略）

　　六、在处理事件过程中，如有下列违反治安管理行为之一者，由公安机关依据《中华人民共和国治安管理处罚法》予以处罚；构成犯罪的，依法追究刑事责任。（略）

　　本通告自公布之日起施行。

江苏省教育厅　江苏省公安厅
2012 年 10 月 26 日

思考题

1. 什么是通告？它有哪些特点？
2. 通告的写作要求有哪些？

第六节　请　示

必备知识

一、请示的含义

　　请示是下级向上级请求批示或批准的公文，是典型的上行文，也是党政机关使用频率较高的一个文种。使用"请示"的情况如下。

　　（1）涉及方针、政策界限或法规、规章不够明确等方面的重大问题，请求上级给予明确、具体的解释。

　　（2）从本地区本单位的实际情况出发，需要对上级的某项政策、规定做出变通处理，有待上级重新审定并给出明确答复。

（3）工作中遇到新的情况、新的问题而无章可循时。

（4）在工作中遇到具体疑难问题请求上级给予指示，或某项工作遇到困难需要上级给予支持。

（5）本单位意见严重分歧无法统一执行，须上级做出裁决的问题。

（6）工作中出现了某些涉及面广而职能部门无法独立解决的困难和问题，需要上级部门协调和帮助。

前三种情况为请求指示的请示；后三种情况为请求批准的请示。

二、请示的特点

（一）针对性

只有本机关单位权限范围内无法决定的重大事项，如机构设置、人事安排、重要决定、重大决策、项目安排等问题，以及在工作中遇到新问题、新情况或克服不了的困难，才可以用"请示"行文。请示上级机关给予指示、决断或答复、批准。所以请示的行文具有很强的针对性。

（二）呈批性

请示是有针对性的上行文，上级机关对呈报的请示事项，无论同意与否，都必须给予明确的"批复"回文。

（三）单一性

请示应一文一事，一般只写一个主送机关，即使需要同时送其他机关，也只能用抄送形式一文多事，很可能导致受文机关无法批复。性质相同的几件事若需写在一文中，必须是同一机关可以批复、有权批复的。一文一事是相对的标准。

（四）时效性

请示是针对本单位当前工作中出现的情况和问题，求得上级机关指示、批准的公文，如能够及时发出，就会使问题得到及时解决。

三、请示和报告的异同

请示与报告是公务活动中使用频率极高的两种公文，都是上行文，是公文写作的重点。但在实际运用过程中，请示与报告常常张冠李戴，该用请示时用报告，要用报告时用请示，造成混用。两者主要区别如下。

（一）行文目的不同

请示是请求性公文，重在呈请，行文宗旨是希望得到上级机关的支持或批复；报告是陈述性公文，重在呈报，行文宗旨是下情上传，使上级机关及时了解情况，掌握动态。

（二）行文作用不同

请示作为请求性公文，要求上级必须做出批复，体现了请示主旨的求答性与执行性的统一，这是请示所独有的；而报告只是陈述性公文，主要叙述事实，起备案作用，不需上级做出答复（呈转性报告除外）。

（三）行文时间不同

请示必须在事前行文，绝不允许先斩后奏；报告则比较灵活，尽量事前行文，但视情况需要也可事后报告或在事情进行过程中随时报告。

（四）主送机关不同

请示必须坚持主送一个机关（受双重领导的机关可同时抄送另一个领导机关），因为多头请示易造成意见不一或互相推诿，从而延误时间，贻误工作。而报告一般应坚持一个主送机关，但根据需要可同时报送两个或多个主送机关。

（五）行文内容不同

请示必须坚持"一文一事"原则，文字简洁，内容单一，主题明确，以免使原来分属不同机关部门负责的若干事情混到一起，以便于上级批答处理；报告可以是"一文一事"的专题性报告，也可以视情况将若干有关联的事情综合在一起陈述，形成合性报告。

四、请示的分类

就请示的内容和性质来分，请示可分为请求上级对本单位工作问题的处理方法、步骤和具体要求予以批准的"求准性请示"，对工作遇到政策和策略上的疑难问题予以解释的"求示性请示"，以及请求上级机关给予帮助的"求助性请示"，和请求上级对自己单位给下属机关或其他不相隶属的同级机关的指示、文件予以批准的"批转性请示"。

（一）求准性请示

此类请示是下级机关请求上级批准、允许的请示，如工作中遇到不好解决的关键问题，无章可循的新问题或者意见较大的、无法统一执行的问题等，是针对某些具体事宜向上级机关请求批准的请示，主要目的是解决某些实际困难和具体问题。例如，《××市人民政府关于申请特大自然灾害救济补助费的请示》和《××市人民政府关于要求将323国道××至××段列入省"九五"交通重点工程建设计划的请示》，这两个文件都是针对具体的问题而提出的请示。

××市人民政府关于建立××市体育学校的请示

××省人民政府：

我市体育事业在省委、省政府的关怀下，有了一定发展，在开展群众性体育活动，提高运动技术水平方面取得了一些成绩。但是，近年来我市运动技术水平与兄弟地、市相比有下降趋势。其原因之一是我市体育师资严重缺乏。全市有中小学5 636所，有体育教师1 600名，其中学过体育专业的只有286名，这种状况已影响到基础训练。此外，我市重点业余体校毕业生的出路问题不能解决，不仅造成了体育人才的大量外流，而且严重影响了这所体校的招生，使重点业余体校日渐失去生机与活力。这些问题的存在，对全面提高我市的教育质量，为国家培养和输送优秀人才，产生了十分不利的影响。

鉴于上述情况，我们认为，我市亟须建立一所以培养体育师资和优秀运动员为目标的体育学校，因此，拟将市重点业余体校改办成中等专业性质的体育学校。具体办学意见如下：

一、学校名称（略）

二、学制及课程设置（略）

三、招生对象及规模（略）

四、场地设施（略）

五、师资（略）

六、经费（略）

以上妥否，请批示。

×× 市人民政府
20×× 年 × 月 ×× 日

求准性请示的正文中，理由和事项是主体。

（二）求示性请示

求示性请示就是请求上级机关给予指示、裁决和解释的请示，其内容主要涉及超出发文机关职权范围的综合性问题、工作中遇到的无章可循的问题、意见分歧的问题、难以解决的问题，如《关于报送东北地区振兴规划的请示》《关于审批第三批国家历史文化名城和加强保护管理的请示》《关于土地有偿使用中的几个问题的请示》等。

关于《会计人员职权条例》中总会计师既是行政职务又是技术职称的请示

财政部：

国务院 1987 年国发〔1987〕×× 号通知颁发的《会计人员职权条例》规定，会计人员技术职称分为总会计师、会计师、助理会计师、会计员四种；其中"总会计师"既是行政职务，又作为技术职称。在执行中，工厂总会计师按《条例》规定，负责全厂的财务会计事宜；可是每个工厂，尤其大工厂，授予总会计师职称的人有四五人，究竟由哪一位负责全厂的财务会计事宜，执行总会计师的职责与权限呢？我们认为宜将行政职务与技术职称分开。总会计师为行政职务，不再作为技术职称，比照最近国务院颁发的《工程技术干部技术职称暂行规定》将《条例》第五章规定的会计人员职称的"总会计师"改为"高级会计师"。

以上是否妥当，请批示。

如果是对方针、政策或法规条文等在理解上存在问题，陈述缘由时就要详细引述条文并讲清疑问之所在；如果是工作中对某一问题的处理有不同意见，而又缺乏处理的依据，则要把这一问题及对这一问题处理的不同意见及请示者自身的倾向性意见都要分别写清；如果是工作中遇到新情况、新问题处理起来没有把握，陈述缘由时就要以新情况、新问题是如何出现的，有何具体表现等作为主要写作内容。

（三）求助性请示

求助性请示就是需要上级机关给予帮助和支持的请示。内容一般涉及经费短缺、设备不足、人手不够等具体方面的问题，如《关于申请青少年课外教育活动基地建设经费的请示》。求助性请示的目的是要解决某种问题。

关于增加经费补助的请示

×× 区人民政府：

近期不法分子利用晚上时间，对长龙山区矿产资源进行非法挖采，如不及时采取措施，会进一步助长非法分子的开采活动。为了进一步切实保护好矿产资源，有效扼制非法活动，防止国有资产的流失，经街道党委研究，决定加大投入保护国有资产的人力和财力，加强打击力度。经初步预算，需投入经费 25 万元。鉴于街道财力有限，恳求区政府补助该项经费 10 万元。

妥否，请予审核批准。

××街道办事处
201×年×月×日

这类请示在陈述缘由的时候通常把发文者的实际情况、实际困难作为主要写作内容，围绕依靠本单位的力量难以解决和克服，但是根据工作的需要又必须解决和克服这一中心思想来写，抓住主要矛盾，显示请示事项的合理性。

也就是说，求示性请示是请求上级解决答疑，求批性请示是本级无权决定，需要上级决定，求助性请示是请求帮助。

（四）批转性请示

批转性请示的请示缘由要交代清楚请示的目的及对有关转送单位的意义；请示事项应涉及对有关单位的指示、意见等，但由于这些内容须先经上级机关批准才能下达，语气又要婉转。正文结束时，应写明"以上意见，如无不妥，请批转××部门遵照执行"等以表达自己的要求。

关于中国公民自费旅游管理暂行办法的请示

国务院：

随着改革开放的不断扩大，人民生活水平不断提高，近年来，中国公民自费出国旅游不断增加，为适应改革开放形势，加强中国公民自费出国旅游的管理，特制定了《中国公民自费出国旅游暂行办法》。

以上暂行办法如无不妥，请批转发布执行。

附：《中国公民自费出国旅游暂行办法》（略）

国家旅游局（盖章）
公安部（盖章）
××××年×月×日

写作指南

请示一般由标题、主送机关、正文和落款构成。

一、标题

请示标题一般要写明"发文机关＋事由＋文种"，发文机关有时可以省略，如《关于丹霞山风景名胜区列为国家重点风景名胜区的请示》。写标题要注意，不能将"请示"写成"报告"或"请示报告"，事由中也不要重复出现"申请""请求"之类词语。

二、主送机关

主送机关是指负责受理和答复该文件的机关，接受请求的直接上级机关，在标题下面一行顶格写。主送机关只写一个，如需同时送其他机关，应用抄送形式，不能多头请示。例如，某市体育局拟建立一个大型开放式的群众体育运动场，此"请示"应当主动给市人民政府，抄送给省体育局即可。按照先后次序，先报请一个上级单位，然后把这一上级单位的批复意见再报另一个上级。

三、正文

请示的正文包括缘由、事项和结语三部分组成。

（一）缘由

请示的缘由是请示事项和要求的理由及依据。写明缘由，然后再写请示的事项和要求，这样才能顺理成章。缘由关系到事项是否成立，是否可行，关系到上级机关审批请示的态度。因此，缘由常常十分完备，依据、情况、意义、作用等都会出现。

写好缘由，先要明确行文的目的。请示是为了解决本地区、本单位的实际困难和问题，要通过阐述自己的理由来说服上级给予理解、支持和帮助。

再次要选好角度，在阐述缘由时要尽可能结合国家的方针政策来说理，它是请示事项能否成立的前提条件，也是上级机关批复的直接依据。原因要讲得客观、具体，理由要讲得合理、充分，要用事实说话，不能有过多的主观臆断，不可过多地引发议论。有时可在请示中渗入一些情感性因素，采用以情感人的方式打动人，取得上级的理解和支持。

在请示的写作中，对牵涉面广、政策性、探索性、创新性强，事关全局的重要工作和事项的请示，尽量说明情况，说足理由，从全局的高度来分析问题，提出请求。如果能结合上级的有关政策来阐述理由，则往往能取得理想的行文效果。

具体来说，可从四个方面着手：一是要写出客观需要，使上级机关感到请示事项有尽快解决的必要性；二是写出已具备的一定条件，使上级感到请示事项有解决的可能性；三是写出亟待解决的程度，使上级机关有尽快解决请示问题的紧迫感；四是写出恳切的语气，使上级机关能够同意而尽快批复。

最后，请示的缘由也不能只从本机关、本单位的立场去考虑问题，还应该做到换位思考，善于站在上级机关的角度，全局出发来考虑问题，争取用上级的道理来说服上级，以求达到预期的目的。

（二）事项

事项包括办法、措施、主张、看法等。请示的事项，要符合法规，符合实际，具有可行性和可操作性。因此，事项要写得具体、明白。如果请示的事项内容比较复杂，要分清主次，条理清楚，重点突出。请示事项应该避免把不明确、不具体的情况和把缘由、事项混为一体。事项简单的往往和结语合为一句话，如《关于丹霞山风景名胜区列为国家重点风景名胜区的请示》的最后一句话："现申请把丹霞山风景名胜区列为国家重点风景名胜区，请审批。"

请示事项是请示的重点内容，向上级机关提出请示事项，是陈述缘由的目的所在。要在阐述缘由的基础上，提出请示事项，即问题的解决办法。这部分内容要单一，只宜请求上级解决一个问题。请示事项要写得具体、简明，提出的要求要合理、切实。请求资金要写明金额，请求物资要写清品名、规格、数量，以便上级机关给予明确批复。请求上级给予政策等方面的支持，也需要清楚地阐述请求事项，切忌表达模棱两可。

（三）结语

要重点写清楚自己的设想、意见，以及提出这些设想意见的充分理由，请求领导批准实施。请示的结语有"以上请示，请批复""以上请示如无不妥，请批复"等。结语是请示必不可少的一项内容，不能遗漏，更不能含糊其辞，结语需符合公文的语体特点。如有的请示结语写成"此事关系重大，望领导百忙之中抽出时间审阅，真诚地等待您的批复"。这样写谦恭有余，但用语显得啰唆，过多地使用修饰性词语，不符合公文的语体要求。还有的请示结语写成"望尽快拨款，以解燃眉之急"。这种带有命令口气的结语，容易引起上级的反感。

四、落款

落款由发文机关、印章和成文日期组成。

例文赏读

关于丹霞山风景名胜区列为国家重点风景名胜区的请示

国务院：

丹霞山风景名胜区位于我省韶关市仁化、曲江两县境内，面积180平方公里，分丹霞山、韶石山、大石山三个景区，距韶关市区最近处10公里，最远处50公里，柏油公路直达主峰区，观光旅游的交通十分方便。

据地质考证，6 500年前丹霞山所在地是一个大湖泊，由于造山运动，形成红岩峭壁和嶙峋洞穴，构成奇异自然风景。在全世界同类地形中，以丹霞山为最典型，"丹霞地貌"已成为国际地质学名词。现丹霞山景区已开发接待游人的范围为12平方公里，主要景点有87处，山、江、湖兼备，绿化良好，兼之摩崖石刻、寺庵、亭台楼阁点缀其间，自然及人文景观丰富。靠丹霞山南侧的韶石山景区，傍于浈水，是历史上舜帝南巡奏乐之处，内有"三十六石"的奇景；丹霞山西侧的大石山景区，类似丹霞山的奇山异峰，有丹寨幽洞、岩柱等自然景观。

在丹霞山风景名胜区附近，有"金鸡岭""九龙十八滩""古佛岩""南华寺""马坝人遗址"等风景区及名胜古迹，总面积约400平方公里。目前，粤北地区以丹霞山风景名胜区为中心形成了我省一条重要的旅游线。

根据国务院《风景名胜区管理暂行条例》，我们对丹霞山风景名胜区进行了资源调查、评价，编制了总体规划。现申请把丹霞山风景名胜区列为国家重点风景名胜区，请审批。

广东省人民政府
××××年×月×日

点评： 正文第 1 段写丹霞山的地理位置和有关情况，第 2 段、第 3 段写丹霞山的风景名胜价值和旅游价值。第 1～第 3 段可作为本请示的背景、缘由、依据。最后一段写作者单位为申请将丹霞山列为国家重点风景名胜区做了有关准备工作。全文结构周密，语言与内容相适应，能适当注重文采，而且明晰简洁。

思考题

1. 请示和报告的异同。
2. 请示缘由为什么比事项重要？
3. 请示为什么会只有一个主送机关？

第七节 报 告

必备知识

一、报告的含义

报告是向上级机关汇报工作、反映情况，答复上级机关询问时所使用的公文。报告是行政机关和党的机关都广泛采用的重要上行文。

作为党政机关公文的报告，和一些专业部门从事事务性工作时所使用的、标题中也带有"报告"二字的行业文书，如"审计报告""评估报告""立案报告""调查报告"等，不是相同的概念。这些文书不属于党政公文的范畴，不要混淆。

二、报告的特点

报告具有以下特点。

（一）内容的汇报性

一切报告都是下级向上级机关或业务主管部门汇报工作，让上级机关或业务主管部门掌握基本情况并及时对自己的工作进行指导，所以，汇报性是"报告"的一大特点。

（二）语言的陈述性

报告在汇报工作、反映情况时，表达的内容和使用的语言都是陈述性的。本单位遵照上级的指示，做了什么工作、怎样做的这些工作、取得了哪些成绩、还存在哪些不足，要一一向上级陈述。反映情况时，也要把时间、地点、人物、事件、原因、结果叙述清楚，向上级机关提供准确的现实性信息。

（三）行文的单向性

报告时下级机关向上级机关行文，是为上级机关进行宏观领导提供依据，一般不需要受文机关的批复，属于单项行文。

（四）成文的事后性

多数报告都是在事情做完或发生后，向上级机关做出汇报，是事后或事中行文。因此在机关工作中，有"事前请示，事后报告"的说法。

（五）双向的沟通性

报告虽不需批复，却是下级机关以此取得上级机关的支持指导的桥梁；同时上级机关也能通过报告获得信息，了解下情，报告成为上级机关决策指导和协调工作的依据。

三、报告的种类

报告按内容可分为工作报告、情况报告、建议报告、答复报告和递送报告等；按性质可分为综合报告和专题报告；按时间可分为定期报告和不定期报告。下面对一些常见的报告进行简单介绍。

（一）工作报告

凡是用来向上级汇报工作的报告，都是工作报告。工作报告又可分为综合工作报告和专题工作报告两种。

综合报告涉及面较宽，主要工作范围之内的方方面面都要涉及，有主次之分，但不能有大的遗漏。大到国务院提供给人民代表大会的政府工作报告，小到某单位向上级提供的年度、季度、月份工作报告，都属于这种类型。

专题报告的涉及面窄，只针对某一方面的工作或者某一项具体工作进行汇报，如党政机关关于"三讲"工作的报告，行政机关关于技术革新工作的报告等。

（二）情况报告

本单位出现了正常工作秩序之外的情况，譬如说发生了事故，出现了意想不到的问题等，对现有工作产生了一定程度的影响，应该及时向上级将有关情况进行汇报。即使对工作没有产生太大影响，一些有倾向性的新动态、新风气，以及最近出现的新事物等，必要时也要向上级报告。作为下级机关，有责任做到"下情上传"，保证上级机关耳聪目明，对下面的情况始终了如指掌，这就是情况报告的意义。隐情不报，则是一种失职的表现。

情况报告与工作报告的不同之处主要在于，情况报告不局限于某一具体工作，不讲具体工作进展情况，只讲客观存在的或突然发生的情况。例如，向上级机关反映自然灾害的情况、突发事件的情况。这类报告的特点是时效性很强，发生的事情要非常及时地向上级机关报告，有些情况要用电话先报告，然后书面报告。

（三）答复报告

这种报告是针对上级或管理层所提出的问题或某些要求而写出的报告。这种报告要求问什么答什么，不涉及询问以外的问题或情况。例如，上级领导对群众来信来访中反映的问题，或文件材料中反映的问题，批示下级机关查办，或询问有关情况，下级机关办理完毕，需用书面形式答复上级机关。

（四）呈报性报告

呈报性报告主要用于下级向上级报送文件、物件随文呈报的一种报告。一般是一两句话说明报送文件或物件的根据或目的以及与文件、物件相关的事宜。

（五）例行工作报告

例行工作报告是下级向上级，因工作需要定期向上级所写的报告，如财务报告、费用支出报告等。

写作指南

报告的主体一般由标题、主送机关、正文和尾部组成，其各部分的格式、内容与写法要求如下。

一、标题

报告的标题常见的形式有两种：一种是由发文机关、事由和文种构成，如《××部关于××抗灾救灾工作情况的报告》；另一种是由事由和文种构成，如《政府工作报告》等。

二、主送机关

报告的主送机关可以是一个，也可以是几个。顶格写于文首，其后用冒号。

三、正文

报告正文的结构一般由开头、主体和结语等部分组成。

（一）开头

开头，主要交代报告的缘由，概括说明报告的目的、意义或根据，然后用"现将××情况报告如下"一语转入下文。

（二）主体

主体，这是报告的核心部分，用来说明报告事项。它一般包括两方面的内容：一是工作情况及问题；二是进一步开展工作的意见。

在不同类型的报告中，正文中报告事项的内容可以有所侧重。

1. 工作报告主体的写法

工作报告在总结情况的基础上，重点提出下一步工作安排意见，大多都采用序号、小标题区分层次。主要有以下几种结构形式：一是情况（包括经验）、问题、打算，适用于以反映情况为主的专题工作报告。二是"情况、经验、不足（存在的问题）"，适用于以总结经验为主的专题工作报告。情况，包括开展工作和进行某一专项工作的依据、工作进展情况、所取得的成效等经验，包括完成某一专项工作任务的做法和所取得的经验体会等。情况和经验都可分条陈述。写经验体会，应站在全局的高度，从马克思主义的立场、观点出发，对工作进行全面地分析研究，把带有规律性、普遍性、全局性的做法和经验加以归纳、推理、提炼，使之上升到理性高度，这样，对全局工作才有指导意义。问题，是在分析研究的基础上，抓住存在的带倾向性的主要问题，并把问题讲清楚。如果是专题经验报告，可不写问题或一笔带过。今后的打算，针对存在问题和上级机关的工作部署撰写，做到目标、任务明确，措施得当，保障有力。工作经验专题报告，不写工作打算。

这种报告的特点是全面、概括、精练。所谓全面，是指报告的内容要体现一个地区、一个部门在某一段期间内的全面工作情况；所谓概括、精练，是指表述内容的时候，少写或不写烦琐的工作过程，要用结论性、要求性的语言，表达某项工作的结果、希望或要求。

2. 情况报告主体的写法

情况报告缘由部分通常交代起因或基本情况，常以"现将有关情况报告如下"等惯用语承启下文。情况报告事项部分是情况报告的主体部分。一般包括三个层次的内容，结构顺序为：基本情况—问题及原因—办法及措施。有的情况报告也可以将"情况"及"分析"结合起来写。

3. 答复报告主体的写法

答复报告则根据真实、全面的情况，按照上级机关的询问和要求回答问题，陈述理由。

答复性报告要求问什么答什么，不要涉及询问以外的问题或情况。

4. 呈报性报告主体的写法

呈报性报告只需要写清楚报送的材料（文件、物件）的名称、数量即可。

呈报性报告的正文一般都是用一两句话说明报送文件或物件的根据或目的以及与文件、物件相关的事宜即可。

（三）结语

结语，根据报告种类的不同一般都有不同的程式化用语，应另起段来写。工作报告和情况报告的结束语常用"特此报告"；答复报告多用"专此报告"；呈报性报告则用"请审阅""请收阅"等。使用结尾语，要注意报告的内容和掌握好分寸。例如，政策方面的报告，"请审查"；财经、物资方面的报告，"请查收"或"请审查"；一般的工作情况报告，多用"专此报告"结尾。

四、尾部

尾部包括生效标识和成文时间两项内容，在右下方加盖单位公章或主要负责人印章（主要负责人署名）。之后，于其下写明年、月、日期。

例文赏读

例文一　工作报告

××区党建工作情况报告

市委组织部：

近年来，我区以邓小平理论、"三个代表"重要思想和科学发展观为指导，以建设"管理有序、服务完善、环境优美、治安良好、文明祥和"的和谐社区为目标，整合资源、创新举措，结合"共驻共建"、网格化管理等活动举措，大力推进全区党建"三有一化"建设，强化了全区党组织的服务功能，提高了全区党建的科学化水平，推进了我区和谐社区建设。现将有关情况汇报如下：

一、基本情况（略）

二、主要做法

（一）选优训强，打造高素质党员队伍。（略）

（二）建好配全，建设高标准活动阵地。（略）

（三）共驻共建，构建区域化党建格局。（略）

（四）网格管理，打造精细化社区服务。（略）

（五）创先争优，发挥最大化党建力量。（略）

三、存在问题

四、意见建议

特此报告

　　　　　　　　　　　　　　　　　　　　　　　　　　　　××区党委
　　　　　　　　　　　　　　　　　　　　　　　　　　　　××××年×月×日

例文二　情况报告

关于召开民主生活会的情况报告

中共××省国家税务局党组：

　　按照省、市委组织部《关于召开2013年度党员领导干部民主生活会有关问题的通知》精神和省局党组的要求，在市委组织部的指导下，我们于8月10日召开了党组民主生活会。这次民主生活会领导重视，准备充分，方法得当，开得比较成功，达到了预期的目的和效果。现将有关情况报告如下：

一、民主生活会整体情况。（略）

二、交流了思想，总结了成绩，提高了班子的凝聚力。（略）

三、查找了问题，开展了批评与自我批评，进一步强化了四种意识。（略）

四、明确了今后的努力方向。（略）

特此报告

　　　　　　　　　　　　　　　　　　　　　　　　　　　　××市国家税务局党组
　　　　　　　　　　　　　　　　　　　　　　　　　　　　××××年×月×日

例文三　答复报告

××市人民政府关于治理××河水质污染问题的报告

××省人民政府：

　　省政府转来××委员会提出的关于××河水质污染问题的报告，经市委市政府研究，对报告中提出的有关问题及解决问题方案报告如下：

一、解决××河水质污染问题的关键是尽快建成××区污水处理厂（略）

二、热电厂的粉煤炭也是污染源之一，解决方案是（略）

　　　　　　　　　　　　　　　　　　　　　　　　　　　　××市人民政府
　　　　　　　　　　　　　　　　　　　　　　　　　　　　××××年×月×日

例文四　呈报性报告

关于报送我县 1997 年村办企业
财务检查整顿工作总结的报告

××市人民政府：

　　现将我县 1997 年在全县范围内开展村办企业财务检查整顿工作的总结报上，请审阅。

　　附件：××县 1997 年村办企业财务检查整顿工作总结

××县人民政府
××××年×月×日

例文五

四川省劳动厅
关于调整四川省最低工资标准的报告

省人民政府：

　　《四川省最低工资保障规定》（以下简称《规定》）实施已近 3 年，我厅根据《规定》第九条全省最低工资标准由省劳动行政主管部门进行测算并提出方案，由省人民政府确定并下达执行和最低工资标准每年 7 月 1 日前确定和调整一次的规定，现提出确定 1997 年最低工资标准的意见。

　　一、1996 年全省执行最低工资标准情况

　　1996 年《四川省人民政府关于下达全省最低工资标准的通知》（川府发〔1996〕61 号）文下达最低工资月标准为 130 元、150 元、170 元、190 元，各地按照《规定》精神选择结果是：全省 179 个县级行政区域内（不含原重庆市、万县市、涪陵市、黔江地区所辖行政区域）有 37 个县（市、区）执行 130 元，94 个县（市、区）执行 150 元，36 个县（市、区）执行 170 元，12 个县（市、区）执行 190 元。1996 年因部分企业经济效益差，报经县级以上劳动行政部门批准暂缓执行最低工资保障规定的企业有 58 户，涉及职工 101 319 人，占全省企业职工人数的 0.21%。各地劳动部门反映最低工资保障制度实施 3 年来，受到了各级党委、政府的高度重视，得到了有关部门和工会的密切配合，实施情况基本良好。实施最低工资保障制度，依法加强企业工资收入的宏观调控，解除职工的后顾之忧，得到了广大群众的拥护，对促进劳动力市场的发育，促进经济的发展和社会的稳定起到了积极的作用。

　　二、确定 1997 年最低工资标准的依据

　　最低工资标准是以保障职工的基本生活需要来确定的，它受物价、工资、就业等因素的影响，并随社会经济发展和人民生活改善逐步提高。根据我省目前情况，现行最低工资标准需要调整，主要依据是：

(1) 我省 1995 年 7 月 1 日起执行的最低工资标准是以 1993 年资料为主要依据，在 1994 年下半年测算和确定的，基础比较低。1996 年采取微调的办法，每档增加 5 元或 10 元，调整幅度低于物价上涨幅度。为保障职工基本生活，1997 年有必要对现行最低工资标准进行适当调整。

(2)……

(3)……

(4) 1994 年以来，我省已根据国家有关政策两次提高了离退休人员待遇，1997 年 7 月将再一次提高离退休人员待遇，这对最低工资标准也有一定影响。

三、确定 1997 年最低工资标准的建议

最低工资标准的确定和调整，是实施最低工资保障制度的关键。（略）

附件 1：（略）
附件 2：关于起草《调整四川省最低工资标准的报告》的说明（略）

四川省劳动厅
××××年×月×日

点评：本篇例文的标题为完全式标题。写明了报告的缘由，列出了依据的政策和法规。报告的事项逐条写明，层次清晰，数字精确，体现了应用文的特点。

思考题

1. 简述报告的特点。
2. 简述报告写作的注意事项。

第八节 函

必备知识

一、函的含义

函是不相隶属机关之间相互商洽工作、询问和答复问题，或者向有关主管部门请求批准事项时所使用的公文。函是应用写作实践中的一种常用文体。

函，从广义上讲，就是信件。它是人们传递和交流信息的一种常用的书面形式。但是，作为公文法定文种的函，就已经远远地超出了一般书信的范畴，不仅用途更为广泛，最重要的是赋予了其法定效力。2000 年，国务院发布的《国家行政机关公文处理办法》（以下简称《办法》）规定，"函，适用于不相隶属机关之间商洽工作，询问和答复问题，请求批准和答复审批事项"。这说明，除有直属上下级之间隶属关系外的一切不相隶属机关之间

商洽工作，询问和答复问题，甚至请求批准和答复审批事项，一律用"函"。国务院办公厅《关于实施涉及的几个具体问题的处理意见》在阐述"函的效力"时强调指出："函作为主要文种之一；与其他主要文种同样具有由制发机关权限决定的法定效力。"

函作为公文中唯一的一种平行文种，其适用的范围相当广泛。在行文方向上，不仅可以在平行机关之间行文，而且可以在不相隶属的机关之间行文，其中包括上级机关或者下级机关行文。在适用的内容方面，它除了主要用于不相隶属机关相互商洽工作、询问和答复问题外，也可以向有关主管部门请求批准事项，向上级机关询问具体事项，还可以用于上级机关答复下级机关的询问或请求批准事项，以及上级机关催办下级机关有关事宜，如要求下级机关函报报表、材料、统计数字等。此外，函有时还可用于上级机关对某件原发文件做较小的补充或更正。

二、函的特点

（一）沟通性

函对于不相隶属机关之间相互商洽工作、询问和答复问题，起着沟通作用，充分显示平行文种的功能，这是其他公文所不具备的特点。

（二）灵活性

函的灵活性表现在两个方面：一是行文关系灵活。函是平行公文，但是它除了平行行文外，还可以向上行文或向下行文，没有其他文种那样严格的特殊行文关系的限制。二是格式灵活。除了国家高级机关的主要函必须按照公文的格式、行文要求行文外，其他一般函，比较灵活自便，也可以按照公文的格式及行文要求办。可以有眉首，也可以没有眉首，不编发文字号，甚至可以不拟标题。

（三）单一性

函的主体内容应该具备单一性的特点，一份函只宜写一件事项。

三、函的作用

函有下列三方面的作用。

（一）相互商洽工作

如调动干部，联系参观、学习，联系业务，邀请参观指导等。

（二）询问和答复问题

如天津市民政局向民政部门询问的"关于机关离休干部病故抚恤问题"以及民政部对此问题的答复，都是用"函"的形式。

（三）向有关主管部门请求批准

如《民政部关于请安排每年生产三百辆火葬运尸专用车的函》就是为了向国家计划委员会请求批准而发的函。

四、函的分类

函按照不同的标准，可以分成不同的种类。

（一）按应用范围分类

按应用范围分类，函可分为商洽函、答询函、请批函和告知函。

1. 商洽函

商洽函在平行机关或不相隶属机关之间相互协商或联系工作时使用。商洽函较多地用于商调人员、联系工作或处理有关业务性、事务性事项。这类函的正文通常由商洽缘由（发函的原因）和商洽事项两个部分组成。商洽事项有时还特别写清对受文的要求与希望。

2. 答询函

答询函包括询问函和答复函。用于机关或部门之间相互询问和答复问题。有些不明确问题向有关机关和部门询问，用询问函；对有关部门所询问的问题做出解释答复，用答复函。如果下级机关答复上级机关的询问时涉及的内容重大，应以"报告"行文，不宜用"函"。

这类函的正文一般包括询问缘由和询问内容两部分，询问的缘由可以是原因，也可以是目的。有的便函还可以不写询问的缘由，只要求对方机关就某方面规定答复即可。

3. 请批函

用于向有关主管部门请求批准事项。请批函与请示的区别：向上级机关请求批准，用请示；向不相隶属机关（包括同级机关）的有关主管部门请求批准，用请批函。

4. 告知函

告知函也称通报函，是将某一活动或事项告知对方。这种函，类似于知照性通知，由于没有隶属关系，用"通知"不妥，所以宜用"函"。另外，告知函不要求对方回复，如《××省人民政府办公厅关于××省人民政府驻福州办事处更名的函》。

（二）按行文方向分类

函按行文方向分为发函和复函。

1. 发函

发函也称去函、问函，是本机关主动向对方去的函。

2. 复函

复函也称回函，是指回复询问或批准事项等的函。复函既回复对方的询问，也回复对方来函所商洽的事项，还可回复对方请批函中所提出的回复请求。

复函与批复不同，批复是下行文，是对下级机关的请示表明态度；复函是平行文，只是对不相隶属机关的来函做出回复。

（三）按内容轻重分类

函按内容的轻重分为公函与便函。

1. 公函

公函的内容比较重要，行文郑重，具有完整的公文格式。

2. 便函

便函大多用于一般的事务性工作，没有完整的公文格式，只有上款和下款；可以用公用信笺，不使用眉首，不列函件标题与发文字号；可以加盖公章，也可以个人署名。便函一般不归档，但是便函仍用于公务，不是用于私事的私函。

写作指南

一、函的内容与写法

（一）标题

公函的标题一般有两种形式。一种是由发文机关名称、事由和文种构成。另一种是由事由和文种构成。

（二）主送机关

主送机关即受文并办理来函事项的机关单位，于文首顶格写明全称或者规范化简称，其后用冒号。

（三）正文

正文一般由开头、主体、结尾、结语等部分组成。

1. 开头

开头主要说明发函的缘由。一般要求概括交代发函的目的、根据、原因等内容，然后用"现将有关问题说明如下："或"现将有关事项函复如下："等过渡语转入下文。复函的缘由部分，一般首先引叙来文的标题、发文字号，然后再交代根据，以说明发文的缘由。

2. 主体

主体是函的核心内容部分，主要说明致函事项。函的事项部分内容单一，一函一事，行文要直陈其事。无论是商洽工作、询问和答复问题，还是向有关主管部门请求批准事项等，都要用简洁得体的语言把需要告诉对方的问题、意见叙写清楚。如果属于复函，还要注意答复事项的针对性和明确性。

3. 结尾

一般用礼貌性语言向对方提出希望，或请对方协助解决某一问题，或请对方及时复函，或请对方提出意见或请主管部门批准等。

4. 结语

通常应根据函询、函告、函商或函复的事项，选择运用不同的结束语，如"特此函询（商）""请即复函""特此函告""特此函复"等。有的函也可以不用结束语，如属便函，可以像普通信件一样，使用"此致""敬礼"。

（四）落款

落款一般包括署名和成文时间两项内容。

署名机关单位名称，成文时间年、月、日，并加盖公章。

二、函写作的注意事项

（一）注意与其他文种的区别

函属于平行文，主要用于平级机关，或不相隶属的机关之间的公务。但是，在上下级机关的公务活动中，也并非绝对不用。与其他公文的区别在于：一是下级机关向上级机关请示重大事项时，用请示；而问询一般事宜，则用函。二是上级机关向下级机关部署重要工作时，一般用指示、决定、通知等；答复请示的问题时，用批复；而答复一般问题或查询、查办、催办有关事宜，则用函或复函。三是上级机关召开重要会议时，一般都发会议通知；而召开一般性会议，或要求下级机关报送一些统计数字、单项材料之类的较小事项，则用函。

（二）内容要单一明确

函要一函一事，内容单一集中，要避免不分轻重主次的现象。这样，便于受函单位处理，有助于提高工作效率。同时，要把商洽、询问、请求的事项写明确，切忌模糊、笼统，以免误解或往来查询，延时误事。

（三）态度要诚恳，用语要得体

发函一般要求对方关照、支持，因此写作时态度要诚恳，语气要平和，讲究平等协商，文明礼貌，不露虚套和媚态。即使是上级机关向下级机关的发函，也不要居高临下，盛气凌人，应以平等商洽的口吻来写，以免引起下级的反感。复函用语要明快，以诚待人，不要显出冷漠和生硬。总之，语言要得体，恰到好处。

例文赏读

例文一

关于鄂穗两地携手联合打捞"中山舰"的函

湖北省人民政府：

　　现沉于长江金口赤矶山江底的"中山舰"，是中国现代革命史上的重要历史文物，尽快将其打捞、修复和陈列展览，是海内外同胞的共同心声。

　　"中山舰"是重要的革命历史文物。该舰1929年参加"保卫大武汉会战"时被日军炸沉，尽快打捞"中山舰"，使其重展英姿，是一件深得海内外同胞和两岸有识之士拥戴的义举。这对于充实完善中国现代革命史文物，并重现其历史价值，加强爱国主义教育和革命传统教育，增强整个中华民族的凝聚力和向心力，改善两岸关系，促进台湾回归祖国大业的早日实现，都具有重要的意义和作用。

　　由于"中山舰"在广州的时间长达21年，且围绕"中山舰"的几次主要历史事件都发生在广州。因此，"中山舰"是把广州建设成为中国现代革命史教育基地，向广州、全国乃至海内外同胞进行爱国主义教育和革命传统教育不可缺少的文物。近几年来，广东省、广州市人大、政协、民革，黄埔军校同学会中的不少代表、委员、成员，各界有关专家学者、人民群众，以及港澳台同胞、海外华侨、华人，纷纷向广州市政府来电来函，希望广州市政府主动与贵省联系以尽快共同组织打捞"中山舰"，并进行修复和陈列。为此，我们经过认真研究，提出由两地政府本着相互合作、相互支持的态度，协商联合打捞、修复、展出的办法和有关问题。

　　专此函达，请答复。

广州市人民政府（公章）
××××年××月××日

例文二

国务院办公厅关于羊毛产销和质量等问题的函

国家计委、经贸办、农业部、商业部、经贸部、纺织部、监督局：

　　为进一步发展我国羊毛生产，搞活羊毛流通，进步羊毛质量，根据国务院领导同志的批示，现就有关问题通知如下：

　　一、要切实抓紧抓好草场改革和羊种改良工作。（略）

　　二、监督局要加强羊毛的质量监督和检验工作。（略）

　　三、要尽快组织直接进入国际羊毛拍卖市场。（略）

四、为了增进国内养羊业的发展，支撑纺织工业生产和扩大出口创汇。（略）

上述有关政策，请有关部门、各地区特别是羊毛生产区认真研究落实，履行中的问题，由国家计委和经贸办谐调，并督促落实。

国务院办公厅（盖章）
201×年××月××日

例文三

中国科学院研究所关于建立全面协作关系的函

××大学：

近年来，我所与你校双方在一些科学研究上互相支撑，取得了必定的成绩，建立了良好的协作基础。为了巩固成果，建议我们双方今后能进一步在学术思想、科学研究、人员培训、仪器设备等方面建立全面的交换协作关系，特提出如下意见：

一、定期举办所、校之间学术讨论与学术交换。

二、根据所、校各自的科研发展方向和特点，对双方共同感兴趣的课题进行协作。

三、根据所、校各自人员配备情况，校方在可能的条件下对所方研究生、科研人员的培训予以赞助。

四、双方科研教学所需要高、精、尖仪器设备，在可能的条件下，予对方供给利用。

五、加强图书材料和情报的交换。

以上各项，如蒙批准，建议互派科研主管人员就有关内容进一步商量，达成协议，以利工作。特此函达，务希研究见复。

中国科学院××研究所（盖章）
2014年××月××日

思 考 题

一、填空题

1. 公函与便函的区别主要在于_____不同。
2. 函按行文方向属于_____文。
3. 函适用于_____机关之间_____工作，询问和_____问题，_____和答复审批事项。

二、判断题

1. 向有关主管部门请求批准用"函"。（　　）
2. 某集团公司拟行文到某大学了解本公司员工进修情况，应该用"函"行文。（　　）
3. 某县教育局行文请求主管上级增拨希望工程资金，应使用"函"。（　　）
4. 函应一函一事，宜短不宜长。（　　）

5. 请求批准的函用批复作答。（　　）

三、选择题

1. 向有关主管部门请求批准时用（　　）。
   A. 报告　　　　B. 请示　　　　C. 通知　　　　D. 函
2. ××学校欲建一座教学实验楼，须向本市土地管理部门申请土地使用权，发出的公文用（　　）。
   A. 通知　　　　B. 请示　　　　C. 报告　　　　D. 函
3. 某机关主动制发的函称作（　　）。
   A. 信函　　　　B. 便函　　　　C. 去函　　　　D. 复函

四、简答题

1. 某大学拟扩建图书馆，须经城建管理部门批准，为此该校写了一份请示。这种做法是否妥当？为什么？
2. 函的适用范围有哪些？

五、写作题

1. ××厂女工孙××与××厂宣传干事金××是一对夫妻，两人长期两地分居，生活不便，无法照料老人和孩子。为此，双方都曾多次提出，希望把两人调在一起，结束两地分居的生活。为了解决这两位职工的后顾之忧，××厂拟将金××调往孙××所在厂。请根据材料按公文格式拟写一份完整的公文（所需要素自拟）。

2. 请根据下述材料，按照公文格式的要求，以北京市教育委员会的名义拟写一份公函。

教育部留学服务中心向北京市教育委员会发了一封函《关于举办第十六届中国国际教育巡回展的征求意见函》（教留函〔2010〕61号）。北京市教育委员会收到该函后，经过研究，同意该中心于2011年3月12日至3月13日在中国国际贸易中心展览大厅举办第十六届中国国际教育巡回展，并于2010年8月25日，向该中心发函（京教函〔2010〕3513号），明确表态同意，希望该中心按有关规定履行展会各项申报手续，并做好组织和安全工作。

第九节　纪　要

必备知识

一、纪要的含义

纪要是根据会议情况、会议记录和各种会议材料，经过综合整理而形成的概括性强、凝练度高的文件，具有情况通报、执行依据等作用。纪要适用于记载会议主要情况和议定事项。纪要产生于会议后期或者会后，属纪实性公文。任何类型的会议都可以印发纪要，尚待决议或者有不同意见的，也可以写入纪要。纪要是一个具有广泛实用价值的文种。

二、纪要的特点

1. 纪实性

纪要必须是会议宗旨、基本精神和所议定事项的概要纪实,不能随意增减和更改内容,任何不真实的材料都不得写进会议纪要。

2. 概括性

会议纪要必须精其髓,概其要,以极为简洁精练的文字高度概括会议的内容和结论。既要反映与会者的一致意见,又可兼顾个别同志有价值的看法。有的会议纪要,还要有一定的分析说理。

3. 条理性

会议纪要要对会议精神和议定事项分类别、分层次予以归纳、概括,使之逻辑清晰、条理清楚。

三、纪要的主要种类

(一)按会议类型划分

按会议类型划分,有多少类型的会议,就有多少类型的纪要。具有行政管理和研讨性的会议主要有工作会议和座谈会议两类,则相应的就有工作会议纪要和座谈会议纪要。

1. 工作会议纪要

工作会议纪要侧重于记录贯彻有关工作方针、政策,及其相应要解决的问题,如《全国民族贸易和民族用品生产工作会议纪要》《全省基本建设工作会议纪要》等。

2. 座谈会议纪要

座谈会议纪要内容比较单一、集中,侧重于工作的、思想的、理论的、学习的某一个问题或某一方面问题,如《十省区、十个路局整顿治安座谈会纪要》。

(二)按内容性质划分

按内容性质划分,纪要可分为决议性会议纪要和研讨性会议纪要。

1. 决议性会议纪要

决议性会议纪要多为记载和传达政府机关、社会团体、企事业单位领导人办公会议,或由政府组织的工作会议讨论情况与议定事项的纪要。

2. 研讨性会议纪要

研讨性会议纪要是纪要中使用最多的一类,各种形式的座谈会和学术型会议尤其多用。它侧重于反映涉及重大方针、政策、原则性问题的探讨,或对工作中的具体问题提出研究和讨论的意见,或侧重于汇集、交流情况和经验等,都有着研究探索的性质,所起的作用是参谋性、参考性、交流性的,本身不具有决定、决议那样的行政权威。

(三)按纪要主体结构的特点划分

按纪要主体结构的特点划分,纪要可分为综述式、分项式和发言式三类。

1. 综述式纪要

综述式纪要,即把会议反映的情况、研究的问题、议定的事项、提出的任务等内容综合归纳后分别表述。议题单一、意见集中的纪要通常一气呵成,只用"会议认为""会议指出""会议强调""会议决定""会议要求"等惯用语引领段落,以显示纪要的行文层次。

2. 分项式纪要

分项式纪要是按会议议题列项或划分层次,每一项或每一层次里分别陈述其讨论的意见、形成的决议、提出的任务等。

3. 发言式纪要

发言式纪要直接表述发言内容，并标明发言人姓名。具体写法有两种：一种是按发言先后次序记载发言内容，将每个人的多处发言集中在一起表述；另一种是将会议讨论的内容归纳为几个问题，亦即划分为几个层次，在每一层次里写出发言者的发言内容。

写作指南

一、纪要的结构和写法

纪要一般由标题、开头、文号和制文时间、正文、结尾五部分构成。

（一）标题

标题有两种格式：一种会议名称加纪要，也就是在"纪要"两个字前写上会议名称，如《全国纺织工会工作会议纪要》《辽宁省工商行政管理局长会议纪要》。会议名称可以写简称，也可以用开会地点作为会议名称，如《京、津、沪、穗、汉五大城市治安座谈会纪要》《大连会议纪要》。另一种是把会议的主要内容在标题里揭示出来，类似文件标题式的，如《关于加强纪检工作座谈会纪要》《关于落实省委领导同志批示保护省级文物七级浮屠塔问题的会议纪要》。

（二）开头

开头简要介绍会议概况，其中包括以下内容。

（1）会议召开的形势和背景；

（2）会议的指导思想和目的要求；

（3）会议的名称、时间、地点、与会人员、主持者；

（4）会议的主要议题或解决什么问题；

（5）对会议的评价。

（三）文号和制文时间

文号写在标题的正下方，由年份、序号组成，用阿拉伯数字全称标出，并用"〔〕"括入，如"〔2015〕15号"。办公会议纪要对文号一般不做必须的要求，但是在办公例会中一般要有文号，如"第××期""第××次"，写在标题的正下方。

纪要的时间可以写在标题的下方，也可以写在正文的右下方、主办单位的下面。

（四）正文

正文是纪要的主体部分，是对会议的主要内容、主要精神、主要原则以及基本结论和今后任务等进行具体的综合和阐述。

（1）纪要要从会议的客观实际出发，从会议的具体内容出发，抓中心，抓要点。抓中心就是抓住会议中心思想、中心问题、中心工作；所谓要点，就是会议主要内容。要对此进行条理化的纪要。

（2）会议纪要是以整个会议的名义表述的，因此，必须概括会议的共同决定，反映会议的全貌。凡没有形成一致意见的问题，则需要分别论述并写明分歧之所在。

（3）要掌握并运用马列主义的基本理论与党的方针、政策对会议进行概括与总结。它是贯穿在纪要始终的一条红线。

（4）为了叙述方便，条理清楚，常用"会议认为""会议指出""会议强调""与会人员一致表示"等词语，作为段落的开头语。也有用在段中的，仍起强调的作用。

（5）属于介绍性文字，笔者可以灵活自由叙述，但属于引用性文字，必须忠实于发言原意，不能篡改，也不可强加于人。

（6）小型会议，侧重于综合会议发言和讨论情况，并要列出决议的事项。大型会议内容较多，正文可以分几部分来写。常见的有三种：

① 概括叙述式。这种写法是把会议的基本情况，讨论研究的主要问题，与会人员的认识、议定的有关事项（包括解决问题的措施、办法和要求等），用概括叙述的方法，进行整体的阐述和说明。

② 分列标题式。即把会议的主要内容分成几个大的问题，然后标上标号或小标题，分项来写。这种写法侧重于横向分析阐述，内容相对全面，问题也说得比较细，常常包括对目的、意义、现状的分析，以及目标、任务、政策措施等的阐述。这种纪要一般用于需要基层全面领会、深入贯彻的会议。

③ 发言记录式。这种写法是把会上具有典型性、代表性的发言加以整理，提炼出内容要点和精神实质，然后按照发言顺序或不同内容，分别加以阐述说明。这种写法能比较如实地反映与会人员的意见。某些根据上级机关布置，需要了解与会人员不同意见的会议纪要，可采用这种写法。

（五）结尾

一般写法是提出号召和希望。但要根据会议的内容和纪要的要求，有的是以会议名义向本地区或本系统发出号召，要求广大干部认真贯彻执行会议精神，夺取新的胜利；有的是突出强调贯彻落实会议精神的关键问题，指出核心问题；有的是对会议做出简要评价，结合提出希望要求。

结尾还包括署名和成文时间两项内容。署名只用于办公会议纪要，写明召开会议的机关单位名称，下面写上成文的年、月、日期，加盖公章。一般纪要则不需要署名，不加盖公章，但有些时候根据需要也加盖公章。至于成文时间，如果在首部已注明，就不再写。首部没注明的话，要写成文时间。

二、纪要与会议记录的区别

纪要与会议记录是两个不同的概念，两者的区别十分明显。从应用写作和文字处理的角度来探析，两者截然不同。纪要是党政机关15种公文之一，其撰写与制作属于应用写作和公文处理的范畴，必须遵循应用写作的一般规律，严格按照公文制发处理程序办事。而会议记录只是办公部门的一项业务工作，属于事务文书，它只须忠实地记载会议实况，保证记录的原始性、完整性和准确性，其记录活动同严格意义上的公文写作完全是两码事。两者在性质、功能、载体样式、称谓用语、适用对象、分类方法等诸多方面都有明显区别。

1. 性质不同

会议记录是会议讨论发言的实录，属于事务文书。纪要只记会议要点，是党政机关15种公文之一。

2. 功能不同

会议记录一般不公开，无须传达或传阅，只作为资料存档；纪要通常要在一定范围内传达或传阅，要求贯彻执行。

3. 载体样式不同

纪要作为一种法定公文，其载体为文件，享有《党政机关公文处理工作条例》（中办发〔2012〕14号）所赋予的法定效力。会议记录的载体是会议记录簿。

4. 称谓语不同

纪要通常采用第三人称的写法，以介绍和叙述情况为主。会议记录中，发言者怎么说的就怎么记，会议怎么定的就怎么写，是会议情况的实录。

5. 适用对象不同

纪要具有传达告知功能，因此有明确的读者对象和适用范围。作为历史资料的会议记录，不允许公开发布，只是有条件地供需要查阅者利用。

6. 分类方法不同

纪要种类很多。按其内容，可分为决议性纪要、意见性纪要、情况性纪要、消息性纪要等；按会议的性质，可分为常委会议纪要、办公会议纪要、例会纪要、工作会议纪要、讨论会议纪要等。而会议记录通常只是按照会议名称来分类，往往以会议召开的时间顺序编号入档。对纪要的分类，有助于撰写者把握文体特点，突出内容重点，找准写作角度；对会议记录的分类则主要是档案管理的需要。

三、纪要写作的注意事项

（一）要明确宗旨

拟写纪要一定要本着"记录要点"的宗旨，概括地传达会议的精神和要求。要根据会议的具体内容，抓住会议的中心思想、中心问题、中心工作，以及会议的主要内容。

（二）要实事求是，忠实会议内容

可以对与会者的发言进行概括和提炼，也可适当删减，但不可凭空增添内容和篡改原意。

（三）要正确地集中会议的意见

没有取得一致意见的，一般不写入纪要。但对少数人意见中的合理部分，也要注意吸收。

（四）要注意条理，抓住要点来写，不要写成会议记录

撰写纪要是一个对会议讨论意见进行综合、分析、整理加工的过程，也就是理论化、条理化的过程，既要尽力给予理论上的概括，提纲挈领，又要对会议讨论的意见分类归纳，分清层次。

例文赏读

例文一

××县人民政府第五次常务会议纪要

〔20××〕10号

时间：20××年×月×日上午八点半至十一点半

地点：县政府常务会议室

主持：县长陈××

出席：副县长常××、王×、张×、许××办公室主任赵××

请假：李××（出差）

列席：周××、马××、刘×

记录：关×

现将会议讨论及决定的主要事项纪要如下：

一、会议听取了副县长常××关于召开经济工作会议准备的情况汇报，讨论了扩大县属企业自主权的十条规定。会议同意县经济工作会准备情况汇报，并决定于×月×日召开全县经济工作会议。今年各项经济工作指标，要以市经委下达的为准，不再调整县各公司的原主要经济指标。在县经济工作会议上，由县经委与县各公司签订经济责任书。

二、会议原则同意县民政局关于民政事业费管理使用办法的修订意见。

三、会议同意将县政府办公室提出的转交机关工作作风的规定意见（讨论稿）印发各部门，广泛征求意见，做进一步修改后，以县政府文件印发。

××县人民政府
20××年×月×日

例文二

关于协调解决沙面大街56号首层房屋使用权问题的会议纪要
第××次

20××年2月2日上午，市政府办公厅××主任主持召开会议，协调解决沙面大街56号首层房屋使用权问题。参加会议的有省政府办公厅交际处、广东胜利宾馆、市商委、市国土房管局、二商局、市外轮供应公司等有关部门的负责同志。

会议认为，沙面大街56号首层房屋使用权的问题，是在过去计划经济和行政决定下形成的历史遗留问题。早几年曾多次协调，虽有进展，但未有结果。最近，按照省、市领导同志"向前看""了却这笔历史旧账"的批示精神，在办公厅的协调下，双方本着尊重历史、面对现实、互谅互让的原则，合情合理地提出解决这宗矛盾的方案。

经过协商、讨论，双方达成了一致的认识。会议决定如下事项：

一、市外轮供应公司应将沙面大街56号房屋的使用权交给胜利宾馆。

二、考虑到市外轮供应公司在56号经营了30多年，已投入了不少资金，退出后，办公地方暂时难以解决，决定给予其商品损耗费、固定资产投资和搬迁费等一次性补偿费用共95万元。其中省政府办公厅和广东胜利宾馆负责80万元；考虑到省政府领导曾多次过问此事和省、市关系，另外15万元由广州市政府支持补助。

三、省政府办公厅和胜利宾馆的补偿款于20××年2月7日前划拨给市外轮供应公司。市政府的补助款于3月5日左右划拨，市外轮供应公司应于2月15日开始搬迁，2月20日前搬迁完毕并移交钥匙。

四、市外轮供应公司原搭建的楼阁按房管部门规定不能拆迁。空调器和电话等2月20

日前搬迁不了的,由胜利宾馆协助做好善后工作。

　　会议强调,双方在房屋使用权移交中要各自做好本单位干部群众的工作,团结协作,增进友谊,保证移交工作顺利进行。

××市政府办公厅
20××年×月×日

思考题

1. 纪要的特点是什么?
2. 纪要与会议记录的区别是什么?
3. 简述纪要写作的注意事项。

第十节　电子公文

必备知识

一、电子公文的含义

　　公文是政府机关处理公务和行政管理的重要工具,在各级机关、单位中,"办公"的一个重要内容就是办理和制发文件,即"办文"。依靠网络信息技术对公文进行高效有序的电子化处理,是电子政府建设的重要组成部分,是关系到电子政府建设全局的基础性工程。

　　电子公文是通过计算机进行操作、传输、存储等处理的数字化产物。与纸质公文相比,电子公文具有存储体积小、检索速度快、远距离快速传递,以及同时满足多用户共享等优点。随着计算机和网络信息技术的应用普及,越来越多的公文直接在计算机上产生和传输,电子公文也将越来越多。但与纸质公文相比,电子公文也存在自身无法克服的局限性,如信息与载体分离,不能直接阅读,必须依赖于软件和硬件才能识别和利用;电子公文容易被人修改、复制,修改之后几乎不留痕迹,在真实性、完整性、凭证性方面比较难认可。因此,目前甚至今后相当一段时间内,不可能完全抛开纸质公文而以电子公文取而代之,电子公文将和纸质公文并存。我们应正确认识公文的本质功能——传递信息,理解电子公文与纸质公文的关系,破除对公文物理介质的习惯心理,建立数字化的公文新概念。对于电子公文,应根据其特点,制定适合的管理办法,使之与纸质公文实现优势互补。

　　网络媒体被称为报刊、广播、电视三大传统媒体之后的第四媒体,与传统媒体相比,网络媒体具有检索便利、时效性高、信息发布范围广泛、便于准确统计受众情况等优势。一方面,我们应该充分发挥网络媒体的特点,丰富电子公文的信息形态,如可以尝试"多媒体公文",在电子公文中不仅采用字符,而且采用声音、图像、动画等多种形式,这将大大改善公文的传播效果。另一方面,应该使用网络媒体发布公文信息,甚至可以把网络媒体发布的公文作为标准文本,如在政府网站上,设立专门管理的电子公文发布中心,一旦公文在此发布,就作为正式文本,不可再被更改、删除,在现阶段,不妨尝试在一个单位内部网络上实现,告别"复印—传阅—复印"的传统工作方法,逐步实现无纸化办公。

二、电子公文的特点

1. 信息的隐秘性

电子文件的信息与传统文件的信息记载方式不同。传统文件的内容以字符或数字等符号记录于纸张等载体之上,人工可直接识读,电子文件的信息以二进制数字代码的形式记录于磁性或光学载体上,成为迄今为止第一种人类无法凭借自身的器官——眼睛或手来识读的文件信息。

2. 传播的系统依赖性

电子文件需要有一定的条件才能实现,电子文件真正的形成者和读者是程序。信息存储的时候需要进行编码,信息检索和阅读的时候需要进行解码,编码和解码过程中则要借助于一定的硬件设备、操作系统和应用软件,否则电子文件既无法产生也无法阅读,电子文件对系统的依赖性特别是它对特定系统(电子文件产生时运行的软、硬件系统)的依赖性是电子文件的一大特点,也是电子文件管理中的难题。

3. 载体的不确定性

从甲骨、竹简到纸张,载体的意义远远大于"承载物"这一项,它和记录在上面的字迹、书写材料、签字、印章等不可分割,一起构成了文件原件身份的"证明"。但对于电子文件,信息内容不会永远和特定的载体相连,载体只是暂时性的,仅仅成为每一个特定时刻文件内容的承载物,它已无法固定某些用以鉴别文件原始性的外部信息。除此之外,电子文件还具有信息存储的高密度性、多种信息媒体的集成性和信息处理的灵活性等特点。

三、电子公文的作用

公文无纸化远程传输(电子公文传输)实际上就是在专用的通信平台上安全收发加密的电子邮件,电子公文传输可以实现一"点"对多"点"的收发功能,简化了繁杂的工作环节和程序,推动了政令的有效快速传达,这不仅是对传统发文方式的变革,而且会带来机关办公方式的转变。目前,电子公文传输管理通常要求接收单位接收电子公文后,通过彩色打印机,打印成纸质公文,再进入办文过程。实际上,传输的电子公文应直接进入本机关的电子公文运转管理系统,实现公文要素的转换,同时应实现文档一体化,电子公文办理完毕后,直接将公文的基本信息转换到档案管理系统,这样,可大大减少手工操作和重复劳动,避免人为失误。公文处理电子化要真正达到提高办公效率、降低办公成本的目的,必须在电脑网络上实现公文处理全程电子化和无纸化,并实现对上(中央、国家机关)、对下(市、县区)、对左右(党委、政府、人大、政协的部门、直属单位)互联互通。要实现公文处理全程无纸化,必须认可电子公文传输、电子批阅、痕迹修改、电子签名的法律效力。目前,在尚未解决电子公文的法律效力问题之前,比较可行的办法是,将电子公文运作过程中的草稿、定稿打印出来,转成纸质公文,供拟稿人、核稿人、签发人等签署,以暂时解决其法律效力的问题。

写作指南

电子公文的写作实际上是公文写作的电子化，它的内容写法和格式请参考公文的写作。

例文赏读

××市××区人民政府办公室电子公文

××发〔20××〕179号

××市××区人民政府办公室

关于开展"慈善双日捐"活动的通知

各镇人民政府、街道办事处，区政府各部门，××上级管理单位，××企事业单位：

根据《××市人民政府关于加强慈善工作的意见》(××发〔20××〕15号)"每年开展一次'慈善双日捐'活动"的要求，为纪念"5·12"地震，推动我区"人人慈善"广泛深入地开展，区政府决定从今年5月至7月，在全区开展"慈善双日捐"活动，现将有关事项通知如下：

一、充分认识"慈善双日捐"的重要意义。（略）

二、"慈善双日捐"有关要求

此次捐赠活动坚持"依法组织，广泛发动，鼓励奉献"的原则，每个干部职工应该主动捐出两天的工资（按每月22个工作日计）。（略）

（一）区级机关、事业单位、区直属学校和医院、××上级管理单位、××企事业单位、社会团体的捐赠款由区慈善会接收，并出具××市财政局统一印制的"××市接受捐赠现金收据"。

捐款地址：××市××区慈善会（区民政局办公楼二楼）

捐款方式：1.可直接交现金到××市××区慈善会。

2.可由银行转账到××市××区慈善会，然后凭交款回单到区慈善会换取收据。（收款人：××市××区慈善会；开户银行：农行××××营业部；账号：××××××××）

捐款联系电话：××××××

（二）各镇人民政府、街道办事处负责管理辖区内各单位、企业的捐助活动，捐赠款由各镇（街）稻草援助中心接收，并出具××市财政局统一印制的"××市非经营结算统一收据"。各镇（街）稻草援助中心接收的捐赠资金明细于今年7月31日前统一上报区慈善会进行统计汇总，接收的捐赠资金由各稻草援助中心按相关要求安排使用。

（三）"慈善双日捐"活动募集的捐款，实行专款专用。区慈善会和各镇（街）稻草援助中心接收的捐赠款，主要用于赈灾、安老、扶孤、济困、助学、助医等方面的应急性慈善援助和公益事业，不得挪作他用。

（四）"慈善双日捐"活动募集的捐款，接受社会监督。（略）

三、切实加强对"慈善双日捐"活动的组织领导。（略）

20××年5月20日

抄送：××市民政局、××市慈善总会，区委办公室、区人大常委会办公室、区政协办公区法院、区检察院、区人武部，区委各部委，各人民团体。

××市××区人民政府办公室　　　　　　　　　　　　　印发（共印4份）

20××年5月21日

第五章 新闻传播文体

第一节 消 息

必备知识

一、消息的含义

消息是以简练的语言及时报道新近发生发现的、有价值的实事的一种新闻体裁。消息在报纸、广播、电视中的使用最为广泛，是新闻报道中数量最大、最为常见的基本文体。

消息通常被称为新闻。"新闻"一词有狭义和广义之分。狭义的新闻指的是消息，在它在新闻报道中占有重要地位。本书所指是狭义新闻；广义的新闻指的是各种新闻体裁的总称，包括消息、通讯、特写、调查报告等。

依据消息的具体特点，可分为不同的信息类别。

二、消息的文体特征

（一）真实性

消息作为最基本的新闻报道文体，真实性是其根本属性，内容真实、用事实说话是消息的特点和优势。消息应该真实、全面地反映客观事实，不能在消息中虚构或篡改事实。对于构成消息要素的时间、地点、人物、事件和结果，以及消息中所引用的背景材料、数字，都必须确保其完全可靠，并且能够反映事物本质。

（二）客观性

消息的客观性是建立在新闻真实性基础之上的，也是对新闻全面性的价值判断。虽然消息的报道并不是无立场无观点的"有闻必录"，但消息文体的宗旨在于客观地传递信息，因此应尽量体现出客观性。行文中应该侧重于摆事实，而不能只讲道理；应该侧重于叙述，而不能大发议论。

（三）时效性

在新闻的体裁中，形式短小简洁的消息在反映现实的速度方面居于榜首。实用、高效是消息又一突出特点。消息必须及时、迅速地把最新的事实报告给读者；与此相反，被延误了的信息则会失去相应的新闻价值。正如俗话所说，"今天的新闻是金子，昨天的新闻是银子，前天的新闻是垃圾"，时效性是消息的一个鲜明的标签。

（四）简洁性

在消息中，通常采用较小的篇幅，以精练的语言来叙述事实。所以，消息文体往往内容单纯，言简意赅，可在极为简短的文字中展示出极为充实的内容。

中国铁路总公司：端午假期期间全国铁路预计发送旅客 4 460 万人次

中国日报5月27日电（记者 罗×）中国铁路总公司5月27日发布消息称：为期4天的2017年端午假期铁路旅客运输于5月27日正式启动，全国铁路预计发送旅客4 460万人次。其中，5月28日将是端午小长假客流最高峰，预计发送旅客1 270万人次，比去年最高峰日增加142万人次，同比增长12.6%。

从车票发售情况看，假日期间，北京、上海、青岛、西安等城市客流较为集中。

三、消息的文体结构与写法

消息的文体结构通常包括标题、导语、主体、背景、结语五部分内容。关于它们的具体说明如下。

（一）标题

标题是消息的重要组成部分，被称为"新闻的眼睛"。标题既可以提示消息内容的精华，又可以吸引读者的注意力，从而起到自我推销的作用。所以，消息的标题应该简洁明确，同时也要醒目新颖，帮助读者迅速理解报道的事实，刺激读者的阅读渴求。

消息的标题有主题、引题和副题三种类型。

主题（正题），也称母题、大标题，是标题的骨干和核心，可以高度明了地概括消息的核心内容。引题（眉题），又称肩题，位置在正题之上，一般用来交代背景，烘托气氛。引题一般多作虚题。副题（次题），又称子题、副标题，位置在正题之下，一般用于补充说明主标题，提示报道的结果，或者作为内容提要。副题一般多作实题。

标题的呈现一般有单行标题、双行标题和三行标题三种形式。

(1) 单行标题只有一行主题（正题）。

(2) 双行标题是引题和主题兼用，或是主题和副题并用。

(3) 三行标题是主题、引题、副题全备。

通常情况下，引题、正题和副题的使用应根据消息本身的分量和传播的需要来选择，重要的、重大的消息应"三题俱全"，普通的或简短的消息则不必强求标题的组合性。

例如，对于我国首个货运飞船"天舟一号"的报道，就采用了主题、引题、副题俱全的组合形式：

我载人航天第二步收官在即
"天舟一号"发射升空
中国空间站建设揭开新篇章

（二）导语

导语是消息的开头部分。通常是以一段非常短小的文字对事件中心所进行的高度概述，从而吸引读者阅读下面的主体部分。导语是消息的精华和灵魂，是消息最重要的开场白，是一则消息中最有价值、最精粹的核心部分。所以，导语在新闻消息中担负着统率全文的任务。

导语虽然位居新闻报道开篇之首，但其形成往往是总揽全篇材料和内容之后概括和提炼的结果。一般来说，较长的消息，第一自然段是导语；较短的消息，第一句话是导语。

1. 导语的类型

导语的写作最忌讳的是空泛、冗长和公式化。导语语言要求精练生动，所报道的消息要新鲜确实。西方新闻界曾规定导语不得超过21个字。

导语的写作在本质上强调直入主题，但是这并非所有的导语都只能是千篇一律的"开门见山"模式。所以，为适应报道的题材和主题，丰富报道文体的写作形式，满足读者多样化的阅读需求，消息导语也允许有一些变化。

导语有如下的写作类型：

（1）直接性导语，即"开门见山"式。直接写出消息中最主要、最新鲜的事实。这种导语最为常见，也最为典型。

（2）延缓性导语，多为解释性、说明性，常为延缓性消息设置气氛。

2. 导语的形式

（1）叙述式，以摘录或综合的方法，将核心事实简要地写出来。

（2）描写式，对主要事实或重要侧面进行简洁而形象的描写，以创造特别的气氛。

（3）提问式，把要解决的问题或要介绍的经验做法以设问的形式先行提出，造成悬念，然后再用事实加以回答，以引起读者的关注和兴趣。

（4）结论式，先做出评论性结论，然后再用具体事实来阐明，以提示报道该事物的意义或目的。

（5）引用式，引用消息中人物深刻而富有意义的语言作为导语，以彰显其特殊之处。恰当引用"掷地有声"的"点睛"之语，能起到一语胜千言之效。

此外，还有号召式、摘要式、评论式、综合式、解释式等导语形式。具体采取何种类型或样式的导语并不是最主要的问题，最根本的是要根据消息的素材与题材的实际情况来安排。

（三）主体

主体是消息的主干部分。它承接导语，并对导语内容进行具体阐述，是导语内容的具体化。

导语的目的是开宗明义，主体是用具体、典型的材料回答导语提出的问题，目的是揭示主题。所以，主体必须围绕导语展开消息的内容。

标题、导语、主体从标题至导语，再到主体，叙述同一新闻事件，三次重复。标题第一次用一句话报道新闻事实，起索引作用；导语第二次叙述同一新闻事实，补充标题吸引读者；主体第三次叙述同一新闻事实，补充导语打开包袱。这表面的"三度反复"，实际是"三度统一""三度递进"。标题、导语、主体三者在同一个新闻事实的基础之上、各自在一个最佳的角度上叙述，凸显消息写作的整体性和连贯性。

主体一般由两部分的内容构成：一是对导语的内容，用事实做进一步的具体阐述和回答，使导语内容更为清晰和详尽；二是用附加的材料来补充说明导语中未涉及的新闻内容，使消息的主题更为明确充实。

主体部分的结构有以下三种形式：

（1）按照事实的前后次序写作。依循时间顺序步步推进，层层深入，展示事实的全过程，也可以由远及近地倒叙。

（2）按照逻辑顺序写作。根据事物的内在联系和问题的逻辑层次，通过展示点面关系、并列关系、因果关系、主次关系完成叙述。

（3）按照时间顺序和逻辑顺序的结合写作。由于消息体裁要求短小、单纯和简洁，特别是动态消息，不适合做过多的分析渲染和叙述描写，一般不宜采用这种时间顺序和逻辑顺序相结合的方式写作。

（四）背景

背景是指消息中事件发生的历史环境和原因。

背景说明事件发生的具体条件、性质和意义，旨在帮助读者全面理解消息的内容与价值。所以，背景为充实内容，烘托和深化主题服务。

背景的位置不固定。可以在主体部分体现，也可在导语或结尾部分体现。

背景材料一般分为三类：

（1）对比材料，即对事物进行前后、正反的比较对照，以突出事件的重要性。

（2）说明性材料，即介绍政治背景、地理位置、历史演变、生产面貌、物质条件等。

（3）诠释材料，即人物生平的说明、专业术语的介绍、历史典故的解释等。

虽然背景可以被认为是对事实的"解释"，但"解释"不应以议论的形式出现，而要确保解释本身就是事实，即用事实去解释，因此，新闻背景也被叫作"事实背景"。

（五）结语

结语也叫小结，是消息的最后一段或一句话。

结语用于阐明消息所述事实的意义，使读者对消息的理解和感受加深，从中得到更多的收获。

消息的结尾主要有小结式、启发式、号召式、分析式、展望式等形式。

写作指南

一、消息的写作技巧

（一）明确新闻五要素

写作消息的目的在于回答读者的问题。通常读者对于某个新近发生的事实，最关心的有五个方面：when（何时）、where（何地）、who（何人）、what（何事）、why（何故），这五个方面的信息被称为新闻的5W要素。后来随着调查性报道的出现，也有学者认为应该再加上一个H，即how（如何），构成新闻的5W+H六要素。

但总体来说，19世纪80年代以来，新闻界仍然以新闻五要素作为写作的重要原则之一。一篇完整的消息，通常还是要包含五要素，而其中最重要的是何时、何事与何人，其他要素可按所叙述事实的性质进行取舍。总之，是否具备新闻五要素，是衡量一篇消息质量最基本的标准。

(二) 安排消息的结构

如何呈现新闻五要素的内容，这就需要对消息结构的设计。迄今为止，消息的最佳形式是"倒金字塔"式。这种结构是将最重要、最精彩、最吸引人的新闻事实摆在最前面，按重要性依次递减地安排段落。

第一，标题用来概括消息中最主要的事实，内容重要程度最高；第二，导语用来揭示新闻的主要内容，通常是消息开头的第一句话或第一自然段，内容重要程度仅次于标题。第三，主体是对导语的进一步扩展，属于消息的躯干部分，常用充分的事实表现消息主题，内容重要程度次于导语。第四，背景是新闻发生的环境或条件，内容重要度低于主体。第五，结语用来交代新闻事件的结果，可视具体情况而省略，重要程度最低。

消息的这种安排方法，照顾了读者的阅读心理和接受新闻的诉求，可以最大限度地提升报道的实际效果。所以，"倒金字塔"式结构也被称为"吊胃口"式。

1. 标题的结构方式

新闻写作中，有"三分之一时间写标题，三分之一时间写导语，三分之一时间写主体"的说法。同样的时间分配比例下，标题内容最短，这意味着其重要程度最高。

消息标题通常必须包含两种要素：何人做何事，其他要素可以根据需要酌情加入。但标题的文字应力求简洁、准确。

例如，《特朗普上任后首访中东地区　不忘向伊朗施压》(2017年5月22日，来源：新华网)，《沈阳向黑臭水体"全面开战"》(2017年5月22日，来源：沈阳新闻网)。

2. 导语的结构方式

消息的导语写作应该简单易读，要求要抓住事情的核心，营造适当的气氛，吸引读者愿意读下去。导语的结构包括四种要素：when(何时)、where(何地)、who(何人)、what(何事)。

例如，《"5月起磁条银行卡停用"是误读》(来源：2017年5月22日，人民网)的导语："磁条卡容易被不法分子复制盗刷，芯片卡信息存储更安全。5月1日后，关闭的是芯片磁条复合卡的磁条交易功能，纯芯片卡和纯磁条卡的使用均不受影响。"

例如，《咖啡烫伤顾客　星巴克被判赔10万美元》(来源：2017年5月22日，网易新闻)的导语："美国佛罗里达州一名女子被一杯盖子突然脱落的星巴克咖啡严重烫伤，陪审团要求这家连锁咖啡巨头赔偿10万美元(约合68.8万元人民币)。星巴克公司表示考虑上诉。"

3. 导语写作误区

(1) 罗列式导语。某活动由多家单位主办，所以往往有在导语中将这些单位名称全部罗列出来的情况，导致导语啰唆、臃肿。这种情况写出主要的参与单位即可。读者关心的是这场活动，不是有哪些单位；如果非要出现，可在消息结语部分提及。

(2) 目的型导语。将新闻事实要实现的所有目的都写入导语，导致导语膨胀冗赘，不堪重负。

(3) 背景型导语。导语应开门见山，而背景材料属于"背景"结构，不应出现在导语部分。否则，不仅内容说不清楚，而且也容易使读者疑惑。

(4) 术语型导语。将学术性强的专业名词、术语写入导语，会导致读者无法理解消息的主要内容。应该将专业术语转换为通俗易懂的语言形式。

（5）数字堆砌型导语。导语内数字过多，导致数字淹没新闻事实。不宜在导语中使用大量统计数字，如果必须出现，也应尽量使数字表达形象化。

（6）超长型导语。导语过长会失去概括性，通常在三行80字内，不宜超过150字。

（7）与标题重复型导语。与标题重复的导语，会导致消息内容重复啰唆，结构层次混乱。

（三）主体的结构方式

主体是消息的主干部分，紧接在导语之后，用于对导语进行具体全面的阐述，展开导语所概括的内容。通常应按"时间顺序"或"逻辑顺序"行进结构安排。主体的结构与导语相同，也包括四种要素：when（何时）、where（何地）、who（何人）、what（何事）。

主体的写作需要注意以下三方面：

（1）紧扣导语。由于消息主体部分所涉及的素材较多，而受到文体篇幅的局限，必须对这些素材进行取舍。取舍的主要标准就是导语，应围绕导语确立的主题来选择素材。

（2）段落分明。在消息的结构中，主体所占的篇幅最大。主体必须有丰富的内容、合理的层次。主体的写作力求段落清晰，层次分明。可以分成若干段落，每一段落只陈述一个意思，彼此不交叉糅杂。段落宜短不宜长，段落之间过渡自然。

（3）灵活生动。消息写作虽然以叙述为主，但主体部分应该是具体而生动的内容。基本为叙述形式，酌量辅以灵活的描写和生动的铺陈，使消息的主体部分具有更大的吸引力和更好的传播效果。

（四）背景的结构方式

背景主要指事件的历史背景、周围环境及其与其他方面的联系等，往往起到衬托与深化主题的作用。

交代消息的背景，可以帮助读者更加深刻地理解新闻的内容与价值。背景的结构主要指向一个新闻要素：为什么。

背景的三种作用：一是说明新闻事实起因；二是帮助读者理解新闻事件的重要性；三是突出消息的新闻价值。

背景的四种类型：人物背景、地理背景、历史背景和事物背景。

（五）结语的结构方式

新闻的结语通常不涉及新闻五要素，在消息中起到总结和展望的作用。结语包括小结式、启发式、号召式、分析式、展望式等类型。

消息的各个部分组成的是一个有机的整体，任何一个环节的失误，都有可能导致全篇的失败。消息的结语是与读者受众告别的地方，一般并不提供主要的新闻事实，但也不应违背消息的基本特点。

常见的结语写作误区：记者发表主观评论，拖长篇幅画蛇添足，内容干瘪空泛。

二、消息的文体种类

消息的文体种类较为常见的有动态消息、综合消息、典型消息、述评消息、特写消息及图片消息等。

（一）动态消息

动态消息也称动态新闻，能够快速、及时地报道国际国内的重大重要事件。此类消息很多属于简讯，即短讯或简明新闻，内容更加单一，文字更加精简，常常一事一讯，篇幅极为短小。

（二）综合消息

综合消息也称综合新闻，是综合反映带有全局性情况、动向、成就和问题等消息报道。

（三）典型消息

典型消息也称典型新闻，是对某部门或单位的典型经验的专门报道，往往具有宣传引领的作用。

（四）述评消息

述评消息也称新闻述评，除具有一般动态消息的特点外，在陈述新闻事实的同时简要表达作者的观点。以报道的事实为主，以评议事实为目的，往往是述多于评。常见的形式有记者述评、时事述评。

（五）特写消息

特写消息也称目击式消息、情景消息，对事情的发生或人物活动的现场进行精准而生动的描写，力求形象再现事实。这类消息用电影艺术的特写手法进行写作，可以单独报道某一重大事件或是作为重要人物报道的补充。

（六）图片消息

图片消息是以事件照片配合文字说明的报道形式。这种形式，图文结合，一看即知事实，有如临其境之感。近年，这种图片消息的应用渐趋广泛。

写作指南

消息写作的常见误区如下。

一、标题弱化

读者在阅读消息时，消息的标题往往是最先看到。醒目而新颖的标题会立刻抓住读者的注意力，吸引读者去读消息正文。反之，不能体现消息正文内容的标题，即是被弱化了的标题，往往导致读者失去阅读正文的兴趣。

消息标题的撰写工作应当受到重视。在消息的写作中，应力求按照创新、贴切、准确、精练的原则拟订标题。

二、角度不合理

消息作为一种新闻体裁，一直担负着及时报道的职责。由于其时效性较强，因此在消息写作的过程中，往往会出现"时间紧，任务重"的窘境。这种情况下，如何取舍素材，主要依据作者的采写角度。

例如会议新闻，有多少单位与会、有哪些领导出席会议等，这些并不是要点；会议中出台的重要举措和所强调的工作导向，才是报道的要点，这才是采写角度。如果采写角度不合理，就无法发掘出新闻事件中最有价值的新闻要点，致使报道的内容变成一篇大而无当的杂烩。

三、贪大求全

消息写作强调重点突出，主次分明。如果想把新闻事件中各方面内容全面地反映出来，写作消息时就不得要领地堆砌罗列素材，是陷入贪大求全误区。消息不是工作总结或者事件记录，要紧扣新闻五要素，对素材进行选择。

例文赏读

例文一

特朗普当选新一届美国总统　希拉里承认败选

新华社华盛顿11月9日电　充斥丑闻和争议的2016年美国总统选举8日举行。截至当地时间9日凌晨的初步统计结果显示，共和党总统候选人唐纳德·特朗普击败民主党总统候选人希拉里·克林顿，当选新一届美国总统。

根据初步统计结果，特朗普已获得279张选举人票，超过胜选所需的270张。

尽管美国主流媒体和选前的各类民调普遍看好希拉里，但选民用选票表达了不同声音。

希拉里9日凌晨致电特朗普承认败选。

资料来源：新华社.

例文二

"一带一路"高峰论坛今开幕　看点、亮点全在这里

2017年5月14日上午，"一带一路"国际合作高峰论坛正式拉开帷幕。本次论坛看点颇多，其中，这五大看点更是不容错过。

看点一：此时举办高峰论坛有何深意？

"这是一个关键节点的推进性举动。在这个时间节点召开高峰论坛有承上启下的作用，既总结以往经验，更是为了规划未来，为更深层次合作奠定基础。"中国国际问题研究院常务副院长阮宗泽说。

"一带一路"倡议提出3年多来，取得了丰硕的早期收获，目前已得到世界上100多个国家和国际组织的响应和支持，中方已与40多个国家和国际组织就共建"一带一路"签署了合作协议。

看点二：与会嘉宾阵容有何讲究？阵容强大的与会嘉宾是本次高峰论坛的一大看点。

"与会嘉宾涵盖了五大洲，有政要、官员、专家学者等各界人士，充分说明了中方倡议得到的积极响应，也体现了本次论坛的开放包容。"阮宗泽说。

据悉，出席论坛活动的除29位国家元首和政府首脑、多位国际组织负责人，还有130多个国家的约1 500名各界贵宾。

中国社科院亚太与全球战略研究院院长李向阳认为，让更多国家和各界人士参与论坛，有利于凝聚共识、形成合力，对共同推动"一带一路"建设有重要意义。

看点三：未来国际合作看将有何新举措？（略）

看点四：中国自身将有何新收获？（略）

看点五：百姓将有何看点获得感？（略）

可以预见，随着"一带一路"建设的不断推进，沿线国家往来将更便利，说走就走的旅行不是梦想；贸易将更畅通，货架上多了更多价廉物美的选择。

人文交流将更密切，剧院、图书馆、博物馆、美术馆将提供更丰富的精神食粮。

资料来源：央视网．

例文三

辽宁省消协：警惕"返青粽子"

沈阳晚报、沈报融媒讯（主任记者 张×）选购有包装的粽子时要仔细查看标签及包装；消费者在购买粽子时，不要把粽叶的颜色是否鲜绿当成选择新鲜粽子的标准之一，防止购买"返青粽子"……为了让消费者买到吃到健康的粽子，5月22日，辽宁省消协发布端午消费提示。

1. 看外观：消费者要选购包装完好，形态完好的粽子，对于真空包装的粽子，要查看是否有漏气或鼓气现象。

2. 警惕"返青粽子"："返青粽子"就是用"返青粽叶"包出来的粽子。这种"返青粽叶"是采取化学染色手段，在浸泡粽叶的时候加入了工业用的硫酸铜，让已经失去原色的粽叶返青，这样会使得粽子表面看上去色泽光鲜、翠绿，人吃了这种粽子可能导致铜中毒。所以，消费者在购买粽子时，不要把粽叶的颜色是否鲜绿当成选择新鲜粽子的标准之一。

3. 食用要适量：粽子主要原料是糯米，不易消化，少量食用不会对消化系统有什么伤害，但如果食用过多容易引起腹胀。

资料来源：沈阳晚报，沈阳网．

例文四

首届沈阳创意设计周收官　创意设计大赛大奖有主

中新网沈阳5月22日电（记者沈×）首届沈阳创意设计周闭幕式暨首届沈阳创意设计大赛颁奖礼，5月22日在鲁迅美术学院举行，首届沈阳创意设计周活动圆满收官。

首届沈阳创意设计周由中共沈阳市委宣传部、市文化广电新闻出版局、市服务业委员会、市经济和信息化委员会、和平区人民政府共同主办，主题为"为城市创意设计"。

一周时间内，高等院校、文化企业等70余家创意设计单位组织了异彩纷呈的创意设计活动，并邀请到众多国内外创意设计精英莅临各类论坛，搭建起创意设计机构与产业融合的高端展示和贸易平台，分享交流最前沿的城市创意设计资讯，加快实现由"沈阳制造"向"沈阳创造"转变。

在开幕式举行的高峰论坛上，联合国教科文组织文化管理组主席、国际艺术管理协会主席弗朗索瓦·科尔伯特领衔国内外"大咖"创意论剑。活动期间，举办了首届辽宁省室内设计高峰论坛，辽宁省土木建筑学会室内设计师分会正式成立；秉承德国红点62年国际品质的"中国好设计"奖获奖作品沈阳巡展在和平区荣宝斋沈阳分店亮相，吸引众多观众前来参观；来自尼泊尔的演出团在和平区沈水湾公园的云飏阁及北市场开展了文化交流活动，展示了"一带一路"上百花齐放的文化魅力，为创意设计周带来诸多惊喜和源源不断的创意。

据悉，首届沈阳创意设计大赛共收到来自社会各界的有效作品700余件，经过评审专家的严格筛选，最终鲁迅美术学院王琬婷设计的《一叶扁舟》获工业设计组一等奖；鲁迅美术学院郝佳设计的《新式山村改造》获室内外空间及景观园林设计组一等奖；文化创意产品组一等奖空缺。获奖作品在闭幕式现场进行了展示，让观众眼前一亮。

获奖后，郝佳非常激动，她说，感谢创意设计大赛，让爱好和从事创意设计的人们有了交流的路径和平台，更让我们这些学生有了展示才华的舞台，让我们开阔视野、增长见识。她祝愿沈阳越来越富有创意和艺术气息，成为年轻人聚集留恋的现代化大都市。

首届沈阳创意设计周期间，首届沈阳艺术高校毕业季系列活动、校园文化创意产品大赛、网络让校园创意无限活动、建筑与规划获奖作品展、现场创意创作、亲子手工DIY风筝创意、晚八点文化创意、淘书大会、音乐赏析和线装书装订等活动精彩纷呈。另外，第七届中国·沈阳古玩艺术品春季博览会在和平区鲁园古玩城举行。各种极具特色的活动创造出不一样的生活情趣，改变了人们对生活的理解。

主办方表示，通过首届沈阳创意设计周，创意设计力量正在为沈阳产业结构转型升级启动创新引擎，为文化创意产业发展注入强大内生动力，使创意设计走进百姓的日常生活，让生活充满更多便捷和乐趣。

资料来源：中国新闻网.

例文五

交通部：引导共享单车有序停放 鼓励免押金上保险

2017年5月22日，交通运输部发布《关于鼓励和规范互联网租赁自行车发展的指导意见（征求意见稿）》，鼓励共享单车免押金和为用户上保险。

目前，共享单车在国内发展迅速，已经成为全国30多个城市短途出行的重要工具，但也带来诸多问题，例如车辆乱停乱放、车辆运营维护不到位、企业主体责任不落实、用户资金和信息风险安全等。

对此，交通部征求意见稿要求各城市制定规划，引导共享单车有序投放和停放，推广运用电子围栏等技术；同时要求共享单车企业实行用户实名制，禁止为12岁以下儿童提供服务，并鼓励采用免押金方式提供租赁服务，为用户购买人身意外伤害险和第三者责任险，保障用户和其他人员人身安全。

目前，用户实名制、免押金、上保险等作法已成为行业趋势，大部分单车企业及机构已在实行，例如，ofo小黄车的车身明显位置已经贴上"12岁以下儿童禁止骑行"的标志，小蓝单车、永安行等单车早在3月就宣布接入芝麻信用，不同城市的用户可根据自己不同的芝麻分获得免押金服务，而支付宝超过4.5亿的用户已全部实名。

蚂蚁金服向《经济参考报》的记者介绍，目前已经有9家共享单车接入了旗下芝麻信用，实行信用免押金，按照芝麻分值在不同地区进行减免押金，利用芝麻分获得免押金服务的已有数千万人次。

芝麻信用还透露，由你单车、迪呗单车和ddbike三家共享单车服务商也正在引入芝麻分，最快或将在5月内上线。

根据交通部的征求意见稿，目前共享单车企业凡是对用户收取押金、收取预付资金的，应实施专款专用，接受监管。据了解，支付宝从4月29日开始上线扫一扫解锁共享单车功能，并已为数千万次骑行投保了意外险，不到一个月，国泰产险已为支付宝用户在线成功理赔9起，其中最快的理赔只用了4个小时。

据不完全统计，目前全国有共享单车运营企业30多家，累计投放车辆超过1 000万辆，注册用户超1亿人次。根据调查机构的数据显示，目前社会最关心的共享单车三大问题：共享单车乱停乱放损坏率高、用户需要重复交纳押金以及出现安全如何保障。业内普遍认为，随着相关政策的出台以及中介机构的加入，上述问题有望得到妥善解决。

资料来源：经济参考报．

例文六

流汗不流泪　2 000名大学生用汗水告别四年的大学校园

中国青年网赣州5月16日电（通讯员冯×）　一场热泪抑或是一场酒会？你会用怎样的方式告别你的校园？5月14日上午，赣南师范大学校园内充斥着毕业生的呐喊，洒满了青春的汗水。"今日我以地理为荣，明日地理以我为荣""最美的遇见，我的赣师大"，响亮的口号声回荡全校，这是赣师大毕业生送给母校的母亲节礼物，也是他们送给自己毕业的礼物。

2 000多人相聚在青春广场，领取活动手环，相约跑过体育学院、穿过蓝色海洋田径场以及他们四年来走过一遍又一遍的地方。中途设置毕业纪念板、学生证合影板、"写给赣师的话"征集板、毕业嘉年华四处毕业合影点，大家纷纷在这些地方留下自己最美的记忆。

"不知为何，今天一路跑过来心里总有些沉重，步子也一点点压下来……我希望将自己最美的样子留给自己生活了四年的校园。"数计学院毕业生杨琳在毕业纪念板旁合影后说。

一路上，汗水浸透衣衫，他们的毕业季"流汗不流泪"。站在终点的他们，嘴角也扬起了微笑，笑着拥抱在一起，亦如初见。带着微笑来到这里，也带着微笑走出这里。

活动组织者介绍道："奔跑是一种健康的生活方式，代表了赣师人特有的精气神，也有利于引导学生养成积极阳光向上的生活习惯，从另一种角度来说，毕业生环校跑是给毕业生的一份礼物，也是给赣师大的一份礼物，再次奔跑，再次拥抱，再次相遇。"

13级毕业生谢品跑完后深情地说："路过的每一个点，都能找到自己曾经的身影。最后一次用汗水拥抱母校，祝福自己，祝福母校。"

化工学院13级材料化学专业班主任李亿保老师也全程陪伴学生一起奔跑，他对毕业生们说："孩子们，正青春，努力奔跑吧，做个阳光健康青年。毕业是个新起点，去追逐你们的梦想吧！"

据悉，本次环校跑以"我的大学：梦想起航的地方"为主题，不以竞技为目的，旨在为毕业生营造良好的离校氛围，是首次组织毕业生为赣师大奔跑，参与者除了学校2017届毕业生，还有学校的领导老师以及非毕业生，活动参与人数超过2 000人。

资料来源：中国青年网.

例文七

新华时评：让"光盘行动"驰而不息

端午佳节之际，不管是外出就餐还是家中小聚，三五亲友把盏餐叙之前不妨互相提醒，吃到光盘才文明，勤俭节约是美德。

2013年1月，习近平总书记曾针对"舌尖上的浪费"现象做出重要批示，要求大力弘扬中华民族勤俭节约的优秀传统，努力使厉行节约、反对浪费在全社会蔚然成风。

在习近平总书记批示精神指引下，一些网友自发组织起"光盘行动"，号召人们杜绝餐桌上的浪费。4年多来，"光盘行动"由线上而线下，得到政府部门大力支持，逐渐成为人们的自觉，厉行节约日益成为社会共识。不少地方餐饮业为把这一行动引向深入，推出了可以点"半份菜"等创新服务，让"舌尖上的浪费"明显减少。

这些好的做法值得称道，应该长期坚持。然而，近期有群众反映在一些地方铺张浪费现象仍然存在，"半份菜"从一些原本有此服务的饭店的菜单上消失了，"点一桌剩半桌还不打包"的情况也有发生。

这说明，"光盘行动"要深入人心、自觉自愿还需要持续加力。要着眼于让"光盘行动"成为驰而不息的目标，设法留住这些好的做法。

首先，要让简约精致不浪费成为新的餐饮时尚。有关部门应借助各种社交网络平台"广而告之"，进一步把节约树立为一种健康的生活方式。不论在饭店，还是在学校、机关、部队的食堂，每一个人都应该成为这种健康文明饮食理念和生活方式的积极倡导者、践行者。

其次，餐饮业经营者要按照商务部、国家旅游局相关规定，建立节俭消费提醒提示制度，并在营业场所醒目位置张贴节约标识，贯彻节约用餐、文明用餐标准，还应主动提醒前来就餐的顾客"餐前少点、吃完再点、剩餐打包、避免浪费"。

此外，有关部门还可借助市场化手段和"互联网+"理念，引导餐馆饭店积极开展"数字光盘行动"，帮助他们通过分析客单大数据、优化供应链，减少采购、物流、储存等环节的浪费。

端午节自古有挂菖蒲、饮雄黄，驱邪避秽、防病除疫的传统。这个端午，不妨让勤俭节约的传统美德与追求健康的寓意完美相遇，让绿色理念深入人心。（记者 孙×、潘×）

资料来源：新华社.

例文八

除了弹钢琴的普京，"一带一路"论坛还有谁抢镜？

昨天到今天，"一带一路"国际合作高峰论坛在北京举行。

29位外国元首、政府首脑及联合国秘书长等3位重要国际组织负责人，以及来自130

多个国家的约1 500名各界来宾,齐聚雁栖湖,共商大计。

这么多外国来宾,要想出彩可不容易。外事儿注意到,但就有那么几位外国来宾,在众星云集的会场"成功抢镜"。

古特雷斯自拖行李箱

这次论坛,新任联合国秘书长古特雷斯也来了,一个细节让这个"正球级"领导人实力圈粉。

据联合国官微的消息,5月13日早上,古特雷斯抵达北京,开始对中国进行为期三天的访问。这位68岁的联合国秘书长,走在北京首都机场的通道里,自己拖着行李箱。

这个细节也获得了网友的点赞,网友纷纷评论称——"这么大个领导,没人帮忙拿行李吗?""自己拉箱子,好廉政啊!"

这是就任联合国秘书长后,古特雷斯首次访问中国。

首次访华,他还收到了一份特别的礼物。5月13日,古特雷斯与国务委员、公安部部长郭声琨举行会晤,就维和事业和反恐行动交换了意见。会晤后,郭声琨送给古特雷斯一幅金牛图,为什么呢?原来,古特雷斯属牛,连星座也是金牛座。……

普京即兴弹钢琴圈粉

普京在"一带一路"论坛开幕式上致辞后,前往中南海与习近平举行双边会晤。在等待会晤时,普京坐在钢琴前弹奏了两首钢琴曲,一首是《莫斯科之窗》,另一首是《涅瓦河畔的城市》。

外事儿注意到,普京是即兴弹钢琴的,他先弹奏了一段《涅瓦河畔的城市》,停顿了一下,就开始弹奏《莫斯科之窗》。这样不经意地"秀才艺"果然又让他圈粉无数,相关微博在网上点赞超过4.2万次,网友们纷纷表示,普京真是能文能武,可谓是"全能王""开挂般的存在"。……

此前,普京就已经凭借几乎满格的技能条征服一众网友了。

大家都知道普京热衷运动,他不仅是柔道黑段,骑马、滑雪、射击、开赛车、开战斗机也是样样精通。就在上周,5月10日,普京在索契出席一场冰球赛时,还亲自下场,参加了表演赛。他一个人独得7分,帮助所在的球队以17比6大获全胜。

俄罗斯国防部长绍伊古此前也曾表示,普京常常想要学习一些新东西,然后就去学习,他是个全能的人。

白俄罗斯小王子"长高了"

2015年阅兵式上那个萌萌哒的白俄罗斯小正太这次也来了,还给彭丽媛带了礼物。

昨天晚上,习近平主席在人民大会堂举行欢迎宴会,白俄罗斯总统卢卡申科携带儿子尼古拉参加。在人民大会堂举行会见时,尼古拉穿着银灰色西装,手里拿着一个绿色小盒子。跟习近平主席握手的时候,习近平主席用左手拍了拍他的肩膀,笑着说,"长这么高啦?"还伸出手来比画了一下,说"超过我了"。

随后,彭丽媛也准备跟尼古拉握手,但尼古拉急着展示礼物,连握手都忘了。他把盒子打开,把里面一个精美的礼品拿出来,做了介绍,然后送给彭丽媛。彭丽媛收下礼物,还跟他进行了非常有爱的贴面礼,跟两年前在阅兵式上一样。

外事网发现,尼古拉是会见中唯一一个自带礼物的,看来,他跟彭丽媛已经很熟悉了。

在随后来宾一起走向宴会厅时，他就站在彭丽媛身边，很开心地边走边聊。

算起来，尼古拉今年应该是13岁。当年的金发小王子变成了长腿小帅哥，看来，网友们可以期待下一个政坛小鲜肉了。

资料来源：外事网.

例文九

2017年5月21日，辽宁省阜新蒙古族自治县大固本镇八大王庙村的农民在准备浇地。辽宁省3月份以来出现的大面积干旱仍在持续。记者从辽宁省防汛抗旱指挥部了解到，辽西锦州、葫芦岛、朝阳、阜新等地区无有效降雨日已达70天。全省农田缺墒面积1 470.95万亩，农作物已播种（插秧）面积比去年同期减少1 488.43万亩，春播进度受到影响。

资料来源：新华网.

例文十

阿里巴巴在美国上市以后　马云成为中国的首富

据彭博社的数据，马云净财富达到219亿美元，成为中国的首富。如果从全球来看，马云身价全球排行能排到第几呢？数据显示：马云现在已经跻身全球50大富豪之列，排名第34。从长远来看，马云的资产增长还有很大的空间，全球排名还会快速靠前。

能成为中国首富，相信很多人都非常羡慕马云。但马云自己并没有太在意，马云表示对个人在财富上的成功没什么感觉，最幸福的日子还是一个月能挣90元的时候。当你超过一个亿资金的时候，这代表了别人对你的信任，那么多人给了我信任，我们需要把钱花得更有效、更有价值。确实，当钱已经足够多，对于有钱人来讲，钱只不过是一个符号，因为他们的钱根本没有花完的可能性。

思考题

一、简答题
1. 消息与信息有什么区别？
2. 消息的标题有几种？
3. 导语写作有哪些误区？请举例说明。

二、写作题
根据下面所给材料拟写一篇结构完整的消息。

5月22日，《南极条约》协商会议首次在中国召开。作为负责任的大国，我国正以积极的姿态参与南极事务。中国的南极考察历史仅有短短的33年，但这33年来，我国向极地考察强国的目标不断迈进。1984年，中国首支南极洲考察队成立。队长郭琨率领考察队员奔赴南极，仅用40天就建成长城站。此后，我国相继建成了中山站、昆仑站和泰山站，如今，第五个中国考察站也已经在罗斯海地区完成规划选址，即将开建。

2017年1月8日，我国首架极地固定翼飞机"雪鹰601"成功降落南极冰盖之巅，我国南极科考的"航空时代"由此来临。"雪鹰601""雪龙号"科学考察船和4大考察站将中国在南极的科学空间大大拓展，极地—海洋观测系统平台初步形成，正如第33次中国南极科考领队孙波所言，"中国极地考察进入了海陆空立体化协同考察的新纪元"。33年来，我国在南极科考中初步建立了一支门类齐全、体系完备的科研队伍，组建了一批重点实验室。目前，我国南极陆基考察在国际科学刊物发表论文数量位居世界前列，回收陨石12 000多块，位居世界第三。

据国家海洋局极地考察办公室主任秦为稼介绍，目前，我国已与美国、澳大利亚、新西兰等国签订了有关南极合作的双边协定或备忘录，积极践行《关于环境保护的〈南极条约〉议定书》等相关国际公约要求，注重环境管理，保护南极环境。目前，中国已在有40多个国家参与的南极条约体系中，发挥着越来越大的影响和作用。国家海洋局局长王宏表示，下一步，我国将加快建立覆盖包含南北极在内的全球海洋立体观测网，构建国际合作平台，大力推动极地考察向更深程度、更广范围、更高层次迈进。

资料来源：光明日报.

第二节 新闻专稿

必备知识

一、新闻专稿的含义
新闻专稿是一个集合概念，是指新闻媒体中除消息以外的所有报道性作品的总称。

二、新闻专稿的特点
(1) 形象性生动形象的材料，除了要"用事实说话"，还要"用形象感人"。

(2) 主观意识与个人风格。
(3) 表现手法多样。

写作指南

由于新闻专稿属集合概念，包括通讯、特写、速写、深度报道、调查报告、人物专访等，也包括现场直播、录音专访、实况剪辑广播讲话等报道形式。其中，通讯和特写两种文体较为常见。

一、通讯

（一）通讯的含义和特点

通讯，是运用多种表现手法，具体报道新闻事实的一种新闻体裁。

通讯在报纸、通讯社和广播电台中应用较为广泛，是新闻报道的重要文体。

它和消息一样，要求及时、准确地报道新闻事实，但报道的内容一般要比消息更深入、更系统。

通讯与消息相比，具有以下特点：

(1) 通讯的内容容量较大，涉及范围较广，取材全面；
(2) 通讯讲究结构的开阖变化，文意起伏；
(3) 通讯的表现手法多样，可以使用叙述、描写、说明、抒情和议论等形式，具有感情色彩或理论色彩；
(4) 通讯对时效性的要求较为宽松。

（二）通讯的种类

通讯的类型一般有两种分法。一种是按照报道的内容，分为人物通讯、事件通讯、工作通讯、风貌通讯；另一种是按照报道的形式，分为记事通讯、专访、特写、小故事、集纳、巡礼、速写、侧记、采访札记等。前者较为常见。

1. 人物通讯

人物通讯以记人为主。将具有新闻意义的典型人物的言行事迹和思想作为报道中心，常取材于近期涌现出来的开拓者、改革家、先进人物、英雄模范、爱国人士、知名学者的先进事迹。

2. 事件通讯

事件通讯以记叙事件为主，一般围绕具有新闻意义的事件进行叙述。通过对典型事件的发生、发展、结局的描述，或反映国内国际的风云动态、重大科学发现，拓宽读者的胸襟、视野；或反映时代前进步伐、社会热点事件，为在建设生活中创造超凡业绩的人物讴歌颂扬；或揭露社会改革中的种种阻力，寻找解决矛盾的办法，推动社会改革的健康发展。

3. 工作通讯

工作通讯又称经验通讯，是报道先进工作经验，或某项工作成就的通讯。通过具体、生动的事例，形象地介绍某种典型经验，分析某项工作进展中的成败得失，概括出具有规律性的经验，因而具有较强的针对性、政策性和指导性。

4. 风貌通讯

风貌通讯也称概貌通讯、旅游通讯，是以介绍某一地域、某一行业、某一单位的基本面貌、风土人情、自然风光、现实生活为主要内容的新闻报道。

这类通讯形式通过点面结合、纵横对比的手法，报道一个地区、一条战线、一个单位、一个方面的风貌变化，来展示时代变化的社会风貌和人们思想境界的精神风貌，点面结合，给人以鸟瞰式的整体印象。

5. 主题通讯

主题通讯又称"集纳通讯"，即围绕一个主题，集中吸纳一组新闻材料而进行报道的通讯。主题通讯与只着重写某一典型人物或典型事件的人物通讯、事件通讯不同，主题通讯需要收集较多的人物和事件。

6. 小通讯

小通讯不仅篇幅短小，而且内容集中，情节性强，又称新闻小故事。小通讯可以通过某个具有连贯性的事件或人物活动的某个片段，生动地展现复杂的人情世态或时代大潮下充满趣味的生活浪花。

(三) 通讯的写法

1. 通讯标题的写法

通讯的标题一般与记叙文的标题比较接近，多数为单行式；也有时使用有副标题，说明报道的对象和新闻的来源。通讯的标题可以追求新颖醒目。

2. 通讯正文的写法

通讯的正文可以分为开头、主体、结尾三部分。

(1) 开头。通讯正文的开头有以下几种常见写法。

① 直入式，是指开门见山地直接叙述人物、事件，以情节的尽快切入来吸引受众。

② 描写式，从新闻现场的环境氛围或人物的形象行为入手，在交代相关人物事件的环境中展开对主体内容的详尽描述。

③ 引用式，通讯的开头，直接引用诗词典故、名人名言，可直接引用新闻事件中人物的语言，这种引用应简明且富有深意。

④ 介绍式，在通讯的开头，介绍新闻事件的缘起、结局或人物的生平、事迹等，能够对主体的展开起总领和铺垫的作用。

⑤ 评议式，通讯的开头，可以针对新闻事件或人物本身的价值、意义、影响等，先做出客观公正的评价，为下文主体新闻事实的叙写定下基调。

(2) 主体。通讯正文是新闻报道的核心部分，是文章的主干。

从通讯的内容来看，叙述单一事实的通讯，多采用纵式结构；而叙述内容较为复杂的通讯，多采用横式结构或纵横结合式结构。

① 纵式结构，即按单纯的时间发展顺序、事物发展的顺序、作者对所报道事物认识发展的顺序、采访过程的先后顺序等来安排层次。在这种结构里，时间发展的顺序、情节展开的顺序、作者认识事物的顺序，成为行文的线索。采用这种结构时，应详略得当，布局巧妙，富有变化，尤其要避免平铺直叙。

② 横式结构，即用空间变换或按照事物性质来安排材料。这种结构概括面广，要注意不同空间的变换，恰当地安排通讯所涉及的各方面的问题。

(3) 结尾。通讯的结尾，收束之笔应该言简意赅、耐人寻味。

通讯的结尾方式，常见的有评议式结尾、引用式结尾、展望式结尾及补充式结尾。

二、特写

（一）特写的含义

特写是截取新闻事实的横断面，进行形象化报道的一种新闻体裁。

特写是新闻通讯的文体之一，是报纸新闻形式的重要组成部分。特写是以描写为主要表现手段，对能反映人和事本质、特点的某个细节或片段，作形象化的"放大"和"再现"处理的一种文体。所以，新闻特写具有天然的镜头感，能以短小精悍的篇幅，展示出极具现场感的、生动活泼的新闻画面，因此具有较强的感染力。

（二）特写的种类

特写是以新短快活而见长的新闻体裁，在增强报道的可读性方面，发挥着越来越重要的作用。特写适合的主题很广泛，主要有以下种类。

(1) 事件特写，再现重大事件的关键性场面；
(2) 场面特写，再现新闻事件的重要或精彩场面；
(3) 人物特写，再现人物的外貌肖像、行为动作及心理状态；
(4) 景物特写，再现有特殊意义或价值的景物；
(5) 杂记性特写，再现各种具有特写价值的新闻事实。

（三）特写的特点

特写由于借鉴了影视的表现手法，将对象镜头化，能产生很强的可视性，所以，人们常被称为"视觉新闻"。

特写的特点有以下三个：

(1) 再现个性细节，具有以小见大的聚焦性；
(2) 再现直观反应，具有如临其境的描绘性；
(3) 再现情理交融，具有生动传神的感染性。

例文赏读

例文一

上海中心的空中园林，上海大剧院邀请观众感受"节气之美"

5月21日，是农历二十四节气中的小满，也是入夏后的第二个节气。周末上海的陆家嘴人流如织。作为上海新的城市地标，上海中心37楼的宝库艺术中心，却是一方分外宁静的天地。一个仿明代园林风格的江南文人庭院在37楼临空而建，名为"半亩园"。这个深藏在摩天大楼里的东方美学园林，今后将成为上海大剧院首个传统艺术教育基地。

上海大剧院在这一天举行了"小满·消夏雅集"，并正式推出传统艺术教育品牌"节气之美"。据悉，"节气之美"自立春开始、至大寒结束，贯穿全年，将推出一系列有关传统文化的开放日、主题讲座、节气沙龙及公益演出等，为更多观众提供传统文化体验。

2016年11月，二十四节气被正式列入联合国教科文组织人类非物质文化遗产代表作名录。上海大剧院选择以"节气"作为标志性符号，也是对中国民俗文化与非遗文化的保护与传承。

上海大剧院总经理张笑丁介绍说，这些年，以京剧、昆曲、民乐为代表的中国传统艺术拥有了一批忠实观众，诸如上海大剧院与上海芭蕾舞团联合制作的芭蕾舞剧《长恨歌》、与上海张军昆曲艺术中心联合制作的当代昆曲《春江花月夜》等，都受到广泛好评和市场佳绩。明年是上海大剧院院庆20周年，上海大剧院因此特别策划推出"节气之美"艺术教育系列活动。

此前的2月，上海大剧院就曾尝试举行了"情话·元宵"主题日，在元宵这天汇集了有关汉礼汉乐、节庆民俗等传统文化的主题活动。

作为"节气之美"的首个活动，当天的"小满·消夏雅集"包括了节气、昆曲、古琴、园林等非遗主题。活动中，上海华师大教授、民俗学家陈勤建和观众分享了"节气"之美的文化传统。

一曲古琴《流水》之后，来自江苏省昆剧院的两位昆剧年轻偶像施夏明和单雯则在古典的亭台间表演了一段《牡丹亭》，并和所有人分享了昆曲的传统之美。

而在6月芒种前夕，"节气之美"将举行"夏日艺术体验日"。此后还将陆续推出用中英两种语言和文化风格演绎《论语》的主题讲座，以及将京剧、昆曲、民乐、评弹、国画等传统艺术和现代生活结合的节气沙龙。

资料来源：澎湃新闻网．

例文二

小小"城隍阁"（现场特写）
—— 从志愿精神看中国风采

一本书横开恰如斗拱飞檐，层层叠叠的书籍错落有致地排出独特的造型，在G20杭州峰会新闻中心的图书赠阅展台前，由一本本收录杭州全景风貌的宣传图书摆成的古典阁楼，引得国内外记者连连驻足。令人意想不到的是，它的设计者正是展台前的志愿者们。

就读于浙江传媒学院的李梦潇是个"95后"，她兴奋地对记者说，"能够来到新闻中心主场馆担任志愿者，我觉得特别自豪！想要尽自己最大的努力为展示中国、展示杭州做些什么！"在得知自己将在图书赠阅展台服务后，李梦潇就和几个小伙伴行动起来，绞尽脑汁地思考怎么在完成好日常展台维护的同时，将展台设计得更加美观，起到更好的宣传效果。她们一边在网上搜索了解各种摆台造型，一边思考怎样融入杭州元素。"因为书的颜色清新淡雅很有古典韵味，再加上本身就是介绍杭州的图书，我们最后决定仿照着杭州的著名景观'城隍阁'完成了这次摆台。现在看来，效果还不错。"李梦潇露出了腼腆的笑容。

再平凡的岗位用心经营也会绽放光彩，志愿服务同样可以因创意而精彩十足。新闻中心的小小"城隍阁"，是忙碌在峰会各个角落的小志愿者们心意和创意的缩影。在他们耐心周到的服务和热情洋溢的笑容背后，是时时刻刻不忘的"主人"意识和展现中国风采的美好愿望。（记者 杜×、张×）

资料来源：人民日报．

例文三

【小特写】铁路春运志愿者

"云南高铁刚刚开通,很多人都第一次坐,我希望能帮助他们,回家之路走得更顺畅一些。"来自云南机电职业技术学院的王浩是一名春运志愿者,从1月23日起,他将服务到除夕前夜。王浩说,当志愿者尤其是春运高铁志愿者是难得的体验,不仅能为他人提供帮助,也能深入了解高铁。"等服务结束我也坐高铁回去,就在曲靖,半个小时。"

毕业于云南民族大学的卢上光如今已是一名铁路职工。"三年前我服务春运的时候还叫'蓝精灵'。"卢上光也曾是一名志愿者,现在他承担起了培训志愿者的工作。他说志愿服务是让学生转变为社会服务者,很有意义,"想想自己服务的场景,再看看大家,觉得这又是铁路为今年春运准备的一条温馨围脖"。

陈亚婷身穿白族服装,在昆明南站旅客问询处格外显眼,今年大三的她第一次当志愿者,倍感自豪。在上岗之前,陈亚婷接受了培训,清楚知道站内每一个服务设施在何处,也能为旅客提供买退票等引导。看着归家的人们步履匆匆,陈亚婷今年却不打算回家了。她将服务到26号,为旅客送上最温暖的微笑。(记者 李×等)

资料来源:云南网.

思考题

一、简答题
1. 通讯和消息有什么区别?
2. 通讯有哪些类型?
3. 特写的本质特点是什么?

二、写作题
请将下面的材料改写成消息。

G20杭州峰会碳中和林顺利建成 20年内抵消会议碳排放

16日,浙江省林业厅副厅长杨幼平宣布,334亩G20杭州峰会碳中和林已经在浙江省杭州市临安市太湖源镇建成。据了解,该碳中和林将在未来20年里完全中和2016年G20杭州峰会排放的温室气体,抵消会议的碳排放。

"碳中和"是指企业、团体或个人测算在一定时间内从事生产、经营过程中直接或间接产生的温室气体排放总量,通过植树造林、节能减排或购买碳信用的形式,以抵消自身产生的二氧化碳排放量,实现零碳排放。

记者了解到,2016年G20杭州峰会共排放温室气体约6 674吨二氧化碳当量。为此,中国绿色碳汇基金会会同浙江省林业厅、杭州低碳科技馆积极组织协调,在浙江省杭州市临安市太湖源镇造林334亩,以实现会议碳中和的目标。

"G20杭州峰会碳中和项目于2016年8月启动,截至2017年3月上旬,该项目已按作业设计要求,高标准地完成了植树造林任务。"国家森林防火指挥部原专职副总指挥、中国绿色碳汇基金会理事长杜永胜说。

杜永胜表示，林业在应对全球气候变化中具有巨大的生态、经济和社会效益。中国政府高度重视林业的特殊地位和重大作用，近20年来实现了中国森林面积和蓄积持续增长，人工林保存面积达到6 900万公顷，成为全球造林面积最大、人工林保存面积最多的国家。

此次G20杭州峰会碳中和项目落地浙江省杭州市临安市。记者了解到，杭州临安是中国首个"碳汇林业实验区"，森林资源丰富。临安市已实施了中国首个毛竹林碳汇造林项目，建成了全球首个雷竹林碳汇通量观测塔，同时将继续承担起碳汇林业实验区应有的责任，加快推进碳汇林业建设。

据悉，"碳中和"项目在G20峰会史上尚属首次。G20杭州峰会也是继2010年联合国气候变化天津会议、2014年APEC会议之后，中国政府通过造林方式实现零排放目标的第三个大型国际会议。（记者　方×）

资料来源：中国新闻网．

第六章 经济文书

经济文书是比较重要的专业文书或称专用文书。专业文书是与通用文书相对而言的，是指在不同的社会行业或专业领域中应用的文书。概括地讲，经济文书是在经济工作中，为直接体现党和国家的方针、政策，解决经济工作中突出的问题，以事实为依据，以科学理论为指导，直接阐明作者或作者所代表的主体的目的、主张、观点或者对某一事物或现象予以说明、分析、议论等的文书。

第一节 经济合同

必备知识

一、合同的含义

合同又称为"契约"，在英文中称为 contract，我国一般将合同定义为：得到法律承认的关于债的协议；英美法系则一般将合同定义为：可以依法执行的诺言。

《中华人民共和国合同法》所称合同，是指平等主体的自然人、法人、其他组织之间设立、变更、终止民事权利义务关系的协议，但不包括婚姻、收养、监护等有关身份关系的协议。

合同是当事各方依据法律或政策在充分协商、达成一致后所签订的文书。签订合同是一种法律行为，可以监督当事各方共同承担义务。合同可以降低各种风险，从而保障当事各方的共同权益，更为当事各方真诚合作，实现管理科学化等方面起到积极的作用。

二、合同的种类

合同可以按照不同的标准划分类别。

（一）按合同的内容

依据《中华人民共和国合同法》，合同可分为以下十五种：买卖合同；供用电、水、气、热力合同；赠与合同；借款合同；租赁合同；融资租赁合同；承揽合同；建设工程合同；运输合同；技术合同；保管合同；仓储合同；委托合同；行纪合同；居间合同。

（二）按合同的有效期限

按合同的有效期限划分，合同可分为长期合同、中期合同、短期合同和一次性合同。

（三）按合同的主体

按合同的主体划分，合同可分为双边合同和多边合同。

（四）按合同的写作形式

按合同的写作形式划分，合同可分为条文式合同、表格式合同和条文表格式合同。

（五）按合同的表现形式

按合同的表现形式划分，合同可分为书面形式、口头形式、默示合同。口头形式和默示合同是日常生活中常见的合同形式，因其没有文面凭证，难以取证，极易引发争议，因此要尽可能地使用书面形式订立合同。

三、合同的特点

合同可以有效地约束当事人的行为，保证国家、集体和个人的合法权益不受损害，是强化管理体制的有力工具，还可以促进社会主义法治建设的进一步完善和深入发展，有利于提高全民的法律意识，加快社会生活和经济建设的节奏。因此，合同的基本特点如下。

（一）合法性

合同是以设立、变更或终止民事权利义务关系为目的的民事法律行为。签订合同是当事人之间符合法律规范要求的合法行为。合同的订立，合同的有效或无效，合同的履行、变更、解除、保全等问题，是我国民法的重要组成部分。合同的订立只有符合国家法律法规的要求，才具有法律约束力，并受到法律保护。任何人都不得利用合同进行违法活动，扰乱经济秩序，损害国家利益。

（二）制约性

合同是确立当事人之间法律关系的法律行为。合同依法成立，即具有法律约束力。当事人在享受合同规定的经济权利的同时，必须全面履行合同约定的经济义务，任何一方不得擅自变更或解除合同。一方若有变故应及时通知对方，根据合同的规定，除必须承担违约责任外，双方应尽可能协商把损失降到最低。

（三）平等性

合同是平等主体之间的民事法律行为，是基于双方或多方的意思而成立的。合同是当事人基于平等的法律地位达成的，订立合同时，合同当事人应当遵循平等的原则，充分协商，合同各方的权利义务要公平合理、大体相当，责任风险共担、权利利益平分。一方不得将自己的意愿强加给另一方，更不能以命令、胁迫手段签订合同。

（四）合意性

合同是双方或多方当事人之间经过探讨取得意愿一致的民事法律行为。合同以平等主体之间的意思一致为出发点，须经当事人之间依法在合同各项条款上自愿合作、意见协商一致后签订成立并共同遵守。合同订立的目的是为设立、变更或终止债权、债务关系，实现各自的利益，任何因欺诈、胁迫、乘人之危、重大误解、显失公平等意思表示不真实而成立的合同，在法律上均属无效或可撤销合同。

四、合同的要素

《合同法》中规定：合同的基本要素包括：①当事人的名称或者姓名和住所；②标的；③数

量；④质量；⑤价款或酬金；⑥履行期限、地点和方式；⑦违约责任；⑧解决争议的方法。

写作指南

一、合同的内容与写法

合同文本的书面结构模式一般由首部、正文、尾部和附件四部分构成。

（一）首部

由标题、合同编号、当事人基本情况及合同签订时间、地点构成。

1. 标题

标题是合同的性质、内容、种类的具体体现，写在第一行的中间，应写明合同的主旨和业务性质，如"水路运输合同""旅游合同""劳务承包合同"等。

2. 合同编号

合同编号主要是为了方便管理与查收，位置一般在标题下方或右下方，包括分类编号（由合同类型前两个大写字母的简写组成，如劳动合同简写 LD，贷款合同简写 DK）、日期编号（即签订合同的日期，如 2016 年 10 月 1 日签订的合同，为 20161001）、份额编号、明责编号（负责签订合同的员工工号）、部门编号（即部门名称拼音首字母简写，如市场部 SCB）等，各级编号间采用短线"-"连接。

3. 当事人的名称及合同签订的时间、地点

当事人的名称及合同签订的时间、地点在标题之下正文之上，空两格分行并列，当事人基本情况即写明双方在合同中的关系，如"甲方""乙方"（或"买方""卖方"）。当事人是法人或其他组织的，写明该法人单位全称和代表人名称和住址，当事人是自然人的写明该自然人名称和住址。

（二）正文

正文是合同的核心部分，又可以分为下两部分：第一是合同缘由，写明签约合同的基本依据和主要目的。一般是合同正文的第一自然段，此部分的表述要简明扼要，切忌详述或引述过多。第二是合同双方议定的主要条款，即合同要素。

1. 标的

标的是指合同当事人各方的权利与义务所共同指向的对象。合同标的可以是货物，又称"标的物"。它可以是货币，也可以是劳务工程项目和智力成果等，是足以供人们支配的具有使用价值的客观实体。合同的标的要写明标的的名称，以便确定当事人的权利和义务。买卖标的可以是现实存在的物，也可以是将来产生的物，如《美国统一商法典》第 2～105 条就规定，货物可以包括尚未出生的动物幼仔、生长中的农作物。建设工程施工合同其标的是建筑产品。施工合同的标的是施工承揽关系，委托合同的标的是劳务。

标的所涉及的标的物，必须符合国家的法律、法令、法规及方针政策、以国家准许市场流通的种类物或特定物为限。否则，视为无效或非法合同。合同的标的要具体、明确、肯定，写明产品的型号、规格、牌号等，不能含混。

2. 数量和质量

数量是以数字和计量单位来衡量标的的尺度。它关系到合同所产生的经济效果。数量的多少一般是以国家规定的度、量、衡为计算单位，基本的要求是数字准确。质量是标的内在素质和外观形态的综合，包括标的名称、品种、规格、型号、等级、标准、技术要

求、物理和化学成分、款式、感觉要素、性能等。凡有法定标准可依的，要指出遵循的是国家标准、部颁标准，还是企业标准；没有法定标准可依的，要明确双方合同的具体标准以及检验方法。数量和质量条款是合同的主要条款，要给予明确、具体的规定。

3. 价款或酬金

价款是根据合同取得财产的一方当事人向另一方当事人支付的以货币表示的代价；酬金是根据合同取得劳务的一方当事人向另一方当事人支付的货币，又可称为报酬，两者又简称为价金。价款或酬金是有偿合同的必备条款，合同中要说明价款或酬金的数额及计算标准、结算方式和程序。除国家允许使用现金支付外，必须通过银行办理转账结算。经济合同中必须要写明付给价金的结算方式、结算银行账号、结算程序等。

4. 履行的期限、地点及方式

履行的期限是当事人议定的履行合同的时间范围，即享有权利一方要求对方履行义务的期限，而不是指合同的有效期。履行的期限要明确写出起止年、月、日；履行的地点是一方当事人履行合同规定的义务和另一方当事人接受这一履行的地点；履行方式是指合同当事人一方履行义务的具体方法和途径，履行合同的地点和方式是确定验收、费用、风险和标的物所有权转移的依据。

5. 违约责任

违约责任是指违反了合同义务的当事人应当承担的法律责任，又称"罚责"。承担违约责任的方式主要是支付违约金、赔偿金，在该条款中必须明确具体地表述，这有利于督促当事人自觉履行合同，发生纠纷时也有利于确定违约方所承担的责任，是维护合同双方当事人合法权益的有效措施。

6. 解决争议的方法

合同发生争议时，其解决方法包括当事人协商、第三者调节、仲裁、法院审理等几种。当事人在订立合同时，应当约定争议解决的方法。

同时，在正文的结尾处还应注明合同的份数，正副本情况。若书涉外合同还需说明文本和书写文字的不同等。正文大都采用数码条款顺序标写法，以求条理清晰，便于表述，也便于查阅。

（三）尾部

即合同的结尾，一般包括以下内容：当事人签名、盖章、单位地址、电话号码、电报挂号或图文传真号、邮政编码；当事人各方的银行开户名称、开户银行账号。经过公证的合同，同时尚需加盖公证单位的印章，加注公证单位意见，写明签订合同的年、月、日全称。另外，组织的法人代表（负责人）若不能前往议约或签约，可以委托代理人来执行合同的签订，但是代理人需要有法人代表的委托书或授权书。

（四）附件

附件主要是对合同的条款或有关条款的说明性材料及相关证明材料。如技术性较强的商品买卖合同，需要用附件或附图形式详细说明标的的全部情况。合同附件是合同的共同组成部分，同样具有法律效力。

二、合同写作的注意事项

（一）用语准确精练 逻辑思维严谨

不可以出现含混不清或模棱两可的词句，以避免在合同的履行中出现不必要的争执和纷争。合同中使用的概念，当事人应该有一致的理解，忌用模糊概念，以防歧义产生。经济合同的语义应该准确，应避免使用"希望""尽可能""争取"等模糊性用语，不说空话、套话。

（二）文字书写规范 标点符号正确

合同文字书写规范，原文不得涂改，确需变动的部分，可用补充条款另外行文。原文落款书写和签字时要用钢笔和水性笔，金额数量应以汉字来大写。同时还要注意正确使用标点符号，防止句号、逗号用错或点错而造成不必要的纷争或损失。

例文赏读

公司劳动合同

（人劳）　　合同编号：2014

单位（甲方）：
单位地址：
单位法定代表人：
员工（乙方）：
户口所在地：
通信地址及邮编：

根据《中华人民共和国劳动法》及相关法律、法规的规定，甲乙双方协商一致，同意签订本合同；并达成如下协议条款，供双方共同遵守执行：

一、合同类型与期限

第一条　甲、乙双方选择以固定期限形式签订本合同。

合同期限：3年，即自2014年07月01日起至2017年06月30日止。

二、工作内容和工作地点

第二条　甲方安排乙方在财务部门从事会计工作，具体的岗位职责、工作要求按甲方的有关规定执行，甲方可以根据本企业依法制定的规章制度对乙方工作岗位进行调整。乙方工作地点为_____，甲方可以根据本企业依法制定的规章制度变更乙方工作地点。

第三条　乙方同意并承诺认真履行岗位职责，完成工作任务，遵守甲方的劳动纪律和规章制度，维护甲方的正当权益，服从甲方的管理。

三、工作时间和休息休假

第四条　甲方安排乙方执行标准工时工作制，甲方可以根据本企业依法制定的规章制度调整乙方执行的工时制度。

第五条　乙方享有在法定假期和企业规定的假期休息的权利。（略）

四、劳动报酬与社会保险

第六条　甲方按月及时以货币形式（人民币）足额支付乙方工资，工作期间甲方支付给乙方基本薪酬为1 500.00元/月（学历、工龄、绩效、职称、社保另计）。

第七条　甲方支付乙方的劳动报酬为税前收入。个人所得税由乙方承担，甲方负责代扣代缴。

第八条　乙方在合同期内，由于休息休假、患病或负伤，患职业病或因公负伤、生育、死亡等情形所涉及的待遇，以及医疗期、孕期、产期、哺乳期的期限及待遇，均按国家规定和甲方依法制定的规章制度执行。

第九条　甲、乙双方必须按照国家和地方有关社会保险方面的规定，参加社会保险，缴纳各项社会保险费。乙方应缴纳的部分，由甲方代扣代缴。

第十条　甲方按照企业薪酬福利制度为乙方提供福利待遇。

五、劳动保护、劳动条件和职业危害防护

第十一条　乙方必须按照甲方规定取得相应的上岗资格证书，严格遵守安全操作规程，并有权拒绝违章指挥。

六、劳动纪律（略）

七、保密及竞业限制责任（略）

八、双方约定的事项（略）

九、其他事项

第二十三条　甲、乙双方经协商签订的有关协议书，可以约定为本合同的附件；并与本合同具有同等法律效力。

第二十四条　本合同未尽事宜均按照国家有关规定执行，国家没有规定的，通过甲、乙双方协商解决。不愿协商或协商不成时，当事人可以向当地劳动争议仲裁委员会申请仲裁，对裁决不服的，可以向当地人民法院提起诉讼。

第二十五条　本合同一式两份，甲、乙双方各执一份。每份均具有同等法律效力，本合同的附件作为本合同不可分割的一部分，同样具有法律效力。合同的附件包括但不限于：保密协议、竞业限制协议、技术培训协议、服务志愿书等。

第二十六条　本劳动合同不得代签或涂改，经甲、乙双方签字（盖章）后生效。

甲方：_____公司（公章）　　　　乙方：_____

签约人：_____　　　　　　　　　签约人：_____

签约时间：　　年　　月　　日　　　　签约时间：　　年　　月　　日

资料来源：法律网，内容有删改.

思考题

1. 根据合同法，合同条款中应具备哪些要素？
2. 根据下面的材料写一份合同。

华盛茶叶公司法人代表王××和红叶茶场法人代表蔡××于2013年3月10日签订了一份茶叶购销合同，具体货物是红叶特级绿茶，数量为500千克，每千克价格为64元。2013年6月20日之前由茶场直接运往公司，运费由茶场负责，检验合格后，公司于收货10天内通过银行托付货款。茶叶必须用大塑料外包，纸袋内装，外用纸箱或麻包袋装。包装费仍由茶场负责。茶场地址为：××省常清县城北区，开户银行是常清县农业银行，银行账号：0354，电话：2749883。茶叶公司地址为海口市××路××号，开户银行为海口市工商银行，账号667806，电话××××，合同签订后，如双方不履行，在正常情况下拒不交货或拒付款都须处以货款20%的罚金，迟交货或迟付款，则每天罚万分之三的滞纳金，数量不足，按不足部分的货款计赔，仍按20%的比例赔偿。质量不合格，则重新议价。如遇特殊情况，则提前20天通知对方，并赔偿损失费10%，本合同由常清县工商行政管理所鉴证。

第二节 商务信函

必备知识

一、商务信函的含义

商务信函是企、事业单位之间为联系业务、洽谈生意或磋商与买卖相关的问题时使用的一种函件。

商务信函已成为现代商务活动惯用的书信体裁，其作用可以使企、事业单位之间在不直接见面的情况下进行交易，处理与交易相关的问题。

二、商务信函的分类

商务信函可以按照不同的标准划分类别。

以商务信函的功能为标准，可分为建立商务关系信函、询价商务信函、报价商务信函、订购商务信函、信用调查商务信函、装运商务信函、付款商务信函、索赔商务信函和理赔商务信函等。

以商务信函的文书形式为标准，可分为外贸商务信函和境内商务信函。

三、商务信函的特点

（一）简洁性

在繁忙纷扰的现代商务处理中，从商贸往来各方的角度着想，商务信函应言简意赅，直接切入正题，避免复杂晦涩而毫无实际意义的语言句式，以增进商贸各方的关系往来。

（二）准确性

商务信函体现了贸易活动的博弈过程，商务信函要使用正确的商务交往术语、标准的商务信函格式，清楚连贯阐明各方的立场和意见，对实现自身的商业利益至关重要。

（三）礼仪性

商务信函是商务谈判的重要形式，各方商务信函守信准时、措辞及表达方式非常重要，尤其是在国际贸易中，由于时差关系与各国礼仪不尽相同，各方商务信函更要注意准时往来，礼仪规范，减少分歧。

（四）完整性

商务信函内容和格式的完整，一方面可以避免由歧义导致的经济纠纷，为企业赢得经济利益；另一方面体现对商业对手的尊重，互增好感，为商业合作带来契机。

写作指南

一、商务信函的内容与写法

（一）标题

商务信函的标题应写在第一行的中间，常见的写法有以下两种。

(1) 由发函单位、事由和文种构成,如《××公司订购服装商务信函》。
(2) 由事由加文种构成,如《询价商务信函》。

（二）发函字号

发函字号的代字加上该单位本年度所发函件的序号,一般写在标题正下方。

（三）收函单位(或收函人)

收函单位(或收函人)写在标题下面,须顶格书写,后附加冒号。

（四）正文

商务信函的正文一般先写明发函缘由。如是复函,则需简明扼要引述对方来函,然后针对洽商的问题发表自己的意见或看法,表明希望。最后附写祝颂语,如"特此函达""顺祝商安"等常规结语。

（五）落款

商务信函的落款写在正文右下方,由发函单位名称(加盖公章)及发函日期构成。

二、商务信函写作的注意事项

（一）一事一函,叙事简明

商业信函为开展商务而写作,目标明确。函文内容应围绕这一目标展开,做到一事一函,不要涉及其他事务,避免冲淡主题。商业信函往来涉及经济责任,写作时必须简明清楚。向对方提出问题要明确,回答对方询问也要有针对性,不能答非所问,回避要害。

（二）态度诚恳、谦恭有礼

商业信函写作要求实事求是,维护企业与个人的信誉,态度诚恳,不得蓄意欺骗对方,牟求不正当利益。要尊重对方,讲究文明礼仪,遵守行业道德。若对方提出的要求暂不接受,应用委婉的语气加以解释,以求保持良好往来关系。

（三）结构严谨、首尾圆合

写作时,首先把所要写的内容有条不紊地组织起来,列成提纲或打草稿,以免结构松散,首尾脱节。商业信函首尾写作有固定的规范格式。可在信的开头直接进入主题,在信函的结尾可提出各种希望等,使信函结构完整。

例 文 赏 读

例文一

学术会议邀请函

由德国××××基金会和××大学联合举办的国际会议"亚欧参与式预算：民主参与的核心挑战"（Participatory Budgeting in Asia and Europe：Key Challenges of Participation)定于××××年××月××—××日在××××宾馆举行。本次会议的发言人和评论人是来自国内外研究公共财政预算和市政民主的专家。另外,我们还将邀请国内众多高校、研究机构和政府部门的有关专家、学者参加本次大会。鉴于您在该会议主题相关领域颇有研究,我们很荣幸地邀请您参加本次大会。

会议相关事项：

1. 正式开会时间为：2014 年 8 月 17—19 日。16 日下午报到。

2. 会议语言为中文和英文，有同声翻译。会议日程安排和具体资料请见本会专用网站：_____。

3. ××××基金会承担您参加会议期间的午餐。没有会务费。其他费用自理（如果需要大会筹备组代订宾馆，请在报名时标明）。

4. 诚请您在收到邀请函后即登录会议网站进行网上报名，也可用传真形式通知（参会回执可从网上获取）。

5. 会后将把发言人和参会者的论文经专家审核后成书发表。欢迎投稿。

如有问题，请随时联系！

即颂文绥

×××教授（大会中方主席，××大学××系）

大会秘书：×××（女）

电话：1555819××××

例文二

公司周年庆邀请函

尊敬的×××：

您好！时光荏苒，岁月峥嵘。××××年××月，××公司将走过五周年的难忘历程，在此，我们谨向长期以来关心、支持公司建设发展的各级领导、各界朋友致以最诚挚的感谢和崇高的敬意！

五年砥砺春华秋实，岁月如歌谱写华章。五年来，××公司本着做大做强企业的强烈使命，主动适应市场需要，积极进行变革与创新，在市场的磨砺中逐步发展，在激烈的竞争中不断壮大。

历经五年砥砺奋进，已经发展成为拥有职工××人，××个在建项目，在手任务××亿元，年施工能力达××亿元，年盈利××万元的独具特色的工程公司，施工范围涵盖了铁路、公路、水利水电等领域。五年来，共承揽任务××项共计××亿元，完成施工产值××亿元，为××省和××省基础设施建设和经济发展做出了积极贡献。

同时，企业建设获得了一系列荣誉，先后荣获全国公路建设施工企业重点工程劳动竞赛"优胜奖"、××市"五一劳动奖状"等荣誉称号。工程施工中，各项目均多次获业主、监理单位嘉奖，企业形象不断提升，社会影响不断扩大。

为答谢各级领导、各界朋友五年来对公司发展的支持与关爱，公司定于××月××日举行纪念庆典活动，我们诚邀您拨冗莅临，与我们同庆公司五周年华诞。

谨此奉邀！

××公司

××××年××月××日

思考题

1. 商务信函的特点有哪些？
2. 商务信函的内容有哪些？
3. 商务信函的写作要求有哪些？

第三节 商品广告

必备知识

广告的概念有狭义和广义之分。狭义的广告是指盈利性的经济广告；广义的广告泛指一切盈利性和非盈利性广告，即商业广告和商品广告。在现实生活中最常见的就是商品广告，本节将重点研究商品广告的含义、特点及商品广告文案的写作结构。

一、商品广告的含义

商品广告是指通过各种媒介将商品信息传递给大众，从而达到促进商品销售的一种信息传递方式。商品广告是广告中最常见的形式，其目的是提高商品的知名度，扩大商品销售，实现商品利润的最大化。

二、商品广告的特点

商品广告的特点主要表现在以下几个方面。

（一）宣传性

商品广告的宣传性是指商品广告通过向公众宣讲、说明商品信息来推广商品。宣传性要求商品广告的推介要采取消费者乐于接受的、感兴趣的方式进行，这样才能达到促进商品销售的目的。

（二）说服性

商品广告的说服性是指商品广告要使人对商品产生浓厚的兴趣，相信广告的宣传内容，进而产生购买商品的欲望。需要强调的是，不同种类、性质的商品，说服的重点也应该有所不同。

（三）信息性

商品广告的信息性指作为商品信息的承载形式，商品广告可以使公众获得商品的各方面信息。成功的商品广告，就是把商品形象地介绍给公众，让消费者去感知、识别和挑选商品，继而众口相传，使商品的信息不胫而走，产生连锁反应，达到促进销售的目的。

（四）盈利性

商品广告的盈利性具体表现为广告主为宣传商品支出的广告费用，会附加在商品的价格上。工商企业在选择商品广告的策略和测定广告效果的时候，都是以广告的盈利大小作为准则。

（五）寄生性

商品广告的寄生性是指商品广告离不开媒体，它总是依附于某种媒体，通过媒体使商品的内容传播开去。

（六）艺术性

广告是一门艺术，在创作广告文案时要采用多种艺术形式，巧妙构思，富于创新，把真实性、思想性与艺术性结合起来，在给人以知识信息的同时，更应以较强的艺术感染力给广告受众以美感，通过独特的艺术魅力陶冶受众的思想和情操。

三、商品广告的种类

商品广告的分类方式多种多样，按照传播媒介可以分为以下几类。

（1）平面广告，主要是指通过报纸、杂志、传单等形式发布的商品广告。

（2）广播广告，是指通过广播向外发布的商品广告。

（3）电视广告，是指通过电视这种媒介向外发布的商品广告。

（4）网络广告，是指在互联网上发布的各种商品广告。

写作指南

一、商品广告文案的内容与写法

无论是平面广告还是立体广告，都要通过文字材料对广告内容进行文字表达，这就形成了商品广告文案。商品广告文案是商品广告内容的文字化表现，在结构上一般由标题、正文、广告语和广告随文四部分组成。

（一）标题

标题是商品广告文案的主题，也是广告内容的诉求重点。广告的标题应写在第一行的中间。标题的作用在于引起人们对广告文案的阅读兴趣。只有当受众对广告标题产生兴趣时，才会阅读正文。

广告标题的设计形式有情报式、问答式、祈使式、新闻式、口号式、暗示式、提醒式等。

广告标题可分为直接标题、间接标题和复合标题三种。

1. 直接标题

直接标题是以简明的语言直接表明广告内容一种标题样式，它会使消费者一看就知道广告要推销的商品种类。例如，中意电器集团的冰箱广告标题为"中意冰箱，人人中意"。

2. 间接标题

间接标题是通过暗示和诱导的方式引起受众的好奇心然后促使消费者去关注广告内容的一种标题样式，如"钻石恒久远　一颗永流传""一切皆有可能"。

3. 复合标题

复合标题是将直接标题和间接标题结合起来使用的广告标题形式。一般由"引题＋正题＋副题"构成。引题居于标题之首，起到引出正题的作用。正题是复合标题的核心，不可或缺。副题位于标题之尾，对正题内容起到补充或说明作用。复合标题可有"正题—副题""引题—正题""引题—正题—副题"三种形式，例如，中华长效防蛀牙膏的广告标题为：

　　牙齿健康好卫士　全新中华长效防蛀牙膏　氟＋钙＋强齿素三重长效保护

撰写广告标题时，语言要简明扼要，易懂易记，语义要传递清楚，新颖而富有个性，广告标题的文字数量一般控制在14个字以内为宜。

（二）正文

正文是商品广告文案的核心部分，它详细地介绍商品的信息及服务，使受众对商品的特点、性能、价值等方面有一个确切的了解，从而使消费者产生拥有该商品的欲望。广告正文内容要实事求是，通俗易懂。不论采用何种题材式样，广告正文要抓住主要信息叙述，言简意明，生动有趣，实事求是，避免套话。

广告正文分为开头、主体、结尾三部分。开头部分要承前启后，既要与广告标题有衔接关系，同时又必须尽快吸引目标受众阅读下文。主体部分进一步论证、解释广告标题，介绍产品特色功能、效用及带给消费者的服务与利益。结尾部分应简明扼要，若有必要，可对文中重点再次总结强调。

在表述上可以采取以下几种形式。

1. 直述式

直述式，是指直接介绍商品的表述方式。例如，广西永福制药厂的广告正文："永福县是罗汉果之乡，罗汉果味甜、性凉，具有清热润肺、止咳化痰、生津止渴、益肝健脾等功效"。

2. 描述式

描述式，是指对商品的特点进行重点描述，以达到给消费者留下深刻印象的表述方式。例如，一则咖啡广告的正文："哥伦比亚安第斯山脉，那里有肥沃的火山土壤、温和的气候以及适量的阳光和雨水，保证了每一粒咖啡豆的完美成长。待到咖啡豆成熟时，人们采用手工摘取，精心挑选最好的咖啡豆……"

3. 问答式

问答式，是指通过一问一答的形式，激发消费者的好奇心，以达到宣传商品的目的。例如，一则健脑保健品广告的正文：

能够连续畅销六年的真正秘密是什么呢？

一、高科技配方，专为学生设计；

二、权威部门认证；

三大功效，切实有效……

（三）广告语

广告语又称广告标语，是广告公司为商品设计的战略口号。广告语的作用是通过在媒体中的长期反复强调，使消费者了解商品的性质，以达到塑造企业和商品形象的目的。广告语是广告文案中的特定宣传用语，是广告文案中最富有吸引力和感染力的部分，是推广商品不可或缺的广告要素，便于消费者了解商品或服务的个性。广告语可以揭示商品的特点，加深受众对商品品牌的印象，还可以传达企业精神和理念，为树立企业和商品的良好形象发挥作用。例如，雀巢咖啡的广告语为"味道好极了"；再如，海尔集团的广告语为"海尔，真诚到永远"。

广告语常见的形式有联想式、比喻式、许诺式、推理式、赞扬式、命令式等。广告语的撰写要注意简洁明了、语言明确、独创有趣、便于记忆、易读上口、情感亲切、用词朴素。

(四)广告随文

广告随文又称广告附文,是向消费者说明商品有关附属信息的文字部分,是对广告内容的进一步补充说明。随文的写作旨在强化企业、商品的某些特征,或者是想向消费者提供咨询购买的联系方式。广告随文通常包括企业标识内容、商品标识内容、权威机构的认证标识或获奖证明资料、商品价格、优惠办法、银行账号、赠券、抽奖办法、联系方式等。报纸、杂志、广播等广告文案,附文内容较为全面。电视广告文案,通常只说出企业名称即可,例如,某药品的电视广告随文为"本市各大药店均有销售,市区免费送药,订购电话××××××"。

二、商品广告文案写作的注意事项

(一)准确规范,点明主题

准确规范是商品广告文案写作最基本的要求。要实现商品广告主题和广告创意的有效表现和广告信息的有效传播,商品广告文案创作应表达规范完整、准确无误,避免语法错误,避免歧义或误解。广告语言还要符合一般表达习惯,尽量通俗化、大众化,不可生搬硬套,避免使用过于冷僻或过于专业化的词语。

(二)精练新颖,表明创意

商品广告文案在文字语言的使用上,要简明扼要、生动活泼地表达出广告创意。要以尽可能少的语言和文字表达出广告产品的精髓,实现有效的商品广告信息传播。只有富于创意个性的商品广告文案,才能吸引广告受众的注意力。写作时还要注意尽量使用简短的句子,以防止受众因繁长语句而产生反感。

(三)动听流畅,便于识记

商品广告文案是商品广告的整体构思,是诉之于视觉、听觉的广告语言写作,要注意优美、流畅和动听,使其易识别、易记忆和易传播,从而突显广告定位,完美表现商品广告主题和商品广告创意,取得良好的商品广告效果。商品广告文案忌过分追求语言美和音韵美,牵强附会,因文害意。

例 文 赏 读

例文一

见证历史　把握未来

对少数人而言,时间不只是分秒的记录,也是个人成就的佐证。全新欧米茄碟飞手动上链机械表,瑞士生产,始于1848年。全新欧米茄碟飞手表系列,备有18K金或不锈钢型号,将传统装饰手表的神韵重新展现,正是显赫成就的象征。碟飞手表于1967年首度面世,其优美典雅的造型与精密科技设计尽显气派,瞬即成为殿堂级的名表典范。时至今日,全新碟飞系列更把这份经典魅力一再提升。流行的圆形外壳,同时流露古典美态;金属表圈设计简洁、高雅大方,在灯光映照下绽放耀眼光芒。在转动机件上,碟飞更显工艺精湛。机芯厚度仅2.5毫米,内里镶有17颗宝石,配上比黄金罕贵20倍的铑金属,价值不菲,经典设计,浑然天成。全新欧米茄碟飞手表系列,价格由8万元至20余万元,不仅为您昭示时间,同时见证您的杰出风范。具备纯白18K金镶钻石、18K金及上乘不锈钢款式，并有相配衬的金属或鳄鱼皮表带以供选择。

欧米茄——卓越的标志

贵宾订购专线：××××-×××××××××

<small>资料来源：网易博客，有改动.</small>

点评：这是一则瑞士欧米茄手表在报纸上发布的平面商品广告文案，标题"见证历史 把握未来"属于间接标题样式，起到了暗示商品类别的提示作用。广告文案正文部分从欧米茄手表的悠久历史到全新欧米茄碟飞手表系列的造型、工艺和价格都做了介绍。正文之后的广告用语"欧米茄——卓越的标志"起到了传达欧米茄手表追求经典高端的企业营销路线。

例文二

经典的广告语

雀巢咖啡：味道好极了

这是人们最熟悉的一句广告语，也是人们最喜欢的广告语。简单而又意味深远，朗朗上口，因为发自内心的感受可以脱口而出，正是其经典之所在。以至于雀巢以重金在全球征集新广告语时，发现没有一句比这句话更经典，所以就永久地保留了它。

大众甲壳虫汽车：想想还是小的好

20世纪60年代的美国汽车市场是大型车的天下，大众的甲壳虫刚进入美国时根本就没有市场，伯恩巴克再次拯救了大众的甲壳虫，提出"think small"的主张，运用广告的力量，改变了美国人的观念，使美国人认识到小型车的优点。从此，大众的小型汽车就稳执美国汽车市场之牛耳，直到日本汽车进入美国市场。

耐克：just do it

耐克通过以"just do it"为主题的系列广告，和篮球明星乔丹的明星效应，迅速成为体育用品的第一品牌，而这句广告语正符合青少年一代的心态，要做就做，只要与众不同，只要行动起来。然而，随着乔丹的退役，随着"just do it"改为"I dream"，耐克的影响力逐渐式微。

德芙巧克力：牛奶香浓，丝般感受

之所以称得上经典，在于那个"丝般感受"的心理体验。能够把巧克力细腻滑润的感觉用丝绸来形容，意境够高远，想象够丰富。充分利用联觉感受，把语言的力量发挥到极致。

可口可乐：永远的可口可乐，独一无二好味道

在碳酸饮料市场上，可口可乐总是一副舍我其谁的姿态，似乎可乐就是可口。虽然可口可乐的广告语每几年就要换一次，而且也流传下来不少可以算得上经典的主题广告语，但还是这句用的时间最长，最能代表可口可乐的精神内涵。

<small>资料来源：百度Hi官网.</small>

思考题

1. 狭义的广告指什么？
2. 商品广告在结构上由哪几部分组成？
3. 商品广告写作要求有哪些？

第四节 商品说明书

必备知识

一、商品说明书的含义

商品说明书有时也被称为使用说明书。它是生产单位以说明的方式向用户介绍商品的成分构成、特点、规格、性质、性能、质量、用途、主要参数、使用方法、保养维修和注意事项等,以帮助人们了解和正确使用商品的一种实用性文体。内容可根据商品及用户的实际需求有选择或侧重的说明。

商品说明书是沟通生产者与消费者的纽带,具有宣传与推销的作用。从本质上而言,商品说明书的主要目的就是面向用户宣传商品的有关知识,及质量保证、义务服务等内容,以便用户从科学与实用角度正确、迅速地了解商品知识,掌握有关使用方法。商品说明书还是对商品诸多基本情况或大概情况的说明,把深奥复杂的商品知识简要明确地介绍出来,从而指导用户购买和使用商品,是现代商品流通中不可缺少的重要工具。一般而言,任何商品都要有说明书。

二、商品说明书的分类

商品说明书可以按照不同的标准划分类别:

(1) 以写作方式为标准,可分为条款式商品说明书、概说式商品说明书和复合式商品说明书。

(2) 以表达方式为标准,可分为说明式商品说明书和文艺式商品说明书。

(3) 以包装角度为标准,可分为外包装式商品说明书和内装式商品说明书。

三、商品说明书的特点

(一) 科学性

科学性是商品说明书最本质的特点。商品说明书以传播知识为目的,在介绍产品时,必须以事实为依据,进行科学的说明。实事求是、恰如其分地表述,才能向用户说明产品工作原理、介绍发明创造、推广革新技术、传播科学知识。撰写时,概念使用务必准确,数据必须精确,成分、程序要清楚,一定要注意符合商品的实际情况和客观规律,要具有科学性。

(二) 条理性

商品说明书直接指导用户研读并使用产品。所以,商品说明书要把握商品自身结构和逻辑性,找出其确定的内在规律。针对用户最为关心的方面做简要介绍,按照用户容易识记的表述顺序,进行条理分明、逻辑清晰的逐项说明。使用户阅读商品说明书后,能迅速、清晰、透彻地掌握内容。

(三) 实用性

实用性是商品说明书的基本特点。商品说明书具有解说与宣传的作用,通过向用户介绍、宣传产品的相关科学知识,使用户认识和使用该产品,实现商品的实用价值。商品说明书必须明白细致、具体精确地把产品说明得通俗易懂,使购买者易于接受,力求语言深入浅出，达到规范化、通俗化，使用户按照说明书即可学会使用，便于操作。

（四）说明性

从题材上讲，商品说明书是说明文；从语言上讲，它运用的是说明性文字，说明是它的主要表达方式。商品说明书虽然具有宣传广告的作用，但它重在说明和介绍商品，说明性是商品说明书的显著特点。

写作指南

一、商品说明书的内容与写法

由于商品的多样性，以致商品说明书的格式、写法也不尽相同。篇幅短的商品说明书只有几行字，就印在商品或商品包装上；篇幅长的商品说明书常常装订成册。下面重点介绍一下单页式商品说明书。

（一）标题

商品说明书的标题应写在第一行的中间，常见的写法有以下四种。

（1）商品标准名称加文种或简介构成，如《藿香正气丸（浓缩型）商品说明书》《童趣装饰灯305型简介》。

（2）只写商品名称，或只写文种"商品说明书""使用说明书""使用指南"，如《大宝SOD蜜》。这种标题常用于印在商品或商品包装上的说明书。

（3）注解式标题，即由商品名称和相应的简明注释构成，以提高宣传力度，如《Dior迪奥之韵淡香水——流动的华服》。

（4）由品牌名称、商品名称和文种构成，如《LG KX500手机商品说明书》。

（二）正文

正文是商品说明书的主体部分，要详细介绍产品的产地、原料、功能、特点、原理规格、使用方法、用量、储藏、保管、注意事项等内容，便于用户阅读和使用。正文篇幅的长短，要根据产品的复杂程度、市场投放的情况而定。

商品说明书正文的写作没有固定结构。通常有以下三种写法。

1. 条款式

条款式，即把商品的相关情况分条列款，逐项介绍说明。药品、服装、电子商品，一般都用条款式。这种说明书的优点是内容醒目、突出，条理分明，层次清晰。

2. 概说式

概说式，即针对商品主要情况或推介侧面，如对商品的性能、规格、特点使用方法等进行概括的介绍与说明。它相当于一篇说明文，特点是文字简明扼要，完整连贯。

3. 图文综合式

图文综合式，即把商品的情况以文字、图像、表格等综合使用的方式进行介绍。既有详尽的文字说明，又有照片或图样加以解释，还可以辅以分子式、构造图、电路图等。这种说明书多用于比较复杂的商品。

（三）附文

附文是附在正文后面的必备内容，包括商品生产企业和经销商企业的全称、注册商标、企业地址、主要联系电话、邮政编码、电传、网址、标准代码、联系人、生产日期、保质日期等，以便用户识别与联络。

生产日期、保质日期的位置通常不确定，或在说明书中，或在内外包装检验条上，还可以在产品本身。商品一定要注明生产日期、保质日期，否则用户无法判定产品是否有效。

（四）外文对照

有些商品要进入国际市场，涉及出口问题，为达到更好地流通销售的目的，部分商品说明书要有相应对照的标准外文附在中文商品说明书之后，内容结构与之相一致。

二、商品说明书写作的注意事项

（一）实事求是，真实可靠

撰写商品说明书一定要严格遵守实事求是的原则，以诚信认真的科学态度写作，才能提升企业、商品信誉度，换得消费者的好感，最终提升市场份额。切忌夸大其词、弄虚作假，欺骗消费者，适得其反。

（二）简明准确，通俗易懂

商品说明书专业性较强，面对广泛的消费人群，写作时应注意简洁明了，符合逻辑，层次清楚，结构完整。对专业性很强的名词术语要加以解释，做到表达清晰，通俗易懂，不能含混不清，令消费者费解。

（三）指导消费，权责凭证

商品说明书写作时，既要考虑商家信誉，也要顾及消费者利益；既要确定生产经营者质量保证义务，也要确定消费者责任自负范围。商品在使用过程中出现退货、赔偿等纠纷时，商品说明书是唯一的责权凭证。

例文赏读

桑菊感冒片说明书

请仔细阅读说明书并按说明使用或在药师指导下购买和使用

药品名称：
【通用名称】桑菊感冒片［药典］
【汉语拼音】Sang Ju Gan Mao Pian
成分：桑叶、菊花、连翘、薄荷素油、苦杏仁、桔梗、甘草、芦根。辅料为硬脂酸镁。
性状：本品为浅棕色至棕褐色片状，气微香，味微苦。
功能主治：疏风清热，宣肺止咳。用于风热感冒初起，头痛，咳嗽，口干，咽痛。
规格：每片重0.5克。
用法用量：口服。一次4～8片，一日2～3次。
不良反应：尚不明确。
禁忌：尚不明确
注意事项：
1. 忌烟、酒及辛辣、生冷、油腻食物。
2. 不宜在服药期间同时服用滋补性中药。

3. 风寒感冒者不适用。
4. 有高血压、心脏病、肝病、糖尿病、肾病等慢性病严重者应在医师指导下服用。
5. 儿童、孕妇、哺乳期妇女、年老体弱及脾虚便溏者应在医师指导下服用。
6. 服药3天症状无缓解，应去医院就诊。
7. 对本品过敏者禁用，过敏体质者慎用。
8. 本品性状发生改变时禁止使用。
9. 儿童必须在成人监护下使用。
10. 请将本品放在儿童不能接触的地方。
11. 如正在使用其他药品，使用本品前请咨询医师或药师。

药物相互作用：如与其他药物同时使用可能会发生药物相互作用，详情请咨询医师或药师。

储藏：密封。

包装：药品包装用铝箔，聚氯乙烯固体药用硬片，铝塑泡罩包装。12片/板×3板/盒。

有效期：24个月。

执行标准：中国药典2010年版一部

批准文号：国药准字Z41022056

生产企业：新乡佐今明制药股份有限公司

邮政编码：××××××

电话号码：××××-×××××××

传真号码：××××-×××××××

点评： 本文为典型的条款式商品说明书，说明书中分条列项地介绍了药品知识，包括药品的名称、规格、性状、功能主治、用法用量、禁忌等内容，满足了消费者的要求。特别是注意事项介绍得比较详细，可避免因不了解商品、错误使用而出现的问题。语言表达上，通俗明了，客观平实，既无夸饰之词，又符合商品说明书的特点。

思考题

1. 什么是商品说明书？有哪些特点？
2. 商品说明书的内容与写法有哪些？
3. 商品说明书的主要目的是什么？

第七章 诉讼文书

第一节 民事起诉状

必备知识

一、民事起诉状的含义

民事起诉状是指公民、法人或者其他组织，因自己所享有的或者依法由自己支配、管理的民事权益受到侵害，或者与他人发生民事权益争议时，依据事实和法律，按照法定程序，向人民法院提起民事诉讼时制作并使用的法律文书。

我国《民事诉讼法》第109条规定："起诉应当向人民法院递交起诉状，并按照被告人数提出副本。书写起诉状有困难的，可以口头起诉，由人民法院记入笔录，并告知对方当事人。"

我国《民事诉讼法》第85条还规定："人民法院接到起诉状或口头起诉，经审查，符合本法规定的受理条件的，应当在七日内立案；不符合本法规定的受理条件的，应当在七日内通知原告不予受理，并说明理由。"

由此可见，对于民事原告而言，起诉状是其为维护民事权益提起诉讼的前提条件；对于人民法院而言，起诉状是其受理和审理民事案件的重要依据之一。

二、民事起诉状的特点

（一）实用性极强，使用频率极高

民事起诉状是实用性最强、使用频率最高的一种诉状。民事纠纷在当今社会较为普遍，自20世纪80年代以来，民事诉讼案件一直位于三大诉讼（民事、刑事和行政诉讼）之首，这同时反映了民事起诉状使用率之高。

（二）案由的多样性

民事诉讼的案由，可以从生老病死到衣食住行，从传统的婚姻、赡养、债务、房产、继承、契约（合同）、财务、伤害赔偿纠纷，到新兴的著作权、专利权、名誉权、肖像权以及计算机网络域名纠纷,多种多样,起因复杂。但概括而言,主要有确认之诉、变更之诉和给付之诉三种。主要表现为纠纷起因的复杂性、是非的交错性等特点。

(三)诉讼主体的广泛性

民事诉讼的主体可以是公民,也可以是法人,还可以是其他组织。但是,原告必须是与本案有直接利害关系的人。

写作指南

《民事诉讼法》(2012年修订)第121条规定,起诉状应当记明下列事项:

(1)原告的姓名、性别、年龄、民族、职业、工作单位、住所、联系方式,法人或者其他组织的名称、住所和法定代表人或者主要负责人的姓名、职务、联系方式;

(2)被告的姓名、性别、工作单位、住所等信息,法人或者其他组织的名称、住所等信息;

(3)诉讼请求和所根据的事实与理由;

(4)证据和证据来源,证人姓名和住所。

下面将分别介绍。

一、当事人基本情况(原告、被告和第三人)

(一)原告基本情况

原告自己对自己当然是相当了解,所以要写得详尽。

(1)原告为自然人的应当写明姓名、性别、年龄(或出年月日)、民族、职业、工作单位和住所、联系方式(如手机)等;

(2)原告为法人或者其他组织的应当写明单位名称、住所和法定代表人或者主要负责人的姓名、职务、联系方式等。

(二)被告基本情况

原告对被告的一些情况可能不会非常了解,当然其最基本的信息是必须要写明的。

(1)被告为自然人的应当写明姓名、性别、工作单位、住所等基本信息(联系方式要尽可能写明,以方便法院送达);

(2)被告为法人或者其他组织的应当写明单位名称、住所等基本信息(当然法定代表人或者主要负责人的姓名、职务、联系方式等也能够写明是最好不过的)。

(三)第三人基本情况

同"被告基本情况"。如原告、被告和第三人为多人,按原告、被告和第三人这一顺序分别列出。原告如委托代理人,代理人是否在起诉状中写明可视具体情况而定。如果需要列出(如原告无诉讼行为能力而由法定代表人起诉,或者由委托诉讼代理人代理诉讼等情况),代理人应列在原告之后,所应写明的事项同"原告基本情况"。

二、诉讼请求

诉讼请求部分是起诉状的主要内容。诉讼请求要分项列明。诉讼请求必须具体、明确、扼要,该写的一定要写,因为其事关法院审查的范围。民事诉讼本着"不告不理"的诉讼原则,原告不在诉讼请求中提出的请求,法院不会主动审理和保护。所以,事前应尽可能想全、想透(当然也不能胡乱地要求,如果无相应的证据来支持所提的主张,势必得不到法律保护却要分担诉讼费用），以避免事后变更或增加诉讼请求等麻烦，更要杜绝合法权益没有得到法律保护的情形发生。另外，不要遗漏诉讼费用承担项，要明确提出诉讼费用由被告承担的请求。

三、事实与理由

事实与理由部分至关重要。事实和理由要在简明扼要的基础上尽可能真实详尽，理由充分。这一部分是为诉讼请求服务的，要做到有的放矢，切不可不着边际地洋洋洒洒上万言却未提案件的核心要害，更不能犯"下笔千言，离题万里"的错误。

四、证据和证据来源，证人姓名和住所

除法律特别规定的"举证倒置"情形外，《民事诉讼法》规定了原告的举证责任，即"谁主张谁举证"原则。所以，原告对提出的诉讼请求和提出这种请求的事实和理由，有提供证据予以证明的法律义务。

证据如是证人证言以外的书证、物证、视听资料和其他证据，要列明证据名称和来源。如系证人证言，须注明证人姓名和住所，以备人民法院查对证言和通知其出庭做证。

证据来源是指获取证据的地点、时间和途径。当事人提供证据比较多时，为了便于自己在庭上举证和便于法官了解，应当依据一定的标准进行分类、编号，例如，依据证明的对象不同而分类、编号，这样有助于法官更清晰地了解所提的主张。

五、起诉状结尾部分

起诉状除应证明上述法律规定的事项外，还应写明收受起诉状的人民法院的名称和起诉的年、月、日，并由起诉人签名和盖章。

起诉状中的"人民法院"的名称要顶格，以示对人民法院的尊重。

六、相关提示

起诉状是公民打官司时向法院递交的重要诉讼文书，因此制作起诉状是一件严肃的事，要求按起诉状的格式叙述清楚，要忠于事实真相，有根有据，合理合法，防止虚构捏造。起诉状记载如有欠缺，接受起诉的人民法院应通知原告进行补正。

起诉状要求用毛笔或钢笔书写，由于科技的发展，现在的起诉状应以打印为好，以便人民法院审阅、整卷和归档保存。

向法院提交起诉状时，同时按被告及第三人数量提交起诉状副本。

范式：

民事起诉状

原告：＿＿＿＿＿＿＿＿＿＿

住所地：＿＿＿＿＿＿＿＿＿＿　　邮编：＿＿＿＿＿＿＿＿＿＿

法定代表人：＿＿＿＿＿＿＿＿　　职务：＿＿＿＿＿＿＿＿＿＿

联系人：＿＿＿＿＿＿＿＿＿＿　　联系方式：＿＿＿＿＿＿＿＿

被告：＿＿＿＿＿＿＿＿＿＿

住所地：＿＿＿＿＿＿＿＿＿＿　　邮编：＿＿＿＿＿＿＿＿＿＿

法定代表人：＿＿＿＿＿＿＿＿　　职务：＿＿＿＿＿＿＿＿＿＿

第三人：＿＿＿＿＿＿＿＿＿＿

住所地：＿＿＿＿＿＿＿＿＿＿　　邮编：＿＿＿＿＿＿＿＿＿＿

法定代表人：_____　　职务：_____

诉讼请求

　　一、××××××××××××××××××××××××××××××；

　　二、××××××××××××××××××××××××××××××××××；

　　三、判决本案全部诉讼费用由被告承担。

事实与理由

　　×××。

证据和证据来源，证人姓名和住所

　　1.××××××××××××××××××××××××××××××××；

　　2.××××××××××××××××××××××××××××××××；

　　3.××××××××××××××××××××××××××××××××；

　　4.××××××××××××××××××××××××××××××××。

　　此致

××省××县人民法院

起诉人：（签名并按指印）
××××年××月××日

附：本起诉状副本叁份

例文赏读

例文一

民事起诉状

原告：孙××，男，汉族，1950年9月11日生
　　住址：沈阳市大东区中胜街××号
被告：沈阳市立宏实业有限责任公司
　　住所地：沈阳市铁西区滑翔小区××号
　　电话：2536××××
　　法定代表人：刘××，职务：总经理
　　身份证号：21010219780101××××
　　住址：沈阳市铁西区艳粉街××号
　　电话：1390981××××，2594××××

诉讼请求

一、判令被告立即给付拖欠原告的借款连本带利共 27 200 元及其逾期利息 7 160.4 元，两项合计 34 360.4 元整；

二、判令被告承担本案全部诉讼费用。

事实与理由

原告 2013 年任被告总工程师，被告因需要资金购买热处理及机械设备于 2013 年 1 月 2 日由法定代表人刘××向原告借款 30 000 元整，并签订了借款协议。协议中约定一年后被告返还原告贷款及利息。贷款利率为月息 2%。该合同到期后，原告并未履行合同约定的 37 200 元的给付义务，被告法定代表人刘××当时的解释是公司的资金较紧，原告出于支持被告发展的善良意愿，没有表示异议。但合同到期半年多后，被告的法定代表人刘××还没有表现出还款的意思，后经原告多次催要，被告的法定代表人刘××才于 2013 年 7—2014 年 12 月分五次返还原告共 10 000 元整，剩下的 27 200 元本金及利息虽经原告多次催要，被告的法定代表人刘××均以资金紧张为由一直推诿不还。2015 年 4 月 27 日，原告再次找到被告的法定代表人刘××索要欠款，刘××答应让原告 2015 年 5 月 28 日来取款 20 000 元整，并写下了一张字据。然而时至今日，被告仍然没有返还原告剩下的欠款。

根据我国相关法律，被告的上述违法行为已构成严重侵犯原告合法权益的后果。

根据我国法律，被告所欠原告的债务 27 200 元已经过 4 年 6 个月，由此造成的原告孳息损失 27 200×4.5×5.85%＝7 160.4(元)也应一并同时给付。

证据和证据来源，证人姓名和住址

《借据》一张，由被告向原告出具。

依据事实与法律起诉如上。

此致

沈阳市铁西区人民法院

起诉人：（签名并按指印）

2015 年 7 月 20 日

附：本起诉状副本壹份

例文二

民事起诉状

原告：王××，女，满族，1986 年 7 月 17 日生

　　职业：某医院内分泌科大夫

　　住址：沈阳市和平区文体西路小桥巷××号

　　电话：1894095××××

被告：路××，男，汉族，1984 年 9 月 23 日生

　　职业：某医院产科大夫

　　住址：沈阳市和平区文体西路小桥巷××号

　　电话：1894035××××

诉讼请求

一、判决原告与被告离婚；

二、婚生女孩由原告抚养，被告支付抚养费给原告（2013年3—2031年3月，按每月3 500元计）；

三、沈阳市和平区文体西路小桥巷××号房产所有权归原告所有，其他财产依法分割（见清单）；

四、被告一次性支付精神损害赔偿金50 000元给原告；

五、判令被告承担本案诉讼费用。

事实与理由

原告与被告2009年于大学读书期间相识，经自由恋爱于2012年3月领取结婚证书，2013年3月生一女。

被告2012年12月中旬于原告怀孕期间向原告自承与被告工作单位同科女大夫杨×发生婚外情，原告亦有与第三者杨×的电话通话录音为证。

被告在原告怀孕期间抛却社会一般公序良俗，公然与他人发生婚外情，并不顾原告的再三劝告与忍让，而对原告恶语相向，这极大地伤害了原告的身心健康尤其是胎儿的身心健康。

自孩子出生后被告更是离家不归，在分居期间被告极少过问原告和孩子的情况，偶尔归家对原告也是漠不关心，彼此积怨，没有沟通，致夫妻感情日益淡薄。更令原告伤心的是，被告至今与第三者仍保持不正当的男女关系。

我国《婚姻法》规定：

第三十二条　男女一方要求离婚的，可由有关部门进行调解或直接向人民法院提出离婚诉讼。

人民法院审理离婚案件，应当进行调解；如感情确已破裂，调解无效，应准予离婚。

有下列情形之一，调解无效的，应准予离婚：

（一）重婚或有配偶者与他人同居的；

……

第三十六条　父母与子女间的关系，不因父母离婚而消除。离婚后，子女无论由父或母直接抚养，仍是父母双方的子女。

离婚后，父母对于子女仍有抚养和教育的权利和义务。

离婚后，哺乳期内的子女，以随哺乳的母亲抚养为原则。

……

第三十七条　离婚后，一方抚养的子女，另一方应负担必要的生活费和教育费的一部或全部，负担费用的多少和期限的长短，由双方协议；协议不成时，由人民法院判决。

第四十六条　有下列情形之一，导致离婚的，无过错方有权请求损害赔偿：

……

（二）有配偶者与他人同居的；

……

我国《妇女儿童权益保护法》规定：

第四十四条　国家保护离婚妇女的房屋所有权。

夫妻共有的房屋,离婚时,分割住房由双方协议解决;协议不成的,由人民法院根据双方的具体情况,照顾女方和子女权益的原则判决。夫妻双方另有约定的除外。

依据事实与法律起诉如上。

此致

沈阳市和平区人民法院

起诉人:(签名并按指印)
2014 年 6 月 8 日

附:本起诉状副本壹份

思考题

1. 民事起诉状由哪几部分构成?
2. 民事起诉状的"事实与理由"中的"理由"主要是指什么?
3. 当事人基本情况的内容具体有哪些?

第二节 民事答辩状

必备知识

一、民事答辩状的含义

民事诉讼中的被告收到原告的起诉状副本后,在法定期限内,针对原告在起诉状中提出的事实理由及诉讼请求,进行回答和辩驳的书状,称为民事答辩状。

二、民事答辩状的特点

(1) 必须是民事案件被告提出的。
(2) 必须在法定期限内提出。
(3) 必须针对起诉状的内容进行答辩。

写作指南

一、民事答辩状的结构和写法

(一) 首部

1. 标题

标题为"民事答辩状"。

2. 当事人栏

标题之下,直接列写答辩人的基本情况,包括答辩人姓名、性别、年龄、民族、籍贯、职业或职务、单位或住址。

3. 案由部分

案由部分主要写明对原告某人为什么案件起诉进行答辩,对何时收到起诉状副本,可写可不写。具体写法如:"答辩人因原告×××提起××××(案由)诉讼一案,现答辩如下:"或者写"答辩人于××××年×月×日收到你院转来原告×××提起××××之诉一案的起诉状副本,现提出如下答辩:"。

(二)答辩的论点和论据

答辩的论点和论据是答辩状的主体部分,或者说是关键部分,大体包括以下几方面的内容。

1. 就事实部分进行答辩

对原告起诉状中所写的事实是否符合实际情况表示意见。如果所诉事实全部不能成立,就全部予以否定;部分不能成立,就部分予以否定。提出符合客观实际的事实来加以证明。就事实部分进行论证,要着重列举出反面的证据来证明原告起诉状中所述事实不能成立,并且要求反证确实、充分,不能凭空否认原告起诉状中所叙述的事。这里所说的反面证据,一种是直接与原告所提的证据相对抗的证据;另一种是足以否定原告所述事实的证据。

2. 就适用法律方面进行答辩

(1)事实如果有出入,当然就会引起适用法律上的改变,论证理由自然可以从简,这叫事实胜于雄辩。

(2)事实没有出入,而原告对实体法条文理解错误,以致提出不合法要求的,则可据理反驳。

(3)在程序方面,如果原告起诉违反民事诉讼法的规定,没有具备引起诉讼发生和进行的条件,则可就适用程序法方面进行反驳。

3. 提出答辩主张

在提出事实、法律方面的答辩之后,引出自己的答辩主张,即对原告起诉状中的请求是完全不接受,还是部分不接受,对本案的处理依法提出自己的主张,请求法院裁判时予以考虑。

(三)尾部和附项

(1)致送机关,分两行写"此致　×××人民法院"。

(2)右下方写"答辩人:×××(签名或盖章)",并注明年、月、日。

(3)附项:写明"本答辩状副本×份"和"物证或书证××(名称)×件"。

二、民事答辩状的写作注意事项

(1)必须注意答辩状的针对性。

(2)举出证据要说明证据的来源,证人要交代姓名、住址。

(3)答辩请求必须合情合理。

(4)答辩请求必须明确、具体、完整。

例文赏读

例文一

民事答辩状

答辩人(被告):王××,男,汉族,1955年6月5日生
　　住所地:沈阳沈河区建院街××号

被答辩人（原告）：张××，男，汉族，1924年2月11日生
　　　　　　　　住所地：沈阳铁西区卫工街××号

答辩人就张××诉答辩人拆迁补偿款一案，具体答辩如下：

一、被拆迁并获得拆迁补偿费的房屋系沈阳市公有房产而不是被答辩人的私有房产，因此应当适用沈阳市公房拆迁的相关政策规定。

二、根据沈阳市公房拆迁的政策规定和实际操作，公房拆迁补偿费应由公房的全体居住者即户口在该公房的常住者均摊，而拆迁时该公房的户口常住者为答辩人携妻、子及被答辩人共四人，则每人应得拆迁补偿费为 $430\,286 \div 4 = 107\,571.5$（元）。

三、本案起诉书也确认答辩人已将拆迁补偿费中的117 516元交付给被答辩人次子王××。

综上所述，请法院驳回起诉。

此致
沈河区人民法院

答辩人：（签名并按指印）
2013年9月16日

附：本答辩状副本贰份

例文二

民事上诉答辩状

答辩人（被上诉人）：艾××，女，汉族，1978年3月23日生
　　　　　　　　住址：沈阳市和平区北四马路××号
被答辩人（上诉人）：沈阳某物业管理有限公司
　　　　　　　　住所地：沈阳市和平区南京北街××号
　　　　　　　　法定代表人：刘×
　　　　　　　　职务：总经理

答辩人就被答辩人沈阳某物业管理有限公司因物业服务合同纠纷上诉答辩人一案，具体答辩如下：

一、被答辩人与辽宁某房地产开发有限公司签订的前期物业合同因所谓的双方法定代表人均为刘×，债权债务同归于一人，违反我国《合同法》第91条之规定，并且该合同没有约定物业服务质量的标准，违反我国《物业管理条例》，因而是违法的合同。

二、被答辩人自己在上诉状中承认自己提供的物业服务存在瑕疵。

三、被答辩人（一审原告）在一审中自己要求答辩人给付2 012元物业费。

四、答辩人所在的物业小区多位业主证人证言表明被答辩人所提供的物业服务长期存在质量低劣和缺位的严重问题。

五、被答辩人2014年收缴物业费的资质没有得到主管机关的审批，被答辩人是在违法收费。

综上所述，请法院驳回上诉。

此致

沈阳市中级人民法院

答辩人：（签名并按指印）

2015 年 9 月 28 日

附：本答辩状副本壹份

思考题

1. 民事答辩状由哪几部分构成？
2. 民事答辩应就哪些方面进行答辩？
3. 答辩人署名的形式是什么？

第三节 行政起诉状

必备知识

一、行政起诉状的含义

行政起诉状是公民、法人或者其他组织，认为行政机关和行政机关工作人员的具体行政行为侵犯其合法权益，向人民法院提起诉讼，要求依法裁判所递交的书状。

二、行政起诉状的特点

（一）起因的单一性

行政诉讼引起争议的对象专指国家行政机关或其工作人员的具体行政行为，其他的不能提起行政诉讼。原告只能是行政管理行为的相对人，即认为具体行政行为侵犯其合法权益的公民、法人或者其他组织。

（二）起诉权的专属性

起诉人，即原告是专指受国家行政机关或其工作人员具体行政行为侵害的公民、法人或其他组织，被告的国家行政机关不能提出起诉。原告必须是以自己的名义向人民法院提起诉讼。被告只能是做出具体行政行为的行政机关或者法律、法规授权的组织。

（三）起诉程序的规范性

行政诉讼的起诉有两种程序：一种是申请行政复议，对复议决定不服才向人民法院起诉；另一种是原告直接向人民法院起诉。

（四）受理权限的专属性

行政诉讼必须属于人民法院受案范围和受诉人民法院管辖。

行政起诉状主要适用于以下案件范围。

依据《中华人民共和国行政诉讼法》第十二条，人民法院受理公民、法人或者其他组织提起的下列诉讼：

（1）对行政拘留、暂扣或者吊销许可证和执照、责令停产停业、没收违法所得、没收非法财物、罚款、警告等行政处罚不服的；

（2）对限制人身自由或者对财产的查封、扣押、冻结等行政强制措施和行政强制执行不服的；

（3）申请行政许可，行政机关拒绝或者在法定期限内不予答复的，或者对行政机关做出的有关行政许可的其他决定不服的；

（4）对行政机关做出的关于确认土地、矿藏、水流、森林、山岭、草原、荒地、滩涂、海域等自然资源的所有权或者使用权的决定不服的；

（5）对征收、征用决定及其补偿决定不服的；

（6）申请行政机关履行保护人身权、财产权等合法权益的法定职责，行政机关拒绝履行或者不予答复的；

（7）认为行政机关侵犯其经营自主权或者农村土地承包经营权、农村土地经营权的；

（8）认为行政机关滥用行政权力排除或者限制竞争的；

（9）认为行政机关违法集资、摊派费用或者违法要求履行其他义务的；

（10）认为行政机关没有依法支付抚恤金、最低生活保障待遇或者社会保险待遇的；

（11）认为行政机关不依法履行、未按照约定履行或者违法变更、解除政府特许经营协议、土地房屋征收补偿协议等协议的；

（12）认为行政机关侵犯其他人身权、财产权等合法权益的。

除前款规定外，人民法院受理法律、法规规定可以提起诉讼的其他行政案件。

写作指南

行政起诉状的结构如下。

（一）首部

1. 标题

标题即文书名称，在上部正中写清楚"行政起诉状"。

2. 当事人的基本情况

以原告、被告、第三人的顺序，分别列写诉讼参与人的称谓和基本情况。

原告是公民的，写明其姓名、性别、出生年月日、民族、籍贯、职业或工作单位和职务、住址等。原告是法人或者其他组织的，写明其名称、所在地址、法定代表人或代表人姓名、职务、电话，企业性质、工商登记核准号，经营范围和方式，以及开户银行、账号。

如果有权提起诉讼的公民死亡了，其近亲属可以提起诉讼；有权提起诉讼的法人或者其他组织终止了，承受其权利的法人或者其他组织可以提起诉讼。

被告的基本情况，写明被告的名称、所在地址，以及法定代表人的姓名、职务、电话。

行政诉讼的被告，必须根据行政诉讼法的规定来确定。

与诉讼标的有法律上利害关系的其他公民、法人或者其他组织，可以作为第三人列入当事人栏。原告、被告及第三人为两人以上的，应当分别写明各自的基本情况。诉讼参与人有代理人的，紧接被代理人之后，列写代理人的称谓、姓名和基本情况，律师只列写姓名、工作单位和职务。

（二）正文

1. 诉讼请求

诉讼请求是正文的第一项内容，即原告提起行政诉讼要解决的问题、要达到的目的。在行政诉讼中，原告的诉讼请求一般有三种类型：一是请求人民法院判决撤销或部分撤销违法的具体行政行为，称为"撤销之诉"；二是请求人民法院判决变更不当的具体行政行为，称为"变更之诉"；三是请求人民法院判决被告在一定期限内履行法定职责，称为"履行之诉"。

如果由于错误的具体行政行为或不履行、拖延履行法定职责侵犯原告合法权益而造成财产损失的，在请求法院撤销、变更或履行具体行政行为的同时，原告有权要求行政机关赔偿，在请求事项中一并列出。例如，"一、请依法撤销××××（被告单位名称）〔年度〕第×号××××处罚决定；二、请依法判令××××（被告单位名称）赔偿原告损失×××元"。

2. 事实与理由

事实与理由部分要写清楚提出诉讼请求的事实根据和法律依据。

事实是人民法院审理案件的依据，起诉状必须写明被告侵犯起诉人合法权益的事实经过、原因及造成的结果，指出行政争议的焦点。如果是经过行政复议后不服提出起诉的，还要写清楚复议行政机关做出复议决定的过程和结果。

行政起诉状的事实主要包括以下几个方面：原告引起被告做出具体行政行为的具体事项，即原告在何时何地因何原因实施了何种行为；被告做出具体行政行为的经过情况，以及具体行政行为的主要内容和依据；原告对具体行政行为是否申请过行政复议，复议机关是否改变原具体行政行为，以及改变的具体内容。

理由是在叙述事实的基础上，依据法律法规进行分析，论证诉讼请求合理合法。例如，对被告侵犯起诉人人身权和财产权的案件，原告要着重论述被告实施的具体行政行为所依据的事实不真实、证据不充分；或者违反了法定程序，所适用的法律有错误；或者被告纯属超越职权范围、滥用职权的行为；或者该行政处罚过重，侵害了原告正当权益等。其理由应根据案件的不同而有所侧重，但引用法律、法规条文必须准确，理由务必充分。

理由部分首先要提出对具体行政行为的不服之点，然后以事实和法律为论据，论证是非责任，得出行政机关具体行政行为不当的结论。与民事诉讼"谁主张，谁举证"不同，行政诉讼采用"被告负举证责任"的原则，一般不写证据材料。当然，原告可以向人民法院提供支持其诉讼请求的有关材料，人民法院在审理案件的过程中，也有权要求当事人提供或者补充证据。

（三）尾部

(1) 写明诉状所送达的人民法院的名称。

(2) 附项，写明"本诉状副本×份"等内容。

(3) 起诉人署名，如是法人或其他组织，写明其全称，加盖单位公章。

(4) 注明起诉日期。

例文赏读

例文一

行政起诉状

原告：王××，男，汉族，1978年6月29日生

　　住址：沈阳市大东区望花南街××号

　　职业：辽宁××律师事务所兼职律师、××大学教师

　　电话：1899867××××

被告：沈阳市公安局交通警察支队

　　住所地：沈阳市和平区十一纬路××号

　　电话：2310××××

　　法定代表人：曹××，职务：支队长

诉 讼 请 求

一、判令被告沈阳市公安局交通警察支队依法撤销2101011230745132号公安交通管理简易程序处罚决定书；

二、判令被告整改全市交通标志以符合法律规定的"交通标志"要"清晰、醒目"的要求；

三、判令被告承担本案全部诉讼费用。

事实与理由

原告2015年9月21日收到沈阳市公安局交通警察支队的2101011230745132号公安交通管理简易程序处罚决定书，该简易程序处罚决定书载明原告所驾驶的车牌号为辽A28D××的小型轿车于2015年6月6日17时14分在沈阳市浑南大街桥下由南向北实施机动车行驶超过规定时速50％的违法行为。违反了《中华人民共和国道路交通安全法实施条例》第四十五条，依据《辽宁省道路交通安全违法行为罚款执行标准规定》处以200元罚款，及根据《机动车驾驶证申领和使用规定》附件(3)计3分的处罚决定。

基于以上事实，原告认为被告沈阳市公安局交通警察支队存在以下两类违法行为：

一、根据中华人民共和国公安部令第105号《道路交通安全违法行为处理程序规定》：

第五十条 对交通技术监控设备记录的违法行为，当事人应当及时到公安机关交通管理部门接受处理，处以警告或者200元以下罚款的，可以适用简易程序；处以200元(不含)以上罚款、吊销机动车驾驶证的，应当适用一般程序。

又根据中华人民共和国公安部令第88号《公安机关办理行政案件程序规定》：

简易程序：

第三十一条　当场处罚，应当按照下列程序实施：

（一）向违法行为人表明执法身份，指明其违法事实；

（二）对违法行为人的陈述和申辩，应当充分听取；违法行为人提出的事实、理由或者证据成立的，应当采纳；

（三）填写当场处罚决定书并当场交付被处罚人；

（四）当场收缴罚款的，同时填写罚款收据，交付被处罚人；不当场收缴罚款的，应

当告知被处罚人在规定期限内到指定的银行缴纳罚款。

被告沈阳市公安局交通警察支队对原告所做出的上述简易程序处罚决定书没有经过听取原告的陈述和申辩的法定程序,是违反法定程序。

二、根据《中华人民共和国道路交通安全法》

第二十五条 全国实行统一的道路交通信号。

交通信号包括交通信号灯、交通标志、交通标线和交通警察的指挥。

交通信号灯、交通标志、交通标线的设置应当符合道路交通安全、畅通的要求和国家标准,并保持清晰、醒目、准确、完好。

……

原告作为××大学的一名教师,每天上班驾车经过处罚决定书所载明的所谓违法行为实施地点,长达近一年之久,居然从未发现限速标志和固定测速设备,这与法律所要求的"交通标志""清晰、醒目"可谓完全背道而驰。

原告一向恪守交通信号、标志及标线的约束和规范,凡"清晰、醒目"的"交通标志"原告从未违犯过。因此,被告沈阳市公安局交通警察支队存在设置"限速陷阱",以及"钓鱼执法"和"增收执法"的行政乱作为违法嫌疑。

根据《中华人民共和国行政诉讼法》:

第十一条 人民法院受理公民、法人和其他组织对下列具体行政行为不服提起的诉讼:

(一)对拘留、罚款、吊销许可证和执照、责令停产停业、没收财物等行政处罚不服的;

……

最高人民法院关于执行《中华人民共和国行政诉讼法》若干问题的解释〔2000〕8号:

第一条 公民、法人或者其他组织对具有国家行政职权的机关和组织及其工作人员的行政行为不服,依法提起诉讼的,属于人民法院行政诉讼的受案范围。

依据事实与法律起诉如上。

此致

沈阳市和平区人民法院

起诉人:(签名并按指印)

2015年12月3日

附:本起诉状副本壹份

例文二

行政起诉状

原告:杨××,男,汉族,1958年9月18日生

  住址:××县正阳街××号

  电话:1599867××××

被告:××县公安局

住所地：××县晓东街××号
电话：024-8712××××
法定代表人：宁×，职务：局长

诉讼请求

一、判令被告××县公安局 2014 年 8 月 17 日参加××县人民政府组织的对原告杨××的暴力强制拆除行政行为违法；

二、判令被告××县公安局 2014 年 8 月 17 日在参加××县人民政府组织的对原告杨××的暴力强制拆除中强制拘留的行政行为违法；

三、判令被告××县公安局 2014 年 8 月 17 日在参加××县人民政府组织的对原告杨××的暴力强制拆除中对原告使用暴力的行政行为违法。

事实与理由

2014 年 8 月 17 日上午 7 时许，在没有与原告杨××签订补偿协议，也未做出补偿决定，以及未在房屋征收范围内予以公告的情况下，××县县委书记黄××、县长梁××、副县长张××带领××县相关部门和大量公安干警开着警车、抓钩机等大小车辆二十余辆，包围了原告的住地（即资产所在地）。

住建局王××、马××、杨××等人进屋跟原告说："收拾收拾走吧，县里下决心拆了。"原告据理力争，对其说："拆迁应先补偿后拆迁，强迁应由法院决定，法院的决定呢？"他们说："不管那个，有什么问题完事后再研究。"话音未落，随后进来一帮公安干警凶狠狠地将原告杨××连拉带拽地带出大门，原告杨××的老伴则被四名警察抬起来抬到大门外。原九队的二十几名工人来了，副县长张××指挥警察说："把她们都弄出去。"于是，警察四人抬一个，抬了出去，场面很暴力！原告在旁录制场面欲作为证据，被警察追赶，抢下摄像机并抓走了两人并拘留在当地派出所至当日晚 8∶20 才被释放。原告女儿杨×被殴打致使送院治疗。

基于以上事实，原告认为被告××县公安局存在以下两类违法行为：

一、根据中华人民共和国《国有土地上房屋征收与补偿条例》规定：

第二十六条　房屋征收部门与被征收人在征收补偿方案确定的签约期限内达不成补偿协议，或者被征收房屋所有权人不明确的，由房屋征收部门报请做出房屋征收决定的市、县级人民政府依照本条例的规定，按照征收补偿方案做出补偿决定，并在房屋征收范围内予以公告。

补偿决定应当公平，包括本条例第二十五条第一款规定的有关补偿协议的事项。

被征收人对补偿决定不服的，可以依法申请行政复议，也可以依法提起行政诉讼。

第二十七条　实施房屋征收应当先补偿、后搬迁。做出房屋征收决定的市、县级人民政府对被征收人给予补偿后，被征收人应当在补偿协议约定或者补偿决定确定的搬迁期限内完成搬迁。

任何单位和个人不得采取暴力、威胁或者违反规定中断供水、供热、供气、供电和道路通行等非法方式迫使被征收人搬迁。禁止建设单位参与搬迁活动。

第二十八条　被征收人在法定期限内不申请行政复议或者不提起行政诉讼，在补偿决定规定的期限内又不搬迁的，由做出房屋征收决定的市、县级人民政府依法申请人民法院强制执行。

被告××县公安局对原告杨××所做出的暴力强制拆除行政行为公然违反上述法律。

二、根据公安部党委2011年3月3日下发的《2011年公安机关党风廉政建设和反腐败工作意见》的规定：

"各级公安机关要把维护党的政治纪律放在首位，要认真学习贯彻国务院严格征地拆迁管理工作的有关要求，严禁公安民警参与征地拆迁等非警务活动，对随意动用警力参与强制拆迁造成严重后果的，严肃追究相关人员的责任。"

被告法库县公安局公然顶风犯案，实施对原告杨正新的暴力强制拆除行政行为是公然违反党纪国法。

根据中华人民共和国《行政诉讼法》规定：

第十一条 人民法院受理公民、法人和其他组织对下列具体行政行为不服提起的诉讼：

（一）对拘留、罚款、吊销许可证和执照、责令停产停业、没收财物等行政处罚不服的；

（二）对限制人身自由或者对财产的查封、扣押、冻结等行政强制措施不服的；

……

（八）认为行政机关侵犯其他人身权、财产权的。

依据事实与法律起诉如上。

此致

××县人民法院

起诉人：（签名并按指印）
2014年9月3日

附：本起诉状副本壹份

思考题

1. 行政起诉状由哪几部分构成？
2. 行政起诉状应提供哪些方面的证据材料？
3. 行政起诉的被告有什么特点？

第八章 科技文书

第一节 学术论文

必备知识

一、学术论文的含义

学术论文是某一学术课题在实验性、理论性或预测性上具有的新的科学研究成果或创新见解和知识的科学记录,或是某种已知原理应用于实际上取得新进展的科学总结,用以提供学术会议上宣读、交流、讨论或学术刊物上发表,或用作其他用途的书面文件。

二、学术论文的特点

(一)学术性

所谓学术性,就是指研究、探讨的内容具有专门性和系统性,即以科学领域里某一专业性问题作为研究对象。当然也有的学术问题,仅凭一个专业的知识解决不了,就会由两个或几个专业的专家联手合作研究,运用各自的专业知识,解决一个学术问题,撰写学术论文。从内容来看,学术论文更是富有明显的专业性。学术论文是作者运用他们系统的专业知识,去论证或解决专业性很强的学术问题。有时候,单纯从题目上还难以判断是否是学术论文,必须从内容上加以辨别。从语言表达来看,学术论文运用专业术语和专业性图表符号表达内容,它主要是写给同行看的,所以不在乎其他人是否看得懂,而是要把学术问题表达得简洁、准确、规范,因此,专业术语用得较多。

(二)科学性

学术论文的科学性,要求作者在立论上不得带有个人好恶的偏见,不得主观臆造,必须切实地从客观实际出发,从中引出符合实际的结论。在论据上,应尽可能多地占有资料,以最充分、确凿有力的论据作为立论的依据。在论证时,必须经过周密的思考,进行严谨的论证。

(三)创造性

科学研究是对新知识的探求。创造性是科学研究的生命。学术论文的创造性在于作者要有自己独到的见解，能提出新的观点、新的理论。这是因为科学的本性就是"革命的和非正统的"，"科学方法主要是发现新现象、制定新理论的一种手段，旧的科学理论就必然会不断地为新理论推翻"。（斯蒂芬·梅森）因此，没有创造性，学术论文就没有科学价值。

（四）理论性

学术论文在形式上是属于议论文的，但它与一般议论文不同，它必须有自己的理论系统，不能只是材料的罗列，应对大量的事实、材料进行分析、研究，使感性认识上升到理性认识。一般来说，学术论文具有论证色彩，或具有论辩色彩。论文的内容必须符合历史唯物主义和唯物辩证法，符合"实事求是""有的放矢""既分析又综合"的科学研究方法。

三、学术论文的分类

按研究的学科，可将学术论文分为自然科学论文和社会科学论文。每类又可按各自的门类进行细分，例如，社会科学论文又可细分为文学、历史、哲学、教育、政治等学科论文。

按研究的内容，可将学术论文分为理论研究论文和应用研究论文。理论研究，重在对各学科的基本概念和基本原理的研究；应用研究，侧重于如何将各学科的知识转化为专业技术和生产技术，直接服务于社会。

按写作目的，可将学术论文分为交流性论文和考核性论文。交流性论文，目的只在于专业工作者进行学术探讨，发表各家之言，以显示各门学科发展的新态势；考核性论文，目的在于检验学术水平，成为有关专业人员升迁晋级的重要依据。

写作指南

一、学术论文的写作步骤

（一）选定论题

正确选定论题意义重大，它关系到能否完成研究任务。如果论题过大，到时可能会由于多种因素的影响而难以完成；如果论题过小，不能达到研究的水平。选定论题的前提是选择研究主题，即确定研究对象，选择所要解决的问题。狭义地说，是指选定写文章或者创作的题目。广义地说，是选择科研领域，确定科研方向。需要注意与选定论题有关概念上的区别。

与论题相比，课题是指某一学科重大的科研项目，它的研究范围比论题大得多，如"面对经济全球化环境的中国会计规范体系建设问题"。

（二）收集资料

按照确定的选题和内容，通过各种方法收集大量的资料，才能为科学研究打下坚实的基础。有了丰富的资料，才能研究客观事物的历史发展和现实状况，揭示其影响因素、发展趋势和规律，并预测未来可能出现的变化。通过各种方法收集大量的资料，能为科学研究提供可靠的依据。科学研究需要利用大量的资料，不仅有数量要求，而且有质量标准。只有收集的资料是真实的，才能为研究成果也具有真实性提供可靠的依据。

（三）拟订提纲

拟订提纲的作用很关键。现实中，专业研究人员都有这样的感受：当某种思想在头脑中奔涌，感觉已经酝酿成熟，满怀激情地拿起笔想写出来，但是一旦动笔，思想却在笔头上凝固起来，写不出来或写不下去；或者是在一项科研任务行将结束时，脑子里装着许多材料，观点已经形成且有价值，想写但就是无从下手。凡此种种，并非由于"懒"，而是由于感到"难"。拟订提纲，是让作者有一个整体的写作思路和框架，让写作有的放矢。

（四）撰写初稿

论文的初稿要按照论文的组成部分和拟订的提纲分层次编写，原则上要按照论文的先后逻辑顺序完成论文引论、本论和结论的拟稿工作以及主要参考文献的列示工作。撰写初稿时要求做到：尽量提高撰写初稿的质量，切实做到以论为纲、观点与材料统一、逻辑思维严谨、论文层次清晰、文字表达精练。初稿的写作方式有手写与机写两种，目前一般均采用机写方式，但不同的方式各有其优势与不足。

（五）修改初稿

修改初稿是提高认识和提高论文质量，以便更好地完成科研任务的一个重要程序。修改初稿的步骤如下：

（1）通读初稿，以找出存在的问题和缺点；

（2）修改与调整结构；

（3）进行内容上的修改、补充与调整；

（4）进行语言修饰，逐一审读和修饰论文内容的段落、句子、字、词和数字等，以使其符合相应论文规范的要求。

（六）论文定稿

编写的初稿按照拟订提纲的要求反复修改、补充与核对后方可定稿。作者判断定稿的标准：①论文的观点即中心论点、基本观点和具体论点正确；②论据即理论和实践依据合理；③结构即文章体系严谨，文字通顺，资料真实。论文定稿后，还要认真做好誊正、校对和署名等技术性工作。

二、学术论文的结构

学术论文一般由题名、作者、目录、摘要、关键词、正文、参考文献和附录等部分组成，其中，部分组成（如附录）可有可无。论文各组成部分的排序为：题名、作者、目录、摘要、关键词、英文题名、英文摘要、英文关键词、正文、附录、致谢和参考文献。下面对主要部分进行简单介绍。

（一）题名

题名应简明、具体、确切，能概括论文的特定内容，有助于选定关键词，符合编制题录、索引和检索的有关原则，简明扼要，提纲挈领。

（二）作者

作者署名置于题名下方，团体作者的执笔人，也可标注于篇首页脚位置，有时作者姓名也可标注于正文末尾。

（三）目录

目录是论文中主要段落的简表，短篇论文不必列目录。

（四）摘要

摘要是文章主要内容的摘录，要求短、精、完整。字数少可几十字，多不超过三百字为宜。

（五）关键词

关键词是从论文的题名、摘要和正文中选取出来的，是对表述论文的中心内容有实质意义的词汇。关键词是用作计算机系统标引论文内容特征的词语，便于信息系统汇集，以供读者检索。每篇论文一般选取3～8个词汇作为关键词，另起一行，排在"摘要"的左下方。关键词的一般选择方法是：由作者在完成论文写作后，从其题名、层次标题和正文（出现频率较高且比较关键的词）中选出来。

（六）正文

论文的开头首先是引言，引言又称前言、序言和导言，一般要概括地写出作者意图，说明选题的目的和意义，并指出论文写作的范围。引言要短小精悍、紧扣主题。其次是论文正文，正文是论文的主体，应包括论点、论据、论证过程和结论。主体部分通常包括提出问题、分析问题、解决问题和结论。为了做到层次分明、脉络清晰，常常将正文部分分成几个大的段落。这些段落即所谓逻辑段，一个逻辑段可包含几个小逻辑段，一个小逻辑段可包含一个或几个自然段，使正文形成若干层次。论文的层次不宜过多，一般不超过五级。

（七）致谢

一项科研成果或技术创新往往不是独自一人可以完成的，还需要各方面的人力、财力、物力的支持和帮助。因此，在许多论文的末尾都列有"致谢"。主要对论文完成期间得到的帮助表示感谢，这是学术界谦逊和有礼貌的一种表现。作为一名研究者，应该尊重为形成学术论文所进行的研究所提供帮助的单位和个人，肯定他们在形成学术论文过程中所起的作用。

（八）参考文献

论文参考文献是将论文在研究和写作中可参考或引证的主要文献资料列于论文的末尾。参考文献应另起一页，标注方式按《GB 7714—87 文后参考文献著录规则》进行。著录参考文献可以反映论文作者的科学态度和论文具有真实、广泛的科学依据，也可以反映该论文的起点和深度。各参考文献应按其在正文中出现的先后顺序用阿拉伯数字连续排序。

（九）注释

注释不同于参考文献。参考文献是作者写作论著时所参考的文献书目，集中列于文末。而注释则是作者对正文中某一内容做进一步解释或补充说明的文字，不需要列入文末的参考文献，而要作为注释放在页面下部，用①②…标识序号。

三、学术论文的发表

（一）发表论文的过程

学术论文发表的步骤一般是投稿—审稿—用稿通知—办理相关费用—出刊—邮递样刊。一般作者先对各期刊进行了解，选定期刊后，找到投稿方式，部分期刊要求书面形式投稿。大部分是采用电子稿件形式。

（二）发表论文的审核时间

一般普通刊物（省级、国家级）审核时间为一周；高质量的杂志审核时间为14～20天；核心期刊审核时间一般为4个月，须经过初审、复审、终审三道程序。

（三）发表论文的有效问题

国家规定，论文必须发表在正规的 CN 期刊正刊上才有效，但也有一部分高校有更低的要求，研究生答辩之前的论文可以发表在增刊上。

（四）期刊的级别问题

国家从来没有对期刊进行过级别划分，但各单位一般根据期刊主管单位的级别来对期刊进行划分，可分为省级期刊和国家级期刊。省级期刊的主管单位是省级单位，国家级期刊的主管单位是国家部门或直属部门。

思考题

1. 学术论文的含义是什么？
2. 学术论文的特点和分类有哪些？
3. 学术论文由哪几部分构成？

第二节 毕业论文

必备知识

一、毕业论文的含义

毕业论文，需要在学业完成前写作并提交的论文，是教学或科研活动的重要组成部分之一，也是高等学校对学生整个学习过程的一个综合性考查。毕业论文通常是一篇较长的有文献资料佐证的学术论文，是高等学校毕业生提交的有一定学术价值和学术水平的文章。毕业论文是大学生从理论基础知识学习到从事科学技术研究与创新活动的最初尝试，泛指专科毕业论文、本科毕业论文（学士学位毕业论文）、硕士研究生毕业论文（硕士学位论文）、博士研究生毕业论文（博士学位论文）等。

二、毕业论文的准备过程

一篇较好的毕业论文通常是一篇较长的有文献资料佐证的学术论文，一般需要经过较长时间的准备过程。要完成一篇毕业论文，一般需要经过以下两个过程。

（一）毕业论文选题

选题应与自己所学专业相关，选题应符合专业培养目标和教学要求，以学生所学专业课的内容为主，不应脱离专业范围，要有一定的综合性，以及一定的深度和广度。选题有三个原则：一是价值性，选题要有科研价值、有社会需求；二是创新性，选题应是新领域探索、空白填补、通说的纠正、前说的补充；三是可行性，要考虑到个人条件、实践性调查、资料占有条件、指导教师条件等多种因素。

总之，要根据自己所具备的能力选择大小、深浅、适度的课题。题目太小则不利于展开理论上的探讨，题目太大则不利于抓住重点展开论述。此外，还有一种获得自己观点的方法，即先大量阅读某个方面的学术文章，了解别人在这方面的见解，经过一定的阅读就会在这方面积累足够的知识,自己的见解也可能慢慢形成。

(二)毕业论文材料的收集与整理

毕业论文不同于一般的论文,专业的毕业论文是某一学科领域的科研成果的描述与反映,没有研究,写作就无法进行。研究的前提是必须掌握尽可能多的文献信息资料。一个人读的书越多、查找的资料越全面,专业水平就越高,创造性的思考可能性就越大,写出来的论文质量就越高。因此,大学生在撰写毕业论文时,首先要学会如何检索文献资料,懂得文献查找的方法与技巧。

文献资料的查找也就是文献资料的检索,它是现代科技人员获取文献和信息的主要手段之一,同时也是大学生撰写毕业论文获取资料的主要方法。图书馆及其他文献信息机构收藏的文献资料有很多种类,随着互联网的流行,现在图书馆有很多电子期刊数据库可供选择。电子期刊数据库不但检索种类齐全,而且速度快,是当今科技人员资料查找的首选。

下面简单介绍几种目前用得较多的电子期刊数据库。

(1) 中国知识基础设施工程网(CNKI 数据库),是由清华同方光盘股份有限公司和清华大学中国学术期刊(光盘版)电子杂志负责牵头实施的。其建立的 CNKI 系列数据库包括期刊、报纸、博硕士毕业论文等,收录了自 1994 年以来国内公开出版的 6 000 多种期刊,网址是 http://www.cnki.net。

(2) 万方数据资源系统,是由中国科技信息研究所、万方数据集团公司开发的建立在互联网上的大型中文网络信息资源系统。网址是 http://www.wanfangdata.com.cn 或 http://www.chinainfo.gov.cn。

(3) 中国科技期刊数据库,是由重庆维普咨询公司开发的一种综合性数据库,也是国内图书情报界的一大知名数据库。它收录了近千种中文期刊、报纸,以及外文期刊,其网址是 http://cqvip.com。

电子期刊文献资料的查找可以分为两个层次:基本查找和追踪查找。基本查找是指文献的题目或内容一般无从知道,只知道该文献大致属于哪一个学科或者属于某一方面,或者只知道某些关键词;追踪查找则大致知道文献的题名、出处或者作者等相关信息就可以查找相关的学术论文。

通过所收集材料的目录或索引,找出与毕业论文论文题目有关或紧密相连的章节。通过泛读,大致了解与本论题有关的研究现状和前景,避免重复别人的工作。在这些过程中,需要概括与毕业论文题目有关的研究现状,整理毕业论文提纲或大致思路,并熟悉基本的毕业论文格式与写作规范。

写作指南

在撰写毕业论文的过程中,需要经过开题报告、论文写作、论文答辩,以及论文评分四个过程。

一、开题报告

开题报告是论文撰写过程中最重要的一个环节,也是论文能否进行的一个重要指标。开题报告包括以下几个方面的内容。

1. 论文名称

论文名称就是课题的名字,名称要准确、规范、简洁,一般不超过 20 个字。

2. 论文研究的目的和意义

首先从现实需要方面去论述，指出现实当中存在相关的学术问题需要去研究和解决，即论文研究的实际作用；其次，再介绍论文的理论和学术价值，主要内容有研究的有关背景，为什么要研究该课题、研究的价值，以及要解决的问题。

3. 本论文国内外研究的历史和现状（文献综述）

这部分是要求毕业生掌握研究课题的广度、深度、已取得的成果，寻找有待进一步研究的问题，从而确定本课题研究的平台、研究的特色或突破点。

4. 论文研究的指导思想

指导思想就是在宏观上应坚持什么方向、符合什么要求等，这个方向或要求可以是哲学、政治理论，还可以是政府的教育发展规划，也可以是有关研究问题的指导性意见等。

5. 论文写作的目标

论文写作的目标也就是课题最后要达到的具体目标，要解决哪些具体问题，即论文写作的目标定位，确定目标时要紧扣课题。

6. 论文的基本内容

基本内容一般包括对论文名称的解说，以及对研究对象、研究问题、研究方法的介绍。还包括与论文写作有关的理论、名词、术语、概念的解说。

7. 论文写作的方法

论文写作的具体方法包括观察法、调查法、实验法、经验总结法、个案法、比较研究法、文献资料法等。

8. 论文写作的步骤

论文写作的步骤，也就是论文写作在时间和顺序上的安排。

二、论文写作

（一）拟写论文提纲

拟写论文提纲是论文写作过程中的重要一步，这是论文进入正式写作阶段的标志。

（1）要对学术论文的基本类型有一概括了解，并根据自己掌握的资料考虑论文的构成形式。对于初学论文写作者可以参考杂志上发表的论文类型，做到心中有数。

（2）要对掌握的资料做进一步的研究，通盘考虑众多材料的取舍和运用，做到论点突出，论据可靠，论证有力，各部分内容衔接得体。

（3）要考虑论文提纲的详略程度。论文提纲可分为粗纲和细纲两种，前者只是提示各部分要点，不涉及材料和论文的展开。但对初学论文写作者来说，最好拟一个比较详细的写作提纲，不但提出论文各部分要点，而且对其中所涉及的材料和材料的详略安排以及各部分之间的相互关系等都有所反映，写作时即可得心应手。

（二）正文各要素的写法

1. 摘要与关键词

摘要一般为300字左右，位于作者署名之后，正文之前。关键词，结合标题和正文内容一般选取3～5个。

2. 引论

常写作"引言""引论""绪论"，引论的内容一般是交代选题背景、课题来源、本课题在国内外的研究进展状况、已有的研究成果、存在的问题、选题的意义，以及讨论的问题。本文分几部分，从哪些方面进行讨论，以及指导思想、论证方法等，均可根据内容的需要写在引论中。

3. 正论

正论常分几部分写，分别标示"一""二""三"等，有的加小标题，或以分论点的形式出现，以凸显论述的观点或主要内容。这部分是对研究过程及分析、归纳、概括的表达，体现分析方法与思路，充分有力的论证。正论还要体现出明确的指导思想。

结论一般用"结语""小结""余论"等标示。在毕业论文格式中，结论是对整个研究工作的归纳、综合或概括，也可以提出进一步研究的建议。若在正论之后，对相关联的问题还想简短简述一下，或是对较为重要的问题再说一些想法，可写成"余论"。

在写毕业论文时，有以下几点需要注意。

（1）注意段落与章节之间的逻辑性。对于理论方面的毕业论文还应当注意理论论证的严密性和知识的系统性，同时论述要以论题为核心展开。

（2）论文的阐述宜客观，一般采用第三人称叙述，尽量避免使用第一人称。

（3）文章内容的叙述要详略得当，要注意避免重复。对于有新意、有争论的观点，则要讲透，绝不能吝惜笔墨。

4. 毕业论文致谢

简述自己撰写毕业论文的体会，并对指导老师以及有关人员表示感谢。

5. 注释与参考资料

注释专指"本文注"，即作者对论文有关内容所做的解释，属于毕业论文格式的非必备项。参考文献专指"引文注"，即作者对引用他人作品的有关内容所做的说明，在引文结束处右上角用"［1］""［2］"等标示，序号与文末参考文献列表一致。同一著作或文章被多次引用时只著录一次。

三、论文答辩

1. 要熟悉内容

参加论文答辩同学，必须对自己所著的毕业论文内容有比较深刻理解和比较全面的熟悉。这是为回答毕业论文答辩委员会成员，就有关毕业论文的深度及相关知识面而可能提出的论文答辩问题所做的准备。所谓"深刻的理解"是对毕业论文有横向的把握。

2. 要紧扣主题

对于毕业论文答辩委员会成员来说，他们不可能对每一位的毕业论文内容有全面的了解，有的甚至连毕业论文题目也不一定熟悉。因此，在整个论文答辩过程中能否围绕主题进行，能否最后扣题就显得非常重要。另外，委员们一般也容易就论文题目所涉及的问题进行提问，如果能自始至终地以论文题目为中心展开论述就会使评委思维明朗，对你的毕业论文给予肯定。

3. 语速适中

进行毕业论文答辩的同学一般都是首次，说话速度往往会越来越快，以致毕业答辩委员会成员听不清楚，影响了毕业答辩成绩。故毕业答辩学生一定要注意在论文答辩过程中的语速，要有急有缓，有轻有重。

思考题

1. 收集毕业论文的材料有哪些渠道？
2. 整理毕业论文的材料要注意什么？
3. 什么是开题报告？开题报告包括哪几个方面的内容？
4. 撰写论文一般分哪几个步骤？

第九章 申论

申论是我国公务员资格考试的一个科目。在公务员考试中，通过对设定资料的阅读，回答有关问题，考查应试者阅读理解、综合分析、提出和解决问题、文字表达、政策的贯彻执行等能力的一种考试形式。作为一种应试文体，申论最早出现于2000年中央国家机关公务员录用考试之中。经过几年的改进与完善，申论现已成为国家公务员录用考试的一门基本科目，日益受到人们的重视。

必备知识

一、申论的含义

"申论"一词从字面来理解，"申"为引申、申述，"论"为议论、论证，"申论"则指对特定材料进行分析、概括，展开论述，提出自己的观点、对策。

从考试大纲规定及历年实际出题情况来看，申论考试为应试者提供了一系列反映特定实际问题的文字材料，要求考生仔细阅读这些材料，概括出它们反映的主要问题，并提出解决此问题的实际方案，最后再对自己的观点进行比较详细的阐述和论证。

申论形式上是测试考生写作水平的一种考试方式，但实际上与传统的中高考写作有所不同。传统的中高考作文只是要求考生根据给定题目或材料写作，侧重考核的是学生的语言文字的运用能力，学生在写作中只要能够根据给定题目或材料完成一篇作文，作文中学生所持观点均有一定的方向性，表明学生对待事物的认识或看法即可，考查的重点在于学生对语言文字的掌握情况以及升入上一级学校的学习能力。而申论则是侧重对应试者综合分析能力、提出问题尤其是解决实际问题的能力的考查。申论考试是为选拔国家机关工作人员服务的，具有较强的现实针对性。

二、申论的特点

作为一种专用于选拔录用国家公务员的应试文体，申论不同于明清时期的八股取士，而是对传统写作的进一步拓展，在写作内容上更具有现实针对性，在形式上更为灵活。与传统的写作相比，申论具有鲜明的特点。

（一）资料的广泛性

申论是为了选拔国家公务员而进行的测试，因此十分注重对考生的分析、判断、解决问题的能力等综合素质的考核。为体现这一要求，申论所给定的背景资料涵盖了政治、经济、法律、教育等诸多方面的内容，涉及范围极其广泛，所给资料既有理论性质的，又有官方文件；既有背景素材，又有评论文章。

申论背景资料所反映的问题大部分已有定论，也有一些问题尚无定论或存在争议，需要考生自己去理解、分析和判断，并做出结论。一些难以定论的问题，特别是一些争议激烈的前沿问题，一般不会作为背景材料。

（二）测试的针对性

申论考试是具有模拟公务员日常工作性质的能力测试。作为公务员，对社会生活的方方面面都应当有所认识和有所思考，并且具备较高的思想水平和较强的分析问题、解决问题的能力。因此，申论考试所提供的一般都是社会性较强的背景材料，能够测查考生处理公务员日常事务的潜能。

申论测试考查的目的明确，针对性很强，即主要考查考生阅读、分析、概括、解决问题的能力。这些能力主要通过对背景材料的分析、概括、论述体现出来，从所提出的方案对策是否具有针对性和可行性体现出来。从这一角度来看，考查的目的与测试的命题是密切相关的有机整体：目的具有针对性，试题也具有针对性；试题为测试的目的服务，目的则是试题设计的指导思想。

（三）作答的灵活性

申论测试除了所给出的材料部分外，其答卷一般由四部分组成：概括部分、分析部分、对策部分和综合部分。就文体而言，作答涉及记叙文、说明文、议论文主应用文等文体，表达方式也比较灵活。申论测试既考查了文体写作的能力，也考查了分析、理解、解决问题的能力，测试形式非常灵活、实用。

考生回答问题的空间虽然受到了一定的限制，如给定资料、文字容量等，但考生可以根据自己对资料的理解，按照自己习惯或喜欢的方式作答。

（四）答案的相对性

申论测试没有也不可能有一个确切、固定、唯一的标准答案。从资料背景来看，都是与当前政治、经济、法律、教育等有关的社会问题，有的已定论，有的尚未定论，完全要考生自己来解决。从这个角度来看，无论是提出对策或是对对策进行论证，都不会有一个标准的答案。

正因为申论测试没有确定的答案，这给了考生发挥的空间，考生完全可以充分地展现自己的能力和水平，同时也有利于选拔者挑选到满意的人才。

（五）对策的前瞻性

申论测试注重考查考生综合运用所掌握的知识解决实际问题的能力。社会在不断地发展变化，申论的命题也会与这种发展趋势相适应，在资料的选择上会体现出一定的不可知特点，可能涉及公众较为关注的，尚未达到公众认同或社会发展方向中某些悬而未决的问题。

申论对策的提出要适应这种变化，有针对性地解决实际问题，所提对策既要切实可行，又要具有前瞻性，要从长远、发展的角度进行思考。

三、申论考试

申论考试的试卷比较规范，总体上分为三大部分：注意事项、给定资料和作答要求。

（一）注意事项

注意事项部分主要说明答卷的要求、时间，并提出指导性建议，具体内容如下：

（1）本试卷由给定资料与作答要求两部分构成。考试时限为150分钟。其中，阅读给定资料参考时限为40分钟，作答参考时限为110分钟。满分100分。

（2）请在答题卡上指定的位置填写自己的姓名、报考部门、填涂准考证号。考生应在答题卡指定的位置作答，未在指定位置作答的，不得分。

（3）监考人员宣布考试结束时，考生应该立即停止作答，将试卷、答题卡和草稿纸都留在桌上，待监考人员允许离开后，方可离开。

（二）给定资料

给定资料是题本的主体，也是考生作答的依据。所给材料一般由数段组成，每段材料之间没有必然的逻辑关系，其长度一般为5 000～10 000字。从给定资料内容来看，通常围绕近几年来的社会问题和热点问题，选取来自官方、民间、媒体、学者或国内外经验等方面的认识或看法，也包括一些具体事例。

（三）作答要求

作答要求也称申论要求，是考生答题的题目。近年的申论考试一般设四个问题，问题基本围绕对给定材料进行理解、分析、整理、归纳、概括、综合，并用限定的篇幅概括出所给背景材料的主题；用限定的篇幅对主要问题提出见解，提出具有可操作性的解决方案；用限定的篇幅对见解、方案进行论证等方面展开。例如：

我国改革开放三十年来，取得了巨大的成绩，也面临许多问题。请概述"给定资料"反映的我国当前经济发展要解决的主要问题。（20分）

要求：要紧扣给定资料，全面，有条理，不必写成文章，不超过300字。

四、材料阅读与综合分析

（一）材料阅读

材料阅读，是指对给定材料进行阅读分析，以把握给定材料内容的整个过程。材料阅读是申论应试的基础性环节，是概括要点、提出对策等环节的前提。只有读通且弄懂全部材料，才能把握给定材料所反映的问题，区分问题的主次轻重地位，概括出主要问题。

材料阅读的基本要求是全面理解和掌握材料的内容。首先把众多事实材料分类，再总结归纳出其中的内在联系，将具体问题上升为反映普遍现象的观点，并联系到给定材料以外的其他事物进行思考与分析。

1. 材料阅读的基本原则

（1）整体原则。在阅读材料过程中必须把握整体性原则，即整体把握给定资料的主题和层次，找出给定材料的真实内涵。只有全面掌握了给定材料的内容，才会找到不同段落之间表述的关联性，进而掌握材料的主旨，挖掘出材料反映的本质。

（2）重点原则。强调重点原则，既指整个给定的资料，也包括给出的每一个段落。具体来说，就是要对给定材料深入分析，概括出所给材料每个段落的基本观点。从整体和局部两个角度兼顾,找到材料强调的重点。

(3) 过滤原则。过滤原则就是要求要从总体上去概括材料的"寓意"。给定资料中某些段落与材料的主题关联性不大,或是一些铺垫性的资料,或是描述性的语言,具有一定的迷惑性。若只抓给定材料的"只言片语",往往容易断章取义,偏离主题。

(4) 普遍原则。普遍原则就是要求不能偏离材料提供的基本倾向和基调,突出材料所蕴含的普遍原则,即主流意识或社会普遍认同的思想方向。个人的认识水平有所不同,应该站在材料的基础上,从普遍认识的角度把握材料。

(5) 时效原则。申论的给定材料内容丰富且无序,集合了政府、专家、媒体等多方面的观点,而且材料的内容相对专业、文字量较大,材料与材料之间无必然的逻辑关系,这对材料阅读提出了十分严格的时间要求。

2. 材料阅读的步骤与方法

(1) 材料阅读的步骤。阅读材料要认真细致,不要过于强调阅读速度,否则只会囫囵吞枣,对资料一知半解甚至对材料理解出现偏差。材料阅读可采用三步阅读法。

第一步,通读,即找出哪些是重点段落,哪些是次重点段落,哪些是枝节,哪些是鱼目混珠的段落。

第二步,细读,即细读重点段落与次重点段落。在细读的过程中简单概括段落大意,标出重点段落中的关键词句。

第三步,精读,即精读自己圈定的重点段落、关键词句,从这些重点段落、关键词句中分析、归纳出主题。

(2) 材料阅读的方法。应从总体上把握材料内容,理清给定材料反映的主要问题。可按照如下模式对材料进行思考。

第一,材料的性质是什么?即材料属于哪个类别,材料来自民间还是政府,是政府的倾向、专家的观点还是媒体声音等。

第二,材料的主要倾向是什么?即材料反映的基本观点,材料的倾向反映了命题者对等材料涉及问题的基本态度。

第三,材料的主要内容是什么?即从整体上把握材料的主要内容的基础上,找到材料反映的最主要的问题。这样才能对材料从总体上有个把握,分析问题出在哪里,问题的关键是什么。要透过材料的现象抓住其蕴含的本质。阅读就是要透过现象看本质,而不是简单地就事论事。要善于概括材料的要点。概括要点是一个承上启下的重要环节。一方面,它是阅读材料环节的小结;另一方面,如果这个环节完成得不好,就会直接影响对策的针对性。概括要点应力求全面、准确、深刻,突出主旨就是要抓住材料时中心思想,突出重点。

(二) 材料的综合分析

综合分析是指在准确理解材料主要内容的基础上,全面分析问题所涉及的各个方面,再把握材料主旨和精神,形成并提出自己的观点、思路或解决方案,准确流畅地用文字形式表达出来。

1. 材料综合分析的基本原则

(1) 把握矛盾普遍性原理。把握矛盾普遍性原理即承认矛盾的普遍性与客观性,敢于承认矛盾，揭露矛盾，这是综合分析的前提。

矛盾普遍性原理的基本内容如下。

① 矛盾存在于一切事物中。世界上任何事物都有矛盾，不包含矛盾的事物是不存在的。无论是在自然界、人类社会还是在人们的思维领域，矛盾都是普遍存在的。

② 矛盾贯穿于每一事物发展过程的始终。一切事物从产生到灭亡，时时刻刻都存在着矛盾。

总之，矛盾存在于一切事物中，并且贯穿于事物发展过程的始终，即矛盾无处不在，矛盾无时不有，这就是矛盾的普遍性。

(2) 要善于全面分析矛盾，坚持两分法，防止片面性。两分法是全面地看问题的观点，既看事物的这一面，又看事物的那一面。既要分析两方面之间的对立，又要分析两方面之间的统一。坚持两分法、两点论，就能正确地分析矛盾，有效地解决矛盾。

(3) 坚持事物都是一分为二的基本观点。矛盾既对立又统一。对立统一规律即矛盾规律，是唯物辩证法的实质和核心，是唯物辩证法的最根本的规律，也是矛盾的两种基本属性。所谓的对立，是指矛盾双方互相排斥，互相争斗。所谓的统一，有两种情形：一是矛盾的双方在一定条件下互相依存，一方的存在以另一方的存在为前提，双方共处于一个统一体中；二是矛盾双方依据一定的条件，向自己相反的方向转化。

2. 材料综合分析的基本方法

材料的阅读与概括是了解申论题目的基础工作，接下来对材料的分析是针对作答要求而进行的最重要的工作，申论材料综合分析主要有四个基本方法。

(1) 问题与原因分析法。问题与原因分析法即根据问题的表现，找出相应的应对策略的方法。首先查找具体的问题表现；其次是从这些问题出发，寻找形成问题的原因；最后根据问题的表现形式及具体原因找出相应的对策。其具体步骤如下。

第一步，界定问题。首先必须针对作答要求中的问题，界定其所指向的特定问题。

第二步，在给定材料中查找相关问题的阐述。根据问题在给定材料中寻找与此有关的段落，找到关于问题的表达内容，综合形成关于某个问题的具体表现方面的条理性陈述。

第三步，寻找问题的内外原因。原因分析是申论考试答题中最重要的方法，在分析问题类题目中这一方法尤其重要。一般来说，考生可通过推理分析问题的原因，一般有直接原因和间接原因，内因和外因等。

第四步，概括问题的实质，形成答案。

(2) 供需分析法。供需分析方法即通过对问题的供给和需求进行分析，找出问题的实质和关键的方法。社会在发展过程中，供给与需求之间必须保持适度的均衡发展关系，即平衡比例关系，一旦失衡，问题不可避免。

供需分析法的实质是矛盾分析的方法，无论是工业产生、商品流通还是现实生活，都存在供给与需求的矛盾，供需分析就是从供给与分析两个方面寻找问题产生的原因与解决问题的方法。

(3) 可行性与合理性分析法。可行性与合理性分析是指对题目所提出的问题、观点、措施，进行合理性、可行性方面的分析，并据此提出自己观点的分析方法。可行性与合理性分析需要考生具有一定的常识判断与行政管理方面的知识。

可行性是指具体的对策或解决问题的具体措施是否具有可操作性，即对策能否落实，能否切实解决材料中反映实际问题。

合理性是指具体的对策或解决问题的具体措施是否符合国家的基本方针、政策，是否符合民情、民意，是否与给定材料所指向的基本方向相一致。

（4）概括与对比分析法。概括与对比分析法要求从问题出发，概括给定材料中的相关内容，运用对比分析的方法进行逻辑推理，最后得出结论的综合分析的方法。概括与对比分析法可按以下步骤综合分析。

第一步，弄清题干内容，找准问题。这个环节的实质是审题的过程，这是概括与对比分析法的基础，就是精确理解问题的题意。

第二步，针对问题，概括材料。根据问题的指向，概括材料表达的基本观点。这个步骤强调的材料表达的基本观点可以理解为具体的某段材料表达的观点，即在问题指向的基础上的段落题旨。

第三步，对比研究，分析综合。就是在准确地概括材料的基础上，对材料局部表达的含义对比分析，形成整体上的对材料的理解。这里的对比分析应权衡不同材料表达的基本观点，寻找问题产生的原因与表现，问题解决的思路与办法。

第四步，总结成文。总结成文就是按一定的逻辑关系把问题产生的原因、解决问题的对策用文字表达出来的过程。在这个环节里，提出问题、分析问题、解决问题是最基本的思维模式。

写作指南

一、申论写作

申论写作是一个人的知识基础、能力水准、思维品质、文字表达的全面展示，要求写作者充分利用给定资料，切中主要问题，全面阐明、论证自己的见解。申论的写作也是申论考试的核心环节。

（一）指导思想和站位角度

申论写作要求在论证角度选择上要从小处着眼，从大处着手，从具体事实或现象入手，在有限的篇幅内提出具有普遍意义或具有针对性的观点或对策。因此，在写作的指导思想上要贴近现实生活，能为社会所关注，符合社会普遍的价值观念，所持观点要新颖，不落俗套，有创新，在解决问题的对策和处理意见方面可以具体阐述。站位角度应立足于机关工作人员，从全局的高度思考问题，密切联系给定材料，提出的具体对策要切实可行，针对性强。

（二）谋篇与布局

谋篇与布局是申论写作首先要考虑的问题。谋篇与布局，就是要根据文章各部分的地位和作用，合理地确定它们在整体结构中的位置，把材料组织得严密周详，无懈可击。一篇好的文章，层次要明确，条理要清楚，让人一目了然。在谋篇布局的时候，首先要确定中心思想与材料之间、整体与部分之间、部分与部分之间的内在逻辑联系，精心安排好各部分、各要素在整个结构中的位置。由于文章的内容不同，作者的角度各异，文章的结构形式也必然是多姿多彩的。不过，结构严谨、逻辑清晰，是申论的最基本要求。

(三) 申论的写作

申论从结构上可分为标题、开头、主体、结尾等几个部分。

1. 标题

申论考试大都是自拟题目，但要解决的主要问题却是由给定材料限定的。在拟订题目论证问题时必须充分利用给定的材料，紧紧抓住主题或主要问题，突出主旨进行论证，不应天马行空，任意挥洒。

标题是一篇文章的旗帜。一个醒目的标题，往往能够给人一种先声夺人的气势，一下子吸引住读者的目光，引起读者进一步阅读和评论的兴趣。一个好的论文题目必须旗帜鲜明，必须准确精当、生动贴切地表明作者论述主要问题的基本立场。

确定文章标题时应注意以下几点：

（1）文章标题必须与文章内容相契合，不能让人看后不知所云，甚至产生歧义。

（2）文章标题应当简明、精练、生动、贴切，不仅读来起铿锵有力、朗朗上口，而且能够言简意赅地点出作者的鲜明态度和文章所要论述的基本内容。

（3）文章的标题应当体现丰富的意蕴和哲理，不能流于大而无当、空泛乏味。

2. 开头

俗话说万事开关难，写作也是一样。一篇好的申论文章应该是"凤头""豹尾""猪肚"。所谓"凤头"，就是指文章的开头要有一个好的起笔。可以采用一些震撼性的事例和理论论述打造第一印象，也可以引用一些名言警句、历史典故为文章增添亮色。总之，文章的开篇应有特色。

申论的开头一般可采用以下几种方式：

（1）开门见山，直接提出主题，表达自己的观点，即"开门见山，落笔扣题"，增强文章开篇的亮色。

可以引用领导人的权威论述，这样就占领了理论与道义的制高点，将全文的指导思想提升到一定的高度，随后引入问题、进入正文，起到先声夺人的作用。也可以以经典名著、格言警句或者是历史典故开篇，引出话题，阐述自己的观点，为自己的文章增添亮色。还可以采用文学式开篇，就是在文章的开头采用感叹句、排比句等方式起笔，可以增强申论的文学色彩和文章的吸引力。另外，也可以采用设问开篇，即自问自答的开篇方式，所设问题是申论最核心的问题，然后在回答中直接点明申论的中心论点，这样的开头可以增强文章的气势。

（2）设喻。即在申论开头用比喻的方式提出基本观点。这样的开头形象生动，说理明确易懂，容易使人接受。

（3）对比。对比是一种修辞手法，它通常把优与劣、好与坏、善与恶、美与丑这样的事物并列提出，鲜明地揭示矛盾的两个方面，在比较中强调个人所持的观点。

3. 主体

主体部分是申论写作的核心和重点。这部分的内容应可按照提出问题、分析问题与解决问题的思路来安排。

主体部分中提出对策是写作的重点。

提出解决问题的对策，是对所给定材料加工、处理后，全面地对所有材料，有针对性地寻找解决问题的思路与办法，克服问题产生的原因，使对策合理、具体，便于落实。提出对策的前提是准确地概括出给定材料反映的主要问题。没有对给定材料所反映问题的正确分析与概括综合，提出对策根本无从谈起。如果说概括部分是提出问题，那么提出对策则是解决问题。

提出解决问题的合理对策是建立在对材料综合分析、正确理解基础之上的，因此，其前提是吃透材料，然后再进行合理的构思，有针对性地提出问题解决的对策。在这个过程中，理性思维起着至关重要的作用。

所提出的解决问题的对策，应注意把握以下几点。

（1）主次分明，重点突出。紧紧抓住材料所反映的主要问题，突出重点，按照一定的解决问题的逻辑关系与次序安排对策的内容，提出解决问题的对策方案，不能不分主次、枝枝蔓蔓、胡子眉毛一把抓。

（2）合乎情理，顺应法规。即提出的对策要合情、合理、合法。所谓"合情、合理、合法"，是指解决方案要合一定之规，这一定之规中既包括社会伦理道德规范，又包括国家的法律法规，党和国家的路线、方针、政策。当然，在具体解决问题时一定要具体问题具体分析，不能只是生搬硬套。

（3）明确身份，设定角色。申论写作与一般作文的一个重要区别就是命题者预先都给了考生一个确定的公务员角色。这就要求考生在根据主要问题提出对策方案时，首先必须明确自己的这个虚拟身份，即自己处在一个什么样的职位上提出方案。

（4）依托材料，针对性强。针对给定材料中所反映的问题提出解决方案，既要具有合理性，还要具有针对性。明确方案的针对性，也就是要针对问题提出方案，所提对策方案必须具有很强的针对性。这种针对性包括两个方面的含义。

① 对策方案应该与所给定材料的倾向性相吻合。申论给定的材料都反映了某种社会问题，并设定了解决问题的倾向。考生所提供的对策方案必须结合给定材料涉及的范围和条件，与这种倾向性相一致。

② 对策方案要紧紧围绕前面所提供的材料，并且概括材料所提出的主要问题，切中要害。提出对策方案的前提，是阅读分析材料之后概括出来的要点。如果说概括材料是提出问题的话，那么，提出方案实际上就是要解决前面所提出的问题。提出的对策方案是直接针对前面概括材料时提出的问题的。所以，一般来说，前面概括了几个方面和层次的问题，这一部分就应当体现几个方面或层次的对策和方案。当遇到给定材料反映的问题比较复杂时，首先要根据题目给定的角色进行认真筛选，抓住核心问题，切忌平均使用力量，甚至本末倒置。

（5）措施明确，方便落实。即对策应具有可操作性。所提对策如果不具有可操作性，就失去了对策设计的意义。一般而言，对策的可操作性含义如下。

① 对策要明确执行主体，即制订出来的方案由谁去执行。也就是说，"问题"要有明确的"归口"，对策要有直接解决问题的政府部门或职能机构去处理与落实。

② 对策要明确执行步骤，即制订出来的对策怎样执行。也就是说，对策不能只是大的原因，让人感到无所适从，而是要有解决这些问题的具体步骤、办法，要能够付诸实施。

③对策要明确执行的时效,即制订出来的对策方案何时实施,在什么条件下实施。也就是说,对策要认真对待其时效性,它不是遥遥无期的许诺,而是解决当前问题的切实可行的办法。

④对策要明确执行的条件,即制订出来的对策在什么条件下实施。也就是说,对策方案的提出必须充分考虑到解决问题所需要的主客观条件。如果提出的对策方案在现实中不具备实施的主客观条件,也只能是一纸空文。

4. 结尾

"豹尾"即是文章的结尾。其实跟文章的开头一样,结尾的首句也应该引用一些格言警句和历史典故,或者是一些理论上的论述,从而深化文章的主旨,达到余音绕梁、令人回味的效果。

文章的结尾有以下几种方法:

(1)总结深化,就是对文章的观点进行总结概括,以达到点明主旨、深化主题的目的,这是最常规的一种结尾方式。

(2)发出倡导、号召,展望未来,就是在对文中问题的解决,对策实施后取得效果的基础上,展望未来、升华文章的主题。例如,可以采用呼吁、感叹、反问等句式加重语气,号召全民上下团结一心,为建设和谐的社会共同努力奋斗,以此增强文章的艺术感染力。

(3)首尾呼应,就是结尾要与文章的开头相呼应,并且要与文章的题目相关联,这样可以避免偏题、跑题、主旨不明确等现象的发生。

二、申论的语言特点

申论属于公务文体,其语言与公文相似,写作以叙述、说明和议论为主要表达方式。概括起来讲,申论语言的主要特点包括庄重、准确、严谨、精练等几个方面。

(一)庄重

庄重,不用冷僻字,较少使用外来词汇,多使用专业词语;语法严谨,讲求格式,多用陈述句式和祈使句式,行文中力避方言俚语,力避个人用语风格。例如:

习近平总书记说过,"没有意识到风险是最大的风险"。如今的互联网,早已不是当年的飞鸽传书那么简单,已经覆盖了我们生活的方方面面,稍有不慎,就会让自己陷入泥沼。我们不可能要求每个人都成为"武林高手",但至少,每个人都应具备一定的防身技能。更重要的是,国家相关部门应该未雨绸缪,做好应对最坏情况的预案。网络安全的弦绷紧一分,网络的隐患才会远离一分;及时更新安全观念,漏洞的风险才会少一分。

又如:

百余年前,梁启超根据中国与世界的交流程度,将中国历史划分为中国之中国、亚洲之中国和世界之中国。今日中国,在网络的作用下时时刻刻与世界同此凉热,中国不仅是"东西往来"的"世界之中国",更是"互联互通"的"世界之中国"。互联互通的机遇我们不能失去,但风险共担的局面也必须面对。从上到下警钟长鸣,安全才不会成为互联网发展的"阿喀琉斯之踵"。

(二) 准确

准确，即用最确切、最恰当的词、句，表达概念和判断，使之准确无误地反映客观实际及作者的认识理解。例如：

有学者曾总结，不文明现象之所以屡屡出现，根源于耻感的缺失。事实上，如果人们对不文明行为一味隐忍，不拿出较真劲儿与其"宣战"，耻感文化如何才能得以形成？有朋友曾讲述这样一个故事，一次，在超市冷柜选购冷冻食品，挑选完后，转身就走，把关闭冷柜推拉门的事忘得一干二净，一位眼尖的老大爷看到，远远就喊道，"冷柜门咋不关啊？"超市里的消费者纷纷把目光聚焦到朋友那儿。一时间，朋友只觉得脸上火辣辣的"挂不住"。自此，随手关冷柜门成了他每次去超市都十分在意之事。"礼者，理也。"人人争当那位"上海老大爷"，社会实现共同治理，才能激发文明的耻感，让文明素养在人心里拔节生长，也才能让道德感如空气一样充盈社会。

"一个国家的繁荣，不在于其国库的富足，不在于其城池的坚固，也不在于其公共建筑的华丽气派，而在于其公民的教养，在于人的文明、教化和品格，这才是它实际利害之所在、主要实力之所在、真正威力之所在。"文明的养成，不可能一蹴而就，但"人能弘道，非道弘人"，只要人人葆有"相善其群"的意识，以共治来治理不文明，用行动擦亮精神名片，文明观念的水位自然会随时间的推移，慢慢升高。

(三) 严谨

严谨，就是要注意语法规范。注意语法规范要求用词规范、语序顺畅、句子完整。例如：

这个土生土长的"国之重器"，激荡着亿万人民内心深处的民族自信和爱国情怀，彰显着中国国家整体力量的提升。

阳光下国歌声雄壮嘹亮，舰舷上五星红旗迎风招展。4月26日，第一艘国产航母正式出坞下水。一瓶香槟酒摔碎舰艏，两舷喷射绚丽彩带，周边船舶一起鸣响汽笛，按照国际惯例举行"掷瓶礼"之后，国产航母缓缓移出船坞，停靠码头。这历史性的一刻，被定格为永恒的民族记忆。

如果说现代文明由海洋文明开启，那么航母则是现代海军的标配，是一个民族海洋力量的象征。正因此，建设国产航母，不仅是捍卫国家利益、维护海洋权益、开发海洋文明的重要举措，更是中华民族几代人念兹在兹的百年梦想，是强军梦、强国梦的重要组成部分，寄托着中国人的民族情感。下水现场，不少人慕名而来、驻足观看；网络上，网友点赞"展示了中国速度、中国力量、中国智慧"；电视节目中，有嘉宾谈到海军发展历程喜极而泣……这个土生土长的"国之重器"，激荡着亿万人民内心深处的民族自信和爱国情怀。

(四) 精练

精练，就是要求语言简洁。例如：

"不能制海，必为海制。"作为一个拥有1.8万多千米大陆海岸线、300万平方千米主张管辖海域的海洋大国，需要建设一支以航母为核心的强大海上力量。建设航母属于巨系统的设计、建造与集成，考验着一个国家的技术、资金、工业化水平等综合实力与整体意志。从1987年提出建设航母规划，中国仅仅用了30年的时间，就自行研制出第一艘国产航母，从外壳到内在都贯彻着自己的理念设计，这不仅体现出中国海军装备水平的跃升，更彰显着中国国家整体力量的提升。

同时也要看到，与世界先进水平相比，国产航母仍然还有不小的差距。无论是排水量，还是核心技术，抑或是未来可期的作战能力，国产航母与一些发达国家相比仍有距离。这一方面说明，那种把航母与"中国威胁"相联系的论调并没有现实依据；另一方面也说明，国产航母依然任重道远，应该在第一艘国产航母的基础上继续努力，争取早日具备自主完成大中型、新型航母建造全过程的能力。

铸剑不是为了战斗，而是为了和平。中华民族是爱好和平的民族，对和平有着孜孜不倦的追求，国产航母将更有助于中国维护和平发展、捍卫世界和平。近年来，通过在亚丁湾、索马里海域的护航和人道主义救援行动，中国向世界展示出负责任的大国形象。国产航母肩负的使命更是义不容辞，"维护海上通道安全，维护海外利益""更好地承担大国责任和义务"……从港湾迈向深海，中国航母将为中国的和平发展提供坚实保障，为世界和平贡献力量。

资料来源：国家公务员考试网．

例文赏读

2016年国家公务员考试申论真题及答案

一、注意事项

1. 本题本由给定资料与作答要求两部分组成。考试时间为180分钟。其中，阅读给定资料参考时限为50分钟，作答参考时限为130分钟。满分100分。

2. 请在题本、答题卡指定位置上用黑色字迹的钢笔或签字笔填写自己的姓名和准考证号，并用2B铅笔在准考证号对应的数字上填涂。

3. 请用黑色字迹的钢笔或签字笔在答题卡上指定的区域内作答，超出答题区域的作答无效！

4. 待监考人员宣布考试开始后，才可以开始答题。

5. 所有题目一律使用现代汉语作答，未按要求作答的，不得分。

6. 监考人员宣布考试结束时，考生应立即停止作答，将题本、答题卡和草稿纸都翻过来留在桌上，待监考人员确认数量无误、允许离开后，方可离开。

二、给定资料

资料1

一篇题为《独一无二的"中国范儿"》的文章在网上传播，其中下面两段文字尤其引起了网友的热评："一个民族有自己的'民族范儿'，一个国家有自己的'国家范儿'。我华夏泱泱大国，五千年的传承，形成了自己独一无二的'中国范儿'。'和为贵'一直是我国传统文化的重要内容，从汉唐直至当代，彰显着大国气度。航海家达·伽马，在到达非洲大陆时竖起了旗帜，标示葡萄牙王室的主权。然而他不知道，比他早一百多年，一位叫郑和的中国人早已到达了非洲。郑和并没有竖立标示大明主权的旗帜，而是树立了一座丰碑，一座友好而和平的丰碑。拒绝侵略，传递友好，这就是我中华的气度，我们的'大国范儿'。"

有网友点评说：这样的文章读得人热血沸腾、豪情万丈，表现出了中华民族的"大国意识"，看过之后不禁为我是中国人而自豪。

还有网友围绕着"大国意识"进一步加以阐述："大国意识"不是简单的经济头脑，更深层次的是民族自豪感和生活充实感；"大国意识"是种具备长远眼光的素质，不是满足眼前蝇头小利的市侩心理；"大国意识"是种崇尚奉献的执著，不是吝于个人付出的自私；"大国意识"的背后是民族崛起的魂魄。这位网友认为，一个具备了大国实力的国家究竟能否赢得作为大国的相应尊重，究竟能否发挥与大国身份相称的作用，很大程度上取决于它的国民是否具备明智而坚定的"大国意识"。

也有网友认为：国家形象是一张名片。树立"大国意识"的过程，也是中国的国家形象被世界充分认可的过程，这就要求国人具备与大国形象相匹配的公民素质。这是崛起的大国对公民提出的内在要求，国民要注意自己的一言一行，让自己的行为举止与大国形象相称，展现大国风采。每个中国人都应自觉树立"大国意识"，不断提高素质，这是提升中国软实力不可或缺的环节。

与此相关，国民素质问题也自然而然地引起网友的广泛关注和热议。一位在埃及旅游的中国网友发布了一条微博，微博里卢克索神庙浮雕上赫然刻着中文"某某到此一游"。实际上，个别中国游客在境外不文明举动引发的争议一直不断。泰国国家旅游局某官员说，随着中国来泰国游客数量的急剧增加，泰国民众对中国游客的投诉也越来越多。中国游客留给泰国人的负面印象主要有三方面：不守秩序、在公共场合大声喧哗；乱扔垃圾、随地吐痰；不尊重当地习俗。有些中国游客进入寺庙不脱鞋，偷着躲着穿鞋进入，这被认为是对当地宗教信仰的极大亵渎。

在欧美国家，有的中国游客表现同样不佳。美国一位大学教授对记者说："中国游客素质参差不齐，有的人会在公共设施上乱涂乱画，随地吐痰，上厕所不冲水。"在法国，去教堂都要穿着整齐并脱帽，同时禁止拍照。但有些中国人去教堂参观时总是急急忙忙，不注重自己的仪容，还随意拍照。

在国内，媒体曝出的低素质事件也让人瞠目。某市地铁上，一名男子到车门附近给孩子把尿，有乘客提醒劝阻，这位父亲不仅丝毫没有歉意，反而对其大打出手，而其他乘客都在围观，无人出面制止。在瑞士飞往中国的航班上，一名中国乘客因为前面的同胞将座椅后倾，感觉自己的空间太小，发生争执扭打，飞机也因为二人的斗殴被迫返航。

有专家认为：这些事情让人看到，不注重提升国民的道德水平和文明素质，社会必然要付出沉重的代价，这也与中国在国际舞台上日渐提升的大国地位不相称。

资料 2

中国自古是礼仪之邦，诚信知理、与人为善是中华民族引以为荣的优良传统。如今，中国正处于经济中高速持续发展的重要时期，物质财富的日渐丰富，给社会风气带来了一定影响。为此，我们迫切需要进一步加强社会主义精神文明建设，提升软实力。

习近平总书记在会见全国文明城市、文明村镇、文明单位和未成年人思想道德建设工作先进代表时指出，要大力加强社会公德、职业道德、家庭美德、个人品德建设，营造全社会崇德向善的浓厚氛围。

近来，国人的不文明行为屡被曝光。如何引导和推动全体人民树立文明观念、争当文明公民、展示文明形象，成为近年来全国"两会"不少代表委员关注的话题，他们从各自的角度给出建议。

"书香社会"的提法"亮相"政府工作报告。全国人大代表Y在接受记者采访时说，她对李克强总理在政府工作报告中提到的"倡导全民阅读，建设书香社会"特别赞同。读书能让人的心静下来。要提升国人的文明素质，提升国人在海外的形象，倡导全民阅读十分必要。

Y说，现在的道德教育多是口号，人们不喜欢。用阅读潜移默化地熏陶国民，效果会更好。现在，大城市的图书馆不够多，中小城市和县城的图书馆更少，人们想读书，但没地方读。因此她建议各地多建一些图书馆。

全国人大代表W认为，今天到处都是低头族，他们看手机、刷微博、看微信，真正读书的人太少了。如果一个民族没有文化知识做支撑，将来无论做什么都会有局限性，厚度不够。

W说，她今年带来一个关于制定图书馆法的议案。欧美一些国家规定，社区方圆十公里之内一定要有一个图书馆，创造条件引导人们阅读。我们也应当营造这样的环境。大学里面有非常好的图书馆，应该让公众共享。

全国政协委员T在接受记者采访时表示，文明缺失等现象是存在的，但他相信情况会渐渐变好。很多人在国外看到同胞的不文明行为时，都会感到很难为情。一些人出国后的表现像暴发户，大声喧哗，随地吐痰，甚至做出其他不文明的事。要改变这种状况，需要一个过程，需要国民在接受社会文明素养教育的同时，不断加强自身文明修养，领导干部、公众人物尤其要做好表率，起到示范作用。

全国政协委员G建议，应当传承和发扬优秀传统文化，擦亮国人"礼仪名片"，使社会主义核心价值观与人们的日常生活紧密联系起来，在落小、落细、落实上下功夫。

G指出，目前社会上出现不少违反传统礼仪规范的现象，如父慈子孝蜕化成纯金钱性的抚养和赡养义务，邻里和睦蜕化成老死不相往来的"家庭孤岛"，尊师爱生蜕化成合同式的知识供给等。一些优良的传统道德和礼俗在现代化过程中逐渐流失，如果没有全社会的重视和共同坚守，我们可能会进入物质丰盈，但精神贫瘠、文化缺失的状态。他建议，深入挖掘古代文明礼仪的精华，结合现代文明和现代生活的特点，归纳整理行业和地域礼俗，并编制礼仪教材，让文明礼仪进企业、进学校、进社区、进家庭，成为全社会的共同遵循。

习近平总书记说，要把精神文明建设贯穿改革开放和现代化全过程、渗透社会生活各方面，特别是要让中华民族文化基因在广大青少年心中生根发芽。

全国政协委员K说，在大学工作多年，他发现在大学生中社会责任感缺失，对家庭缺乏情感关怀等现象越来越突出。K认为，孝敬父母是最基础的道德教育。他建议，以大学生作为弘扬优秀孝文化的突破口，借鉴中国传统"孝文化"中的积极因素，培养大学生的孝德之心、仁爱之心，在高校开设孝道教育的国学课程，将传统孝文化列入公选课内容，增强大学生的孝道意识。同时，大力开展以"孝爱"为主题的教育活动，引导学生从我做起，从小事做起，自觉在言行中体现孝爱美德。

W认为，文化艺术发展和创新的根本，是人才的培养。教育部颁布了新的文件，要求学生从中学开始，都要具有音乐和美术的基础知识，这非常好。从孩子抓起，这对提升整个国民的文化素质是一个非常有力的举措。他引用了欧洲一位哲学家的话："孩子出生后，要给他鲜花，让他视觉上看到美；给他音乐，让他听觉上建立音的概念。"W认为，这就是在体现素质教育。

资料3

学者F谈起自己在大学教授《中国文学史》和《古典文学作品选读》两门课的体会时说："为什么要学这些课？因为这些作品里，集纳了大量国学精华，学了确实可以净化人的心灵。我认为，眼下的大学教育，需要重新重视传统文化课程。"

在F看来，我们这个时代虽然崇尚科学，科技也越来越重要，但归根结底，科技由人来掌握。如果人的道德修养、文明素质不够，现代化早晚会毁于一旦。所以，在培养各行各业人才的同时，必须加强文化修养教育，它是一种潜移默化的东西，能让人受益终身。

"不学礼，无以立。"F说，这句话出自《论语》，意思是：一个人不学"礼"，不懂礼貌，不讲礼仪，就不懂得怎样做人、处世。或者说，一个人不懂得基本的规矩，就难以在家庭和社会中立身行事。而如果把"礼"与"立"做更宽泛的理解，那么是否"学礼"，是否懂得规矩，还事关公民意识的自觉、民族素质的提高、民族文化精神的弘扬乃至中华民族的复兴大业。或许正因如此，习近平总书记在十八届中纪委第五次全会上提出要"严明政治规矩"，"把守纪律讲规矩摆在更加重要的位置"。

一位资深媒体人L强调，如果不利用传媒，不能旗帜鲜明地打出美与丑、善与恶的旗帜，全民素质的提升就缺了一条重要途径。"我每天早晨上班开车时都听新闻广播。其中一个频道每天8点钟都会请一个权威人士来做公益报时，十几秒钟，几句话，传递出来的却是主流媒体倡导的一种价值观。久而久之，听众就会被正能量感染，这就是潜移默化。"

"早晨8点是黄金时段，拿出来做广告应该能挣很多钱。但如果媒体只想着经济效益，忘记了自己的责任，那是很悲哀的，这个社会就没救了。"在他看来，新闻宣传主管部门必须对大众传媒进行引导与监督，保证媒体都有一定的黄金时段用来进行公益宣传，提高国民素质。

L向记者提到了某电视台一则让自己感动的公益广告。"广告上一位患了阿尔茨海默病的父亲，什么都不记得了，但吃饭时还没忘儿子爱吃饺子，把饺子装进自己口袋，要给儿子带回去，广告语是'他忘记了许多事情，但从未忘记爱你'。这则广告触碰了我最柔软的神经，让我思念我父亲。一个好的公益广告，能直击人的心灵，自然就起到了净化心灵的作用。这样的优秀公益广告太少了，媒体人如果自己都没做到真善美，他们在宣传真善美时都不投入感情，那还怎么教化别人呢？"

国家旅游开发研究中心张主任指出，新的旅游法规定，旅游者在旅游活动中应当遵守社会公共秩序和社会公德，尊重当地的风俗习惯、文化传统、社会公德和宗教信仰，爱护旅游资源，保护生态环境，遵守旅游文明行文规范。如果不遵守这些规定，就是违法。旅游法虽然只针对旅游业，但这步迈得很踏实。"在有章可循的前提下，还要做到有章必依、违章必罚。"

中国要进步，提升国人的素质刻不容缓。邓小平当年曾道出过这一点的重要性："我们国家，国力的强弱，经济发展后劲的大小，越来越取决于劳动者的素质，取决于知识分子的数量和质量。"如今，中国GDP全球第二，高速铁路迅猛延伸，载人航天器和载人潜水器把炎黄子孙送到了太空和深海……我们必须有与之相匹配的、不断提升的道德水准和个人素质，才能让中华民族的伟大复兴不仅体现在国家经济力量的强大，更是体现在民族精神深远、长久的延续。

资料4

中国当代相当一部分艺术家都在自己的创作中把"中国元素"和"中国符号"作为自己破茧而出的支撑点，这从艺术家黎明（化名）的行为、装置、水墨实验、油画、综合材料等借助不同的艺术材质和媒介、运用不同的表达方式的艺术创作中，可以直观反映出来。"中国精神"已经构成黎明创作心理环境的地理地貌和现实图景。在黎明早期的油画作品中，长城形象的运用既突出了中国元素、中国符号的意味，又在深层次中隐含着艺术家对纵深历史时空的深度挖掘以及与历史进行对话的强烈要求。他的装置作品《为长城延伸一万里》的展示，一路从北京大学、长城司马台，穿越昔日的罗马帝国，牢牢楔入欧洲文明发源地的希腊奥林匹斯山。其中蕴含的中国精神凸显了百年中国现代化进程中裹挟的极度不安的民族自尊与殖民语境中的主体性精神，这正是黎明表现大国意识的一个前提。

正是在这一点上，黎明不同于其他习用中国元素、中国符号的艺术家，他的巨幅综合材料系列作品也许最能反映他的艺术精神和中国精神的共振。布面、牛皮卡纸、水墨、长城风化的泥土、油墨、丙烯、工业胶黏剂等，在黎明的作品中构成时空、地理、人文三位一体的对话关系。在这类作品中，黎明表现出对于中国精神和本土语言的强烈自信，挖掘的是中国传统文化在科技理性主义以摧枯拉朽之势洗劫世界的当下，如何以中国精神的文化想象，展开大国意识的责任抱负。

黎明的作品不拘泥于艺术的园囿，包孕的是良知、人性和无尽的情怀，在黎明的行为水墨实验作品《捉影》系列中，我们可以从艺术家用中药为长城疗伤的创意中，感受艺术家良知的源头来自中国传统博大精深的文化精神，也从而使黎明将自身放置在作为一个中国文化责任担当上。正是源于这一责任意识，他一路实施着"捉影"的系列创作。而"捉影"本身的动机，在黎明策划执行的一系列展览的命名中，已经给出了现实的答案，如"与传统打一照面""水墨主义""水墨社会"等，其中的水墨精神就是东方文化精神。

黎明还采用现代化机械制造冰砖，以冰雕的技法塑造基督教堂。无论他塑造的教堂多么壮观、华美，在城市的建筑丛林中依然那么渺小、微不足道。而上帝在哪里？这不是艺术家讨论的问题。在这一装置作品中，我们感受到的是艺术家对西方在圣经宗教信仰上的文明的质疑，和对自身文化立场的反省。同样地，《亚当与夏娃》描绘了人类走出伊甸园后的无所归依，将人性投射到现实语境中，表达了物欲横流、人性异化的浮躁焦虑心理，也指证了西方存在主义以人为中心的无端和无助。毫无疑问，其捕捉到的影子背后是中国精神的内核——天人合一的境域。

资料5

"善待自己，让自己的心态平和；善待家人，有任何问题好好思考、好好解决；善待周边的亲友和陌生人，不让自己成为垃圾人，不给身边人传递负能量。"当调查问卷问及应当如何提升国民素质、优化社会生态环境时，网友"巫眯"如是回答。

"自己努力做一个讲文明有教养的人，教育孩子做一个文明礼貌的人，监督家人亲友做一个文明礼貌的人，在社会公共空间做文明的表率，积极传播正能量"，网友"心灵之约"说。

"我温柔地对待这个世界，也得到了这个世界的温柔对待"，网友"夏河"说，她会微笑地对待生活中接触到的人，时刻记得使用礼貌用语，感恩生活中每一个帮助过她的人。正因为她的礼貌与温和，多次轻易地化解了一些小麻烦。有一次，她开车等红灯时，将挡位挂在空挡，孩子说要喝水，她就伸手到副驾驶座上拿水。因为路面有下坡，车子下溜，碰到了前面的一辆卡车。"夏河"赶紧停车上前表达自己的歉意，并主动询问卡车司机要赔多少钱。没想到对方大度地说："没关系，车子撞得不严重，不用赔钱了。""夏河"连声道谢，并主动留下自己的手机号码，让那位好心的司机如果发现遗留问题可以随时找到她。

网友"子曰"和"雨后"认为，传统文化被漠视也是导致教养缺失的原因之一。网友"子曰"说："家长、老师必须从自身做起，以身作则，践行传统文化精髓，领会其中真谛，并结合当今社会大背景，努力修身养性，三五个月内，肯定会影响到一些人。"

"我是老师，也是家长。从学生的作文中，从儿子的讲述中，我不时能看到、听到孩子礼貌言行遇冷的情形。每当那样的时候，我都很痛心，会及时跟孩子沟通，纾解他们心中的委屈和郁闷。"

说起生活中的礼貌言行遇冷，某小学校长D很有感触。他认为，孩子的文明礼仪培养和教养养成离不开家长、老师和社会的呵护与培育，而来自家长和老师的每一次疏忽，带给孩子心灵的伤害会远远超过其他人。

前两年，国内媒体曾聚焦教师无视或漠视学生问候这一现象，并引发了社会诸多层面的讨论。对此，D深有感触。他要求老师必须与孩子"温暖互动"，对孩子的问候与需要及时给予温暖回应，要有目光接触，要面带微笑。如果发现不小心冷落了个别孩子，一定要及时跟孩子沟通说明情况。

D说，言行举止有教养，一方面是为了真诚地表达自己内心的感激，让别人感到愉快；另一方面也是因为这样做能让自己感到愉悦，更何况，旁边或许还有儿子或者学生呢。作为家长和老师，必须时刻以身作则，注意言行礼貌，不断提升自身素养。

某大学教授N说："国民素养提升非一日之功，家长、教师应率先垂范，言传身教，多给青少年正能量。从我做起，从现在做起，一定有希望！"

资料6

有教育专家撰文指出："教育走得太快，'灵魂'跟不上了。"该文摘要如下：

教育的问题出在哪里？教育的核心问题不是出在我们的术、不是出在我们学生的能力、不是出在改革、不是出在技术层面，而是我们的教育缺乏灵魂的东西。中国的教育技术层面已经走得太快了，"灵魂"跟不上了。

柏拉图说过一句话："教育非他，乃心灵的转向。"印度哲学家克里希那穆提写了一本书叫《教育就是解放心灵》。解放心灵，按柏拉图的语境来说心灵究竟应该转向哪里？我认为是转向爱、转向善、转向智慧。

适合的就是最好的教育，每一个学生成才的途径和方式都没有确定的指向。

教育的新常态就是要摒弃浮躁、功利，回归到教育规律，慢慢地、静静地、悄悄地做，不浮躁、不显摆，一定会有我们想要的结果。那个时候我们的孩子不管是分数、才能，还是能力都很好，他们的灵魂也很丰满。

亚里士多德曾说过："教育必须基于三个原则：中庸、可能和适当。"

"中庸"，用孔子的话说就是"去其两端，取其中而用之"，总之不偏左不移右、不偏下不偏上，守中为上。做教育不要太过头了，也不要不够。什么叫过头？在技术层面上不断地改，改得我们老师都不知道怎么上课了，领导也不知道怎么布置工作了。学校教育成了这样子就是过了头，忘记了还有教育规律，还有教育自身内在的东西。

"可能"，指我们要知道孩子的未来具有一切可能性，现在他所学的甚至他的才能、他的分数，都不能代表他今后能做什么、会做什么。但我个人认为这些都不能丢，这样才能够确保未来的可能性存在。

"适当"，指教育的方式方法要符合规律，要适合孩子。不要看到邻居家的孩子琴棋书画什么都学，也要把自己的孩子送去学。这样思考问题就错了，不适合他的学了没用，一定要让孩子学他内心喜欢的东西。

蒙田说："教育不是为了适应外界，而是为了自己内心的丰富。"古希腊哲学家西塞罗说："教育的目的是让学生摆脱现实的奴役，而非适应现实。"如果一味去适应外界社会，结果就把社会最乱的东西学会了，主流价值却全部忘了。

三、参考答案

（一）阅读给定资料2，概括全国"两会"代表、委员们所关注的若干问题，及其所给出的具体建议。（15分）

要求：全面、准确、简明，不超过200字。

【参考答案】

问题：①不文明行为事件频发，道德素质低下；②国民缺乏阅读，图书馆分布少，难以满足人们的阅读需求；③优秀传统文化渐失，违反传统礼仪规范的现象不断涌现；④大学生社会责任感缺失，家庭情感关怀缺乏。

建议：①扩建、开放图书馆，倡导全民阅读；②提升国民素养，领导干部、公众人物做好表率；③整编礼仪教材，引导社会共同遵循文明礼仪；④开设国学课程，开展美德教育，推行素质教育。

（二）给定资料6中说"中国教育技术层面已经走得太快了，'灵魂'跟不上了。"请根据给定资料6，指出这句话的含义。（10分）

要求：全面、准确，不超过150字。

【参考答案】

"中国教育技术层面已经走得太快了，'灵魂'跟不上了。"这句话的含义是：中国教育一味地适应外界与现实，忘记了主流价值，缺乏灵魂。具体表现在：教育过度追求技术层面的不断改革，忘记了自身的东西；限定了孩子未来发展的可能性，过分重视才能和分数；教育的方式方法不合规律，不符合孩子兴趣。中国的教育要摒弃浮躁和功利，回归教育规律本身，转向爱、善和智慧。

（三）某美术馆正在策划艺术家黎明的作品展，请根据给定资料4，为这一作品展撰写一则导言。（20分）

要求：①围绕黎明的创作宗旨、作品材质及其艺术追求等方面作答；②内容具体、层次分明、语言流畅；③不超过400字。

【参考答案】

"中国精神"是黎明先生创作心理环境的地理地貌和现实图景。黎明先生借助中国元素和中国符号，展现其艺术精神和中国精神的共振，在深层次中隐含着艺术家对纵深历史时空的挖掘以及与历史进行对话的强烈要求。

黎明先生的作品借助了行为、装置、水墨实验、油画、综合材料等不同的艺术材质和媒介表达。其中，装置作品《为长城延伸一万里》凸显了中国现代化进程中不安的民族自尊与殖民语境的主体性精神；综合材料系列作品构成了时空、地理、人文"三位一体"对话关系，表现出对于中国精神和本土语言的强烈自信，展现了大国的责任与抱负；水墨实验作品《捉影》系列让我们感受到中国传统文化的博大精深，展现了东方文化精神，体现了良知、人性和无尽的情怀；以冰雕技法塑造的基督教堂和《亚当与夏娃》表达了黎明先生对西方在《圣经》宗教信仰上的文明的质疑，对自身文化立场的反省和对天人合一境域的追求。

黎明先生用他的作品展现了他文化责任人的担当，展现了中国精神的内核。

（四）某区一所中学举办"文明素养教育主题宣传周"活动，假如你是该区文明办的负责人，校方请你在这次活动的开幕式上讲话。请结合给定资料5，写一篇题为"素质养成，从学会道谢和应对致谢开始"的讲话稿。（20分）

要求：内容具体，符合实际；对象明确，切合题意；语言生动，有感染力；不超过500字。

【参考答案】

素质养成，从学会道谢和应对致谢开始

尊敬的学校领导、老师，亲爱的同学们：

大家好！很荣幸受邀为贵校的"文明素养教育主题宣传周"致开幕词。在我看来，文明素质是青少年成长中的必修课，它的养成应从学会道谢和应对致谢开始！

文明素养体现在点滴小事，道谢和应对致谢是生活中最常碰到的，虽是小事，但意义重大：首先，可以体现友善，化解矛盾，获得谅解；其次，可以表达感激，体现感恩，获得愉悦的心情。

文明素养缺失的原因之一就是传统文化被漠视，例如，孩子的礼貌言行遇冷；再如，媒体报道的教师无视、漠视学生的问候，都反映了我们对文明素养的漠视。

为此，建议大家：一、用平和的心态和理性的思考善待周围的人和事，积极传播正能量；二、自觉做文明的表率，监督家人的行为；三、学会微笑，用温柔的态度对待生活中的摩擦，主动道歉、道谢，友善待人；四、家长和老师以身作则，言传身教，温暖互动，及时沟通。

提升文明素养意义重大，让我们从学会道谢和正确应对"谢谢"开始，从每一个小我做起，从每一天的点点滴滴做起。我相信，只要我们自觉行动，文明素养的提升指日可待！

谢谢大家！

（五）给定资料3引用了《论语》中的话："不学礼，无以立。"请以这句话为中心议题，联系社会现实，自拟题目，写一篇文章。（35分）

要求：自选角度，见解深刻；参考给定资料，但不拘泥于给定资料；思路清晰，语言流畅；总字数1 000～1 200字。

【参考例文】

学礼明礼，筑牢民族复兴根基

近年来，我国游客大闹国外机场、在旅游景点肆意涂鸦、老人倒在街头无人敢扶等新闻频频见诸报端，令舆论哗然，也发人深省。

我国自古就是礼仪之邦，《论语》中曾有"不学礼，无以立"之说。随着时代的发展和进步，"礼"的内涵也在不断拓展，不仅仅指礼仪礼貌、道德情操，也包括个人的科学素养、社会的诚信意识、政府的服务理念等。当前我国经济建设虽然取得了累累硕果，但文明之花却并未与之同步绽放。要实现美好的中国梦，公民、社会、政府都应学礼明礼，为中华民族伟大复兴筑牢根基。

只有学礼明礼，公民方能自立自强。一是坚定理想信念，认识到国家的命运和个人的命运紧密相连、息息相关，每一个人都享有与祖国同成长、和时代共命运的机会，坚决抵制拜金主义、利己主义等腐朽观念的冲击；二是恪守文明道德，从自我做起，从小事做起，自觉拒绝随地吐痰、"中国式过马路"、公共场所大声喧哗等陋习，不断加强道德自律，提升文明标杆，完善个人修养；三是提升科学素养，树立"以崇尚科学为荣、以愚昧无知为耻"的观念，积极学习现代文化知识，形成科学理性思维，让"绿豆治百病""生吃泥鳅"等伪科学没有市场。

只有学礼明礼，社会方能安定和谐。一是化解诚信缺失危机，如食品安全问题突出、医患关系紧张等，对此要弘扬诚信的社会文化，推行社会信用体系建设，让守信者处处受益，让失信者处处受限；二是遏制浮躁盛行风气，如学术界论文抄袭、数据造假，企业界忽视科技创新、山寨产品横行等，对此要提倡踏实扎实的工作作风，纠正不合理的业绩考核方式，更加注重质量和效益；三是遏制戾气蔓延，如一言不合大打出手、网络暴力层出不穷等，对此要加强道德教化和法律约束，让现实世界和虚拟世界都在法治轨道上有序运行。

只有学礼明礼，政府方能高效廉洁。政府的一切权力来自于人民，是受人民的委托而管理经济社会事务。只有不辜负人民的期待，政府才能立于群众的支持拥护之上。一方面，要始终坚持为人民服务的宗旨。新一届中央政府深入推进简政放权以来，各级政府服务质量明显改进，服务效率大幅度提高。在改革的深水区，必须进一步加快职能转变，打造服务型政府。另一方面，要切实做到严以用权。政府任何一项权力的运用都应当是为人民群众谋福祉，但也有少数领导干部把权力当作是牟取私利的工具，有的私设"小金库"，有的安排配偶子女"吃空饷"。要把廉政作为政府最基本的行政伦理之一，持续推进反腐倡廉建设。

中华民族的伟大复兴，不仅仅体现在军事、经济、政治等硬实力上，也体现在公民素养、社会风气、政府效能等软实力上。学礼明礼，必将有力地提高我们国家的文明程度，进而推动中华民族屹立于世界民族之林。

资料来源：国家公务员考试网.

2015年国家公务员考试申论真题及答案

一、注意事项

1. 申论考试与传统的作文考试不同，是分析驾驭材料的能力与表达能力并重的考试。
2. 仔细阅读给定的资料，按照后面提出的作答要求依次作答在答题纸指定位置。
3. 答题时请认准题号，避免答错位置影响考试成绩。
4. 作答时必须使用黑色钢笔或圆珠笔，在答题纸有效区域内作答，超出答题区域的作答无效。

二、给定资料

资料1

"沃森先生，请立即过来，我需要帮助！"这是1876年3月10日电话发明人亚历山大·贝尔通过电话成功传出的第一句话，电话诞生了，人类通信史从此掀开了一个全新的篇章。

美国宇航员阿姆斯特朗登上月球的刹那所说的名言"对个人来说，这只是一小步；对人类来说，这是迈出一大步"，牢牢铭记在地球人的心上。1969年7月20日，全世界5亿电视观众都看到了美国"阿波罗11号"登月宇宙飞船降落在月球上的历史瞬间。登月是人类航天科技的一大进步，正如登月者塞尔南所说："在月球遥望地球，我看不到任何国界，我觉得地球就是一个整体，我的整个思想也就开阔了。"

1969年，互联网的雏形在美国出现。20世纪70年代初，实验人员首次在实验网络上发出第一封电子邮件，这标志着互联网开始与通信相结合。到了90年代，互联网开始转为商业用途。1995年网络发展迎来第一个高潮，这一年被称为互联网年。

美国科学家富兰克林曾经讲过："将来人类的知识将会大大增长，今天我们想不到的新发明将会屡屡出现，我有时候几乎后悔我自己出生过早，以致不能知道将要出现的新事物。"他的话说得不错，如果让一个1900年的发明家想象今天的世界，他也许能想象出宇宙飞船、深海潜艇，但对核能、计算机、互联网、基因工程绝对一无所知。现在，知识爆炸给人类带前所未有的自信和乐观，有位作家这样写道："我真诚地相信，我们生活在人类历史上最伟大的知识时代，没有任何事物我们不了解"，"只要是人能想到的事，总有人能做到"。20世纪科技的发展使这句话越来越像真理。20世纪是科学技术空前辉煌的世纪，人类创造了历史上最为巨大的科学成就和物质财富。

《韩非子·五蠹》中说，"世异则事异，事异则备变"，"事因于世，而备适于事"，意思是社会变化了，一切事情也要随着变化，世事变迁，情况因世事不同而有异，而措施也就应当适应当前情况，人类技术在每一历史阶段的迅速发展。正是因应"世异"的结果，从而也对人类社会生活和制度建设等诸多领域带来了深刻的启示。

马克思主义认为，技术创新是社会关系发展变革的无知技术力量。新的生产力的获得，将引起生产方式的改变，并由此引起生产关系的改变，进而引起社会关系的改变。"蒸汽、电力和自动纺织机甚至是比巴尔贝斯、拉斯拜尔和布朗基诸位公民更危险万分的革命家。""随着一旦已经发生的，表现为工艺革命的生产力革命，还实现着生产关系的革命。"野蛮时代发明的动物驯养技术，不仅为人类提供了较为稳定的食物来源和较丰富的剩余食物，而且为人类开始摆脱从自然界"掠夺式"获取食物提供了现实可能，成为人类社会进一步发展的重要推动力。火药、指南针等发明对瓦解封建制度起了革命性的作用，宣告资产阶级社会的到来，"火药把骑士阶层炸得粉碎，指南针打开了世界市场并建立了殖民地，而印刷术则变成新教的工具，这些发明变成科学复兴的手段，变成对精神发展创造必要前提的最强大的杠杆"。

马克思指出，机械发明及其带来的生产方式的转变，不仅能简化和削弱劳动强度，使人从繁重的体力劳动中解放出来，而且能提高劳动生产率。节约社会必要活动时间，这样，人们可以自由支配的时间越来越多，个人从事创造性活动的时间以及得到充分发展的时间也会越来越多，从而为人的全面自由发展腾出了时间和创造了手段，按照马克思的理解，一旦"社会必要劳动时间可减少到最低限度，那时，与此相适应，由于给人腾出了时间和创造了手段，个人会在艺术、科学等方面得到发展"。随着技术创新规模的不断扩大，社会生产力水平不断提高，物质文明成果不断丰富。人们衣食住行、医疗保健逐渐得到改善，生活质量得到提高，从而为人的自由全面发展提供更加坚定的物质基础。

可见，技术创新不仅_____，同时_____，因而_____。

资料 2

新技术有没有可能穿透社会结构的屏障？这是某大学社会学系 G 教授关心的问题，他比较关注社会当中的普通人怎样生活，怎样面对新技术、新媒体？新技术是促成社会转型的决定性力量。

2014 年某研讨会上，G 称自己一直比较关注农民工，特别是新生代农民工，比如新生代农民工如何使用信息技术，当时他和他的团队曾经对此抱着很大的希望，认为新技术可能有助于新生代农民工融入城市、融入社会。

"按照常识，如果大家是在同一个社会时空中生存，拥有同样的硬件条件或者数据终端，按道理来说可以平等地获取信息、资源，各种各样的机会，从理论上说，非常有利于消除城乡之间的社会鸿沟，不同社会阶层之间的不平等，有助于促进社会的公正。"他说。

但经过实际研究，他发现，现实没有想象中那么简单，在新技术的使用中，城乡之间显现出非常明显的马太效应。"马太效应"来自《新约·马太福音》中的一则寓言："凡有的，还要加给他叫他多余，没有的，连他所有的也要夺过来"，指强者愈强、弱者愈弱的现象，常常被用以描述社会生活领域中普遍存在的两极分化现象。

事实证明，信息技术的发展，只是在一定程度或者相当程度上填平了——比如普通人和彻底掌控信息的垄断者之间的某种鸿沟，但从现实来看，新技术能否穿透社会结构的屏障，还要在未来的研究中继续观察。

不过，G还是认可了信息技术为农民工带来的一些改变。G大体上从三个方面观察农民工使用信息技术的情况，包括新媒体和自媒体。

第一个方面，从他们日常生活的使用情况来看，信息技术确实给他们的生活、交往，特别是给他们就业求职带来了很多的便利，作用非常大，超过2.6亿的农民工"流散"在全国各地，他们中的相当一部分人缺失城市居民能享受到的基本生活内容，是靠信息勾连起的"孤独个体"，他们通过手机、互联网等获得娱乐、消费甚至精神的寄托和心理抚慰。这些人背井离乡，父母子女、夫妻、兄弟姐妹是分散的，甚至一年见不上一面，基本上是靠通信来维系家庭和亲属关系，更不用说在他们求职、经营自己的小买卖等工作机会方面，信息技术提供了非常大的帮助。从这个角度来讲，信息技术给他们的生活带来很大的帮助和改变。

第二个方面，从表达的角度来看，一般来说，农民工群体平时没什么表达渠道，在原来状态下，他们的声音基本上是不会被外界听到的，但是有了信息技术后，他们不仅扩展了视野，转变了意识，而且有了表达的渠道，G把这种方式视作一种主体性的表达。

第三个方面更为重要，从信息技术和新生代农民工组织化的集体行动角度来看，你会发现信息技术真的非常了不起，比如他们可以即时调用各种所需要的信息、知识及各种经验，他们也可以利用信息技术。在没有领头人的情况下，用QQ群建立维权组织；同时，他们通过信息技术更容易获得外界的声援和帮助。有的农民工说，如果没有信息技术，他们自身的权益就不可能得到外界更多的关注。

G认为，也不可因此过度夸大信息技术的作用，因为线上和线下一定要结合起来才会有作用，农民工在互联网上虚拟的团结需要和他们已有的传统人际网络、社会关系产生联系，需要和他们所在工厂、企业的组织管理机构有直接关联。

更重要的是，当农民工从互联网这类新技术中获益的同时，那些拥有更多的财富和资源的人们却有能力从新技术中获得更多的收益。从长远来看，两者之间的效益差距实际上拉大了，而后者所增益的部分，大概有相当一部分就是从农民工身上获得的。

资料3

第×届中以中国国际装备制造业博览会暨国家高新技术装备展将在S市国际展览中心盛大开幕。

本届制博会上，沈阳机床将展出最新研发、世界首台具有网络智能功能的"15系列智能机床"，精密达到世界领先水平，北方重工的新产品——2500型压制成套设备也将亮相本届制博会，特变电工沈阳变压器集团公司将展出特高压1 000千伏主变压器，沈鼓集团将展出十万空分百万吨乙烯PCI产品，日本山峰马扎克公司等机床名企将展出加工精度世界领先的系列数控卧式、立式加工中心、数控车床、数控系统等新设备，值得一提的是为了增加自身知名度，日本尼康公司还带来了目前全球精度最高的激光扫描测量仪LK三坐标AL876测量仪，激光扫描能够达到1.6微米的标准。

现如今，没有什么比3D打印技术更能吸引眼球。为了满足S市"技术宅"人群的需求，本届首次设立了 3D 打印技术和设备展区，吸引了包括香港缔维、上海泰联、武汉拓途、华曙高科、沈阳盖恕等 60 余家企业参展。预订展位 150 多个，在这个展区，提前在网上预约的观众还可免费体验一次 3D 激光打印人体模型的机会。

每届制博会中，机器人表演区域都是人满为患，据悉，一大批来自国内外顶尖技术公司生产的智能工业机器人将亮相本次展会。日本松下、上海发那科、沈阳新松、沈阳美达数控科技，以及南京熊猫电子装备公司等企业都带来了他们最新研制的工业机器人产品。这些产品代表了当今国际机器人制造的最高水平，展会同时还有日本川崎机器人表演赛，装载机街舞表演秀等活动。

在国家科技部火炬高技术产业开发中心的支持下，本届制博会首设高新技术装备展区，展会期间将举办"高新技术装备展"，一批国家级高新技术园区将亮相本届制博会，展示近年来我国高新技术装备发展取得的显著成果和一批具有自主知识产权的科技成果及技术装备，本届制博会邀请了广东江门、天津滨海以及沈阳、鞍山、营口、阜新等高新技术产业开发区和装备制造业重点高新技术企业参展，其中，沈阳高新区初步规划展位面积 540 平方米，主要展出机械加工设备、数控系统、IC 产业、电子商务等，大连高新区初步规划展位面积 396 平方米，主要展示软件、集成电路、工业涉及等生产性服务业领域的技术和产品。

资料 4　材料 A

2011 年 7 月 23 日，甬温线永嘉站至温州南站间，北京南—福州 D301 次列车与杭州—福州南 D3115 次列车发生追尾事故，这一事件给正在发展中的中国高铁蒙上了阴影，一时间人们对中国高铁充满了质疑和忧虑，然而，中国高铁建设的步伐没有停下来，并在浴火重生的过程中开始走向世界，成为中国自主创新的代表性技术。

2014 年 7 月 25 日，由中国企业参与建设的安伊高铁（安卡拉—伊斯坦布尔）二期工程顺利通车，这是中国高铁真正"走出去"的第一个项目，得到了土耳其方面从政府领导人到工程队技工的高度赞赏。

中国高铁目前已具备性价比、技术、安全性三大优势，同时，在发展最快、运营里程最长、运营时速最高、在建规模最大、拥有系统技术最全的高铁网络建设过程中，积累了丰富的经验，具备了"走出去"的硬实力。土耳其安伊高铁二期线，就是中国传递给世界的又一张亮丽名片。

安伊高铁全部采用欧洲标准。监理和业主对技术资料、图纸设计、施工管理、安全质量要求严格。2013 年 12 月 27 日，土耳其领导人来到高铁工地视察，并参加了萨帕加—科兹卡伊线路的通车测试，测试结果良好。他在机车驾驶座上竖起大拇指。

中国驻土耳其前大使宫先生说，中国高铁走进技术标准高的"准欧洲国家"，不仅提升了企业的影响力，也提升了国家的影响力。

资料 4　材料 B

2014 年 4 月 15 日，在中国国航的一架航班上，一位歌手通过电脑与另一架航班上的朋友实现了实时隔空对唱。

在实际空中飞行中，航班乘客可以通过接入互联网，和日常生活中的上网体验没有任何区别，在一个多小时的体验中，信号十分稳定，超出预期。这也是全球首次在飞机上使用 4G 技术，而为这次飞行提供地空宽带系统、地面基站通信设备的供应商就是中国自己的企业——中兴通讯股份有限公司。

近三年来，中兴手机保持了每年30%以上的稳步增长态势。目前已销往全球160多个国家和地区，在全球的销量已超过5亿部。中兴通讯已跃居为全球第四大手机制造商。中兴通讯副总裁Q先生认为：中兴手机能够在海外取得成绩最大原因是产品有创新、有亮点，能够跟上世界其他同行的步伐，同步推出很多有吸引力的产品。我们这些中国厂商在创新方面，有非常多的新亮点，这也是我们能够赢得世界的一个很重要的地方。

从幕后到台前、从卖产品到创品牌，中兴通讯通过科技创新正一步步地使中国制造"化蛹为蝶"。正如德国第三大运营商EPLUS公司首席技术官所说，中兴通讯公司已不再是单纯的加工制造。今天的中兴既可以产出优质的"中国制造"，更可以创出独特的"中国智造"。

资料4　材料C

改革开放以来，伴随着工业体系与相关产业链的完备，中国正在从制造业的低端向高端延伸，而作为制造业的核心组成部分的装备制造业，在中国已形成门类齐全、规模较大、具有一定技术水平的产业体系，成为国民经济的重要支柱产业。

统计显示，2013年中国装备制造业产值规模突破20万亿元人民币，占全球装备制造业的比重超过1/3，多数产品产量居世界首位；13家中国内地装备制造企业进入世界500强行列，国际竞争力明显增强。2013年11月，中国国务院总理李克强在罗马尼亚演讲时表示，中国制造可以说风靡全球，在近些年中国经济的发展中，中国装备在某些领域有了新的成就。中国已经开始拥有比较成熟、完备的装备制造业，而且是相对先进的，特别是在铁路、核电和电力、公路、港口、电信等领域，技术装备实力雄厚，建设运营经验丰富，中国装备是有竞争力的，是值得信赖的。

开山洞、建隧道、修铁路、挖地铁需要一种特殊的设备——掘进机，它用处广泛，但技术复杂，造价不菲。长期以来，掘进机装备制造技术完全被欧美、日本等少数国家所垄断，如今，经过十多年的努力，中国正在成为这一领域的世界巨头。

在河南郑州，交通主干道——中州大道像往常一样，车流穿梭不息，路上行人都没注意到就在自己的脚下，一条100多米长的隧道工程正在紧张施工中，而施工"主角"是两台方头方脑、长相奇特的"大家伙"——中国中铁工程装备集团自主研发的世界上最大的矩形盾构掘进机，该隧道工程项目经理杨先生介绍说，如果用传统方式来开挖这样一条隧道，断路施工至少一年，而矩形盾构掘进机却只需两个月，在工期大大缩短的同时，最大的好处是道路免受"开膛破肚"之苦，交通不会被阻断，也避免了施工尘土和噪声污染，而真正操作这个10米多宽、7米多高、重达400多吨的掘进机的人只有一个，而且还是在地面，根本不用到地下，"我们只需操作这几个按钮就可以了，所有的系统包括地下的设备都是我们自己做的。"

除了性价比高，个性化的定制和服务是中国盾构掘进机与国际"巨头"竞争时的一张"王牌"，中国铁建重工集团副总经理C先生表示，他们的服务是全方位的。

2013年，中铁装备收购了长期合作伙伴，同时也是竞争对手的国际知名硬岩掘进机生产商德国维尔特公司，该公司高级代表表示，中铁装备是他们理想的"买家"，"有几家公司"进入我们视线，其中中铁装备是最专业的，它具有雄心壮志。我们相信中铁装备能够以最佳的方式，来发展我们的隧道装备业务，使之发扬光大。

现在，中铁装备在中国香港地区、德国、巴西、澳大利亚建立起大国际营销中心，同时正在积极开拓伊朗、阿塞拜疆、印度、俄罗斯等市场。对此，中国工程院院士认为："中铁装备质构产品的整体技术水平达到了国际先进，个别技术指标达到了国际领先。到目前为止，在中国市场上占有率最高，在全球市场来看也达到了世界第二。"

装备制造业是科学技术和知识转化为生产力最有深度，最具影响的产业，也是国家工业实力的综合体现。随着中国装备制造业水平大幅度提升，制造装备产品正在缩短与发达工业国家的距离。中国正一步一步向装备制造强国迈进。

资料5

塑料的发明曾给人的生活带来了相当大的便利，但也带来了一系列的环境问题。塑料在垃圾中占相当一部分比例，而且大大增加了垃圾处理的难度和费用。由于废塑料几百年都难以降解，若丢弃在自然环境中，会给蚊子、苍蝇和细菌提供生存繁育的温床，若埋在地下，则容易污染地下水，妨碍植物根系生长，破坏土壤品质；若焚烧处理，将产生多种有毒气体。"白色污染"已经成为危害环境的一大公害。

汽车的尾气、空调和电冰箱中的氟利昂都在破坏大气层。埃博拉病毒的爆发和流行也使全世界更加关注生物安全问题，并将其作为国家安全的组成部分，全球数以万计的原子弹更是高悬在人类头上的达摩克利斯之剑。

20世纪的信息技术使人类活动的效率提升到了一个新的高度。但是另一方面，就像著名学者刘易斯·芒福德讲的那样，为了获得更多、更丰富的物质，人们牺牲了时间和当前的快乐，将幸福简单地与拥有汽车、浴缸和其他机械产品的数量画上等号，芒福德称之为"无目的的物质至上主义"。在计算速度越来越快，人工智能程度越来越高的潮流之下，人类的个性开始被故意忽略和遮蔽，陷入追求更高、更快、更强的单向度技术目标的误区。有评论家因此指出："当发展着的物质科技生产力忽略、脱离开民众精神力的时候，就会丧失它应受人控制并为人服务的真正本质，而变成与人对立的人的异化力量。"

观察家认为，未来科技最关键的发展方向是走人性化之路。闪烁着"人性"之光的产品将越来越多地出现，高科技产品也将被进一步赋予灵动的生命，在科技和人性之间架起桥梁。人性化的科技反映的是人类以下的思考：科技产品如何为人服务？它给人们的生活带来了怎样一种新的积极的变化？科技如何人性化？在盲目的物质化导向这一危途中，人性化之路将赋予高科技产品以新的价值观，那就是用大写的人性的光芒去逼视高科技这一只高贵神秘、自视甚高的怪兽，使其自惭形秽，让普通人也能看到这中间的无知和愚蠢。

因此，人性化的科技是在科技和人文、个性化与大众化、商业目标和社会使命之间追求平衡，这种平衡不仅是一种美，也是一种智慧和态度。

资料6

日前，世界知名未来学家，《连线》杂志创始主编，被看作是"网络文化"的发言人和观察者的凯文·凯利接受了采访，其间，凯利围绕着自己的《科技想要什么》等在技术思想领域的重要著作，回答了"新技术"与"人性"的关系等一系列问题，现摘要整理如下：

A. 在《科技想要什么》中我想表达的是，我对技术本质的疑虑，以及人与技术的矛盾关系。世界上每天都有新的技术诞生，但我们还没有理论和框架，让我了解科技面对的是什么。我们一直在发展科技，但我们是否要考虑：我们会不会有一天被科技征服？科技是宇宙的一部分吗？它是好的那部分吗？我们是该限制它还是要发展它？

B. 正如哲学家海德格尔对于技术的判断理论所描述的那样：这种貌似宿命的技术现实，本质上是人所无法控制的，但获得拯救的机会也恰在于此："救赎即植根并发育于技术的本质之中。"技术元素向共生性发展，这种发展也推动我们去追逐一个古老的梦想：在最大限度发挥个人自主性的同时，使集体的能力最大化。

C. 技术的进化的延伸，就像进化是宇宙的延伸那样。我们会认为技术对生命是种挑战，但事实上科技也是一种生命。技术也有像进化一样的历程，毕竟技术对宇宙、对生命都有积极的好处。技术具有生命的普遍特征，理解了技术的理论也就能理解进化论。

D. 技术元素的确准备操纵物质，包括人类，重组各种内部结构，但是技术将为其注入感知能力和情感，注入更多"非工具性"的东西。目前科技还不具备感情，但我认为今后我们会给科技赋予感情。"科技的生命化"，已成为现实世界无法根除的特征。科技将具备人性。

E. 科技是一种"新文化"，或者说"科技是第三种文化"，这意味着科学家们可以直接和大众进行对话，而不是通过人文知识分子。传统知识分子所占领的媒体一直控制着舆论方向——他们说："人文是精彩的，科学是呆板的。"今天，倡导"科技是第三种文化"的思想家们却更倾向于绕过中间人，致力于用关注知识的读者能够理解的形式，向公众传达他们最深邃的思想。

F. 在过去的二十年里，互联网给人类的生活和知识的认知带来极大变革，而现在，是另一个起点。今天是人类历史上最好的时代，之前的所有成果都是今天的基础。我想激励年轻人，现在就是创造新事物最好的时代。创造新事物，离不开技术创新。我在《科技想要什么》一书中特别强调一句话："科技想要的，就是人类想要的。"

三、作答要求

（一）请在给定资料1的三处横线上各填一句话，使该资料的结论语义连贯完整。（10分）

要求：①准确、全面、精练；②在答题卡上按"可见，技术创新不仅_____，同时_____，因而_____"的句式作答；③总字数不超过100字。

【参考答案】

可见，技术创新不仅把人从繁重而单调的体力劳动中解放出来，同时又为人的自由全面发展创造着新的物质基础和必需的自由时间，因而是促进人的自由全面发展的根本力量。

（二）新技术的使用能否突破社会结构的屏障，是很多人关心的问题。根据给定资料2，谈谈你的看法。（20分）

要求：①观点明确，有理有据；②论述全面，语言简明；③不超过250字。

【参考答案】

新技术的使用，确实可以在一定程度上填平因信息不对称而带来的信息鸿沟，甚至在理论上来讲，也可以对城乡、阶层等社会不平等现象产生一定程度的弥合，在实践中，也能为社会弱势阶层在就业求职、娱乐消费、情感寄托、心理抚慰、主体性表达，以及集体性维权产生积极的促进作用。但从根本上来说，依然无法彻底突破社会结构的屏障，因为弱势阶层能从中获得的方便与利益，强势阶层将会获得更多，因而极有可能对社会分化产生推动作用。

（三）假设你是制博会组委会的工作人员，请根据给定资料3，就本届制博会的亮点，草拟一份备询要点，供组委会领导在制博会开幕日的记者通气会上使用。（10分）

要求：①内容具体，符合实际；②概括准确，分条表述；③不超过200字。

【参考答案】

第一，将有众多国内外优秀企业参加，参展的很多产品都是最新研发，具备当前世界领先甚至最高水平；

第二，首次设立3D打印技术和设备展区，共有来自国内外60余家企业参加，还专门为提前在网上预约的观众提供一次免费3D打印人体模型的机会；

第三，将举办机器人表演赛和装载机街舞表演秀；

第四，获得了国家科技部的支持，首次设立了高新技术装备展区，将举办"高新技术装备展"，一批国家级高新技术园区将亮相。

（四）阅读给定资料4，谈谈你从中国高铁、中兴通讯和中国装备制造业的发展中能分别获得哪些启示？（20分）

要求：①紧扣材料，重点突出；②观点明确，表述有理；③不超过500字。

【参考答案】

第一，我国推动自主技术创新要有坚定的决心，不因一时的挫折和质疑而停止前进的步伐，应该抓住机遇，总结经验教训，勇攀高峰；

第二，我国自主技术创新要不畏"强敌"，积极开拓国际市场，推动"走出去"战略，但是，在此过程中要执行严格的质量标准，以过硬的实力赢得尊重、扩大影响，提升企业和国家的知名度与国际地位；

第三，我国企业要想在激烈的国际市场竞争中占有份额，获得立足之地，就必须坚持自主创新，以优秀的自主品牌和技术推动企业和产业转型升级，用质量过硬和具有吸引力的产品赢得消费者；

第四，要实现中国从制造业大国向制造业强国的迈进，必须推动装备制造业的大力发展，而通过技术创新，不断提高产品的质量和国际竞争力是其基础。与此同时，在同强大的国际同类企业进行竞争的时候，还要注重产品的个性化与全方位的服务。

（五）给定资料6中画线句子写道："'科技的生命化'，已成为现实世界无法根除的特征。科技将具备人性。"请结合你对这句话的思考，联系社会实际，自拟题目，写一篇文章。（40分）

要求：①自选角度，见解明确、深刻；②参考给定资料，但不拘泥于给定资料；③思路明晰，语言流畅；④总字数1 000～1 200字。

【参考例文】

让科技闪耀生命之光

实现人的全面自由发展，是人类社会的终极追求。人类生存其间的物质世界，一边以其广博为人类的生存提供了资源基础，又以瑰丽的风光为人类带来了赏心悦目的审美体验；另一边却也始终以其冷峻、客观而构成了人类追求自由的硬约束。科技，这一人类智慧的结晶，在人与世界矛盾共生的永恒张力中，有着举足轻重的作用，一面显著延长了人类探索世界的触角，增强了人类改造世界的能力；另一面又在一种自我演进和强化的逻辑中变成了物质世界异化人类的帮凶。在科技进步日新月异的今天，如何让科技更紧密地站在人类一边，尽可能褪去冷酷的表情，闪耀出生命的光芒，成为人类重要的课题。

科技从其诞生的那一刻起，就规定了其本质属性是为人的。粗陋如石斧，精妙如芯片，无不是为了人类能更好地生存、生产、生活。但是，原子能既能为人类带来近乎源源不断的能源，却也能变身为足以毁灭全人类无限次的核弹；通信技术既能将"天涯若比邻"的美好幻想变为现实，却也能让人们沦为智能手机的奴隶，而恰恰忽略了面对面的情感交流；克隆技术既能带来医疗事业的革命性进展，却也可能为人类带来无法直面的伦理困境；塑料制品在为人们的生活带来极大便利的同时，却也造成了严重的生态危机。为人的科技转身而成人类异化的头号推手，这多少让人觉得有点猝不及防，不过，它终究应该不是必然的。这一切，表面看起来都是科技自身内在的复杂性使然，其实，却不外乎人类自身的选择。是追求科学逻辑的极致，还是人类伦理范围内的合宜；是放任盲目的物质至上主义，还是让物质力量更好地服务于人类精神力量的升华？在各种生态、伦理困境不断显露的当下，应该不是一个艰难的抉择。

让科技闪耀生命之光，需要进行科技创新，尤其是为应用性的技术性创新注入人性的光辉。人的自由是真善美的高度统一。科技成果及产品的创造，必须彻底改变以"求真"为单一目的的单向度演进逻辑，而始终纳入人类生存与发展的宏观背景之下，重要的科技创新必须尊重和服从人类现实的伦理秩序；科技产品不能只是充当人类征服与改造世界的硬件工具，而必须同时有助于满足人类审美的需求，改变整体性价值导向，而更加注重个性化的需求，变成人们精神升华的阶梯。

让科技闪耀生命之光，需要合理利用科技成果，摆脱科技对人类的异化困境。科技的腾飞确实为人类带来了变革自然的强大力量，却也正因如此，资源枯竭、环境恶化、电磁辐射、人际冷漠成了高悬于人类头顶的达摩克利斯之剑。因此，人类必须改变对技术力量的"炫耀性"试用，在面对自然时保存一份必要的敬畏，推崇人与自然的和谐、共生和适度消费。在"上天入地"毫无悬念，光速移动伴随生活的同时，在内心里保持一份田园遐思，对身边平常的人、事、物多一份关切与爱护。

科技是生命的点缀，永远无法也不应喧宾夺主。但要在利用科技所带来的巨大便利的同时，抵御其异化的诱惑，让科技真正闪耀生命之光，却需要人类共同的觉醒。

资料来源：国家公务员考试网．

思考题

一、填空题

1. 申论是我国公务员资格考试的一个科目。在公务员考试中，通过对设定资料的阅读，回答有关问题，考查应试者_____、_____、_____、_____、_____等能力的一种考试形式。

2. 申论则指对特定材料进行_____、_____、_____，提出自己的_____、_____。

3. 申论考试的试卷比较规范，总体上分为三大部分：_____、_____和_____。

4. 申论考试中，材料阅读可采用三步阅读法：_____、_____和_____。

5. 申论写作从结构上可分为_____、_____、_____、_____等几个部分。

6. "豹尾"即是文章的_____。

7. 申论属于公务文体，其语言与公文相似，写作以_____、_____和_____为主要表达方式。

8. 概括起来讲，申论语言的主要特点包括_____、_____、_____、_____等几个方面。

二、判断题

1. 作为一种应试文体，申论最早出现于2000年中央国家机关公务员录用考试之中。（　　）

2. 给定资料是题本的主体，也是考生作答的依据。（　　）

3. 申论的写作是申论考试的核心环节。（　　）

4. 谋篇与布局是申论写作首先要考虑的问题。（　　）

5. 主体部分是申论写作的核心和重点。（　　）

6. 主体部分中提出对策是写作的重点。（　　）

三、简答题

1. 申论考试中，材料阅读有哪些方法？

2. 申论考试中，材料综合分析有哪些基本原则？

3. 申论考试中，材料综合分析有哪些基本方法？

4. 申论的写作确定文章标题时应注意什么？

5. 申论的开头一般可采用哪几种方式？

6. 申论的写作所提出的解决问题的对策，应注意把握哪些方面的内容？

7. 申论的写作结尾有哪几种方法？

附 录

附录一　中共中央办公厅、国务院办公厅党政机关公文处理工作条例

第一章　总　　则

第一条　为了适应中国共产党机关和国家行政机关(以下简称党政机关)工作需要,推进党政机关公文处理工作科学化、制度化、规范化,制定本条例。

第二条　本条例适用于各级党政机关公文处理工作。

第三条　党政机关公文是党政机关实施领导、履行职能、处理公务的具有特定效力和规范体式的文书,是传达贯彻党和国家的方针政策,公布法规和规章,指导、布置和商洽工作,请示和答复问题,报告、通报和交流情况等的重要工具。

第四条　公文处理工作是指公文拟制、办理、管理等一系列相互关联、衔接有序的工作。

第五条　公文处理工作应当坚持实事求是、准确规范、精简高效、安全保密的原则。

第六条　各级党政机关应当高度重视公文处理工作,加强组织领导,强化队伍建设,设立文秘部门或者由专人负责公文处理工作。

第七条　各级党政机关办公厅(室)主管本机关的公文处理工作,并对下级机关的公文处理工作进行业务指导和督促检查。

第二章　公文种类

第八条　公文种类主要有:

(一)决议。适用于会议讨论通过的重大决策事项。

(二)决定。适用于对重要事项做出决策和部署、奖惩有关单位和人员、变更或者撤销下级机关不适当的决定事项。

(三)命令(令)。适用于公布行政法规和规章、宣布施行重大强制性措施、批准授予和晋升衔级、嘉奖有关单位和人员。

（四）公报。适用于公布重要决定或者重大事项。

（五）公告。适用于向国内外宣布重要事项或者法定事项。

（六）通告。适用于在一定范围内公布应当遵守或者周知的事项。

（七）意见。适用于对重要问题提出见解和处理办法。

（八）通知。适用于发布、传达要求下级机关执行和有关单位周知或者执行的事项，批转、转发公文。

（九）通报。适用于表彰先进、批评错误、传达重要精神和告知重要情况。

（十）报告。适用于向上级机关汇报工作、反映情况，回复上级机关的询问。

（十一）请示。适用于向上级机关请求指示、批准。

（十二）批复。适用于答复下级机关请示事项。

（十三）议案。适用于各级人民政府按照法律程序向同级人民代表大会或者人民代表大会常务委员会提请审议事项。

（十四）函。适用于不相隶属机关之间商洽工作、询问和答复问题、请求批准和答复审批事项。

（十五）纪要。适用于记载会议主要情况和议定事项。

第三章 公文格式

第九条 公文一般由份号、密级和保密期限、紧急程度、发文机关标志、发文字号、签发人、标题、主送机关、正文、附件说明、发文机关署名、成文日期、印章、附注、附件、抄送机关、印发机关和印发日期、页码等组成。

（一）份号。公文印制份数的顺序号。涉密公文应当标注份号。

（二）密级和保密期限。公文的秘密等级和保密的期限。涉密公文应当根据涉密程度分别标注"绝密""机密""秘密"和保密期限。

（三）紧急程度。公文送达和办理的时限要求。根据紧急程度，紧急公文应当分别标注"特急""加急"，电报应当分别标注"特提""特急""加急""平急"。

（四）发文机关标志。由发文机关全称或者规范化简称加"文件"二字组成，也可以使用发文机关全称或者规范化简称。联合行文时，发文机关标志可以并用联合发文机关名称，也可以单独用主办机关名称。

（五）发文字号。由发文机关代字、年份、发文顺序号组成。联合行文时，使用主办机关的发文字号。

（六）签发人。上行文应当标注签发人姓名。

（七）标题。由发文机关名称、事由和文种组成。

（八）主送机关。公文的主要受理机关，应当使用机关全称、规范化简称或者同类型机关统称。

（九）正文。公文的主体，用来表述公文的内容。

（十）附件说明。公文附件的顺序号和名称。

（十一）发文机关署名。署发文机关全称或者规范化简称。

（十二）成文日期。署会议通过或者发文机关负责人签发的日期。联合行文时，署最后签发机关负责人签发的日期。

（十三）印章。公文中有发文机关署名的，应当加盖发文机关印章，并与署名机关相符。有特定发文机关标志的普发性公文和电报可以不加盖印章。

（十四）附注。公文印发传达范围等需要说明的事项。

（十五）附件。公文正文的说明、补充或者参考资料。

（十六）抄送机关。除主送机关外需要执行或者知晓公文内容的其他机关，应当使用机关全称、规范化简称或者同类型机关统称。

（十七）印发机关和印发日期。公文的送印机关和送印日期。

（十八）页码。公文页数顺序号。

第十条 公文的版式按照《党政机关公文格式》国家标准执行。

第十一条 公文使用的汉字、数字、外文字符、计量单位和标点符号等，按照有关国家标准和规定执行。民族自治地方的公文，可以并用汉字和当地通用的少数民族文字。

第十二条 公文用纸幅面采用国际标准A4型。特殊形式的公文用纸幅面，根据实际需要确定。

第四章 行文规则

第十三条 行文应当确有必要，讲求实效，注重针对性和可操作性。

第十四条 行文关系根据隶属关系和职权范围确定。一般不得越级行文，特殊情况需要越级行文的，应当同时抄送被越过的机关。

第十五条 向上级机关行文，应当遵循以下规则：

（一）原则上主送一个上级机关，根据需要同时抄送相关上级机关和同级机关，不抄送下级机关。

（二）党委、政府的部门向上级主管部门请示、报告重大事项，应当经本级党委、政府同意或者授权；属于部门职权范围内的事项应当直接报送上级主管部门。

（三）下级机关的请示事项，如需以本机关名义向上级机关请示，应当提出倾向性意见后上报，不得原文转报上级机关。

（四）请示应当一文一事。不得在报告等非请示性公文中夹带请示事项。

（五）除上级机关负责人直接交办事项外，不得以本机关名义向上级机关负责人报送公文，不得以本机关负责人名义向上级机关报送公文。

（六）受双重领导的机关向一个上级机关行文，必要时抄送另一个上级机关。

第十六条 向下级机关行文，应当遵循以下规则：

（一）主送受理机关，根据需要抄送相关机关。重要行文应当同时抄送发文机关的直接上级机关。

（二）党委、政府的办公厅（室）根据本级党委、政府授权，可以向下级党委、政府行文，其他部门和单位不得向下级党委、政府发布指令性公文或者在公文中向下级党委、政府提出指令性要求。需经政府审批的具体事项，经政府同意后可以由政府职能部门行文，文中须注明已经政府同意。

（三）党委、政府的部门在各自职权范围内可以向下级党委、政府的相关部门行文。

（四）涉及多个部门职权范围内的事务，部门之间未协商一致的，不得向下行文；擅自行文的，上级机关应当责令其纠正或者撤销。

（五）上级机关向受双重领导的下级机关行文，必要时抄送该下级机关的另一个上级机关。

第十七条 同级党政机关、党政机关与其他同级机关必要时可以联合行文。属于党委、政府各自职权范围内的工作，不得联合行文。

党委、政府的部门依据职权可以相互行文。

部门内设机构除办公厅（室）外不得对外正式行文。

第五章 公文拟制

第十八条 公文拟制包括公文的起草、审核、签发等程序。

第十九条 公文起草应当做到：

（一）符合党的理论路线方针政策和国家法律法规，完整准确体现发文机关意图，并同现行有关公文相衔接。

（二）一切从实际出发，分析问题实事求是，所提政策措施和办法切实可行。

（三）内容简洁，主题突出，观点鲜明，结构严谨，表述准确，文字精练。

（四）文种正确，格式规范。

（五）深入调查研究，充分进行论证，广泛听取意见。

（六）公文涉及其他地区或者部门职权范围内的事项，起草单位必须征求相关地区或者部门意见，力求达成一致。

（七）机关负责人应当主持、指导重要公文起草工作。

第二十条 公文文稿签发前，应当由发文机关办公厅（室）进行审核。审核的重点是：

（一）行文理由是否充分，行文依据是否准确。

（二）内容是否符合党的理论路线方针政策和国家法律法规；是否完整准确体现发文机关意图；是否同现行有关公文相衔接；所提政策措施和办法是否切实可行。

（三）涉及有关地区或者部门职权范围内的事项是否经过充分协商并达成一致意见。

（四）文种是否正确，格式是否规范；人名、地名、时间、数字、段落顺序、引文等是否准确；文字、数字、计量单位和标点符号等用法是否规范。

（五）其他内容是否符合公文起草的有关要求。

需要发文机关审议的重要公文文稿，审议前由发文机关办公厅（室）进行初核。

第二十一条 经审核不宜发文的公文文稿，应当退回起草单位并说明理由；符合发文条件但内容需作进一步研究和修改的，由起草单位修改后重新报送。

第二十二条 公文应当经本机关负责人审批签发。重要公文和上行文由机关主要负责人签发。党委、政府的办公厅（室）根据党委、政府授权制发的公文，由受权机关主要负责人签发或者按照有关规定签发。签发人签发公文，应当签署意见、姓名和完整日期；圈阅或者签名的，视为同意。联合发文由所有联署机关的负责人会签。

第六章 公文办理

第二十三条 公文办理包括收文办理、发文办理和整理归档。

第二十四条 收文办理主要程序是：

（一）签收。对收到的公文应当逐件清点，核对无误后签字或者盖章，并注明签收时间。

（二）登记。对公文的主要信息和办理情况应当详细记载。

（三）初审。对收到的公文应当进行初审。初审的重点是：是否应当由本机关办理，是否符合行文规则，文种、格式是否符合要求，涉及其他地区或者部门职权范围内的事项是否已经协商、会签，是否符合公文起草的其他要求。经初审不符合规定的公文，应当及时退回来文单位并说明理由。

（四）承办。阅知性公文应当根据公文内容、要求和工作需要确定范围后分送。批办性公文应当提出拟办意见报本机关负责人批示或者转有关部门办理；需要两个以上部门办理的，应当明确主办部门。紧急公文应当明确办理时限。承办部门对交办的公文应当及时办理，有明确办理时限要求的应当在规定时限内办理完毕。

（五）传阅。根据领导批示和工作需要将公文及时送传阅对象阅知或者批示。办理公文传阅应当随时掌握公文去向，不得漏传、误传、延误。

（六）催办。及时了解掌握公文的办理进展情况，督促承办部门按期办结。紧急公文或者重要公文应当由专人负责催办。

（七）答复。公文的办理结果应当及时答复来文单位，并根据需要告知相关单位。

第二十五条　发文办理主要程序是：

（一）复核。已经发文机关负责人签批的公文，印发前应当对公文的审批手续、内容、文种、格式等进行复核；需作实质性修改的，应当报原签批人复审。

（二）登记。对复核后的公文，应当确定发文字号、分送范围和印制份数并详细记载。

（三）印制。公文印制必须确保质量和时效。涉密公文应当在符合保密要求的场所印制。

（四）核发。公文印制完毕，应当对公文的文字、格式和印刷质量进行检查后分发。

第二十六条　涉密公文应当通过机要交通、邮政机要通信、城市机要文件交换站或者收发件机关机要收发人员进行传递，通过密码电报或者符合国家保密规定的计算机信息系统进行传输。

第二十七条　需要归档的公文及有关材料，应当根据有关档案法律法规以及机关档案管理规定，及时收集齐全、整理归档。两个以上机关联合办理的公文，原件由主办机关归档，相关机关保存复制件。机关负责人兼任其他机关职务的，在履行所兼职务过程中形成的公文，由其兼职机关归档。

第七章　公文管理

第二十八条　各级党政机关应当建立健全本机关公文管理制度，确保管理严格规范，充分发挥公文效用。

第二十九条　党政机关公文由文秘部门或者专人统一管理。设立党委（党组）的县级以上单位应当建立机要保密室和机要阅文室，并按照有关保密规定配备工作人员和必要的安全保密设施设备。

第三十条　公文确定密级前，应当按照拟定的密级先行采取保密措施。确定密级后，应当按照所定密级严格管理。绝密级公文应当由专人管理。

公文的密级需要变更或者解除的，由原确定密级的机关或者其上级机关决定。

第三十一条　公文的印发传达范围应当按照发文机关的要求执行；需要变更的，应当经发文机关批准。

涉密公文公开发布前应当履行解密程序。公开发布的时间、形式和渠道，由发文机关确定。

经批准公开发布的公文，同发文机关正式印发的公文具有同等效力。

第三十二条 复制、汇编机密级、秘密级公文，应当符合有关规定并经本机关负责人批准。绝密级公文一般不得复制、汇编，确有工作需要的，应当经发文机关或者其上级机关批准。复制、汇编的公文视同原件管理。

复制件应当加盖复制机关戳记。翻印件应当注明翻印的机关名称、日期。汇编本的密级按照编入公文的最高密级标注。

第三十三条 公文的撤销和废止，由发文机关、上级机关或者权力机关根据职权范围和有关法律法规决定。公文被撤销的，视为自始无效；公文被废止的，视为自废止之日起失效。

第三十四条 涉密公文应当按照发文机关的要求和有关规定进行清退或者销毁。

第三十五条 不具备归档和保存价值的公文，经批准后可以销毁。销毁涉密公文必须严格按照有关规定履行审批登记手续，确保不丢失、不漏销。个人不得私自销毁、留存涉密公文。

第三十六条 机关合并时，全部公文应当随之合并管理；机关撤销时，需要归档的公文经整理后按照有关规定移交档案管理部门。

工作人员离岗离职时，所在机关应当督促其将暂存、借用的公文按照有关规定移交、清退。

第三十七条 新设立的机关应当向本级党委、政府的办公厅（室）提出发文立户申请。经审查符合条件的，列为发文单位，机关合并或者撤销时，相应进行调整。

第八章 附　　则

第三十八条 党政机关公文含电子公文。电子公文处理工作的具体办法另行制定。

第三十九条 法规、规章方面的公文，依照有关规定处理。外事方面的公文，依照外事主管部门的有关规定处理。

第四十条 其他机关和单位的公文处理工作，可以参照本条例执行。

第四十一条 本条例由中共中央办公厅、国务院办公厅负责解释。

第四十二条 本条例自 2012 年 7 月 1 日起施行。1996 年 5 月 3 日中共中央办公厅发布的《中国共产党机关公文处理条例》和 2000 年 8 月 24 日国务院发布的《国家行政机关公文处理办法》停止执行。

附录二　《党政机关公文处理工作条例》权威解读

为统一中国共产党机关和国家行政机关公文处理工作，2012 年 4 月 6 日，中办、国办联合印发了《党政机关公文处理工作条例》（以下简称《条例》），同时废止了 1996 年中办印发的《中国共产党机关公文处理条例》和 2000 年国务院印发的《国家行政机关公文处理办法》(以下简称《办法》)。《条例》的发布施行,对推进党政机关公文处理工作科学化、制度化、规范化必将发挥重要作用。与《办法》对比,《条例》主要有以下特点:

一、重新定义了公文处理相关概念

《办法》规定,"公文处理是指公文的办理、管理、整理(立卷)、归档等一系列相互关联、衔接有序的工作。"也就是说公文处理由公文办理、管理、整理(立卷)、归档等工作组成。

《条例》规定,"公文处理工作是指公文拟制、办理、管理等一系列相互关联、衔接有序的工作。"其中,公文拟制包括起草、审核、签发 3 个环节(在《办法》中,这 3 个环节均隶属发文办理)。《条例》同时将整理(立卷)、归档划归公文办理范畴。经此调整,公文处理工作由公文拟制、公文办理、公文管理组成。

二、增加了公文种类

《办法》规定公文种类有 13 种,《条例》规定文种为 15 种,增加了"决议"和"公报",同时将"会议纪要"改为《纪要》。原有 13 个文种的适用范围与《办法》的规定基本相同。

三、调整了公文格式要素

《条例》规定,"公文一般由份号、密级和保密期限、紧急程度、发文机关标志、发文字号、签发人、标题、主送机关、正文、附件说明、发文机关署名、成文日期、印章、附注、附件、抄送机关、印发机关和印发日期、页码等组成。"

从格式要素看,增加了"份号""发文机关署名""页码",减少了"主题词"。考虑到《办法》虽未对"份号""页码"做出规定,但实际工作中一直在使用,属于增加的要素只有"发文机关署名"。

格式要素的应用有以下变化:一是规定涉密公文应当标注份号(《办法》只要求对绝密、机密公文标注份号);二是规定紧急公文应当分别标注"特急""加急"(《办法》要求标注"特急""急件");三是规定联合行文时发文机关标志可以单独用主办机关名称;四是明确规定公文标题应标发文机关(《办法》未作强制性要求);五是规定有特定发文机关标志的普发性公文可以不加盖印章。

公文的版式以及格式要素的具体应用,《党政机关公文格式》国家标准将作详细规定(该国家标准尚在编制中)。

四、行文规则方面增加了一些具体规定

《条例》减少了"行文规则"一章的条目,但增加了一些具体规定,主要有:上行文"原则上主送一个上级机关"(《办法》只对请示作此规定);"党委、政府的部门向上级主管部门请示、报告重大事项,应当经本级党委、政府同意或者授权";"下级机关的请示事项,如需以本机关名义向上级机关请示,应当提出倾向性意见后上报,不得原文转报上级机关";"不得以本机关负责人名义向上级机关报送公文";"属于党委、政府各自职权范围内的工作,不得联合行文"。

五、公文拟制更加强调程序规范

在"起草"环节强调,"一切从实际出发,分析问题实事求是,所提政策措施和办法切实可行";"深入调查研究,充分进行论证,广泛听取意见";"机关负责人应当主持、指导重要公文起草工作"。

在"审核"环节强调,"需要发文机关审议的重要公文文稿,审议前由发文机关办公厅(室)进行初审。"

在"签发"环节强调,"重要公文和上行文由机关主要负责人签发"(《办法》只对上行文作此规定);"党委、政府的办公厅(室)根据党委、政府授权制发的公文,由受权机关主要负责人签发或者按照有关规定签发。"

六、简化了公文办理的环节

在"收文办理"中,将"审核"改为"初审",将"分办""批办"并入"承办",并增加了"传阅""答复"2个环节。

"发文办理"的环节由8个减少为4个,其中,"起草""审核""签发"3个环节列入"公文拟制","用印"并入"印制"。

《条例》将发文办理的"分发"改为"核发",规定:"公文印制完毕,应当对公文的文字、格式和印刷质量进行检查后分发。"

七、公文管理更加注重安全保密

《条例》在第七章"公文管理"中着重强调了有关保密规定,提出了设立保密室和阅文室的要求,对公文定密和解密、密级文件的复制和汇编、公文的销毁和移交、新设立单位的发文立户等做出具体规定。

参 考 文 献

[1] 李伟权. 应用文写作[M]. 北京：清华大学大学出版社，2013.
[2] 张树义. 财经应用文模型写作教程[M]. 广州：华南理工大学出版社，2011.
[3] 阎继承. 应用写作学[M]. 沈阳：东北大学出版社，2006.
[4] 孙熙春. 文学赏读与实用文体写作[M]. 沈阳：辽宁民族出版社，2009.
[5] 金常德. 应用写作[M]. 大连：大连理工大学，2009.
[6] 马正平. 高等写作学引论[M]. 北京：中国人民大学出版社，2009.
[7] 夏晓鸣. 应用文写作[M]. 上海：复旦大学出版社，2010.
[8] 方有林，娄永毅. 经济应用文写作[M]. 上海：复旦大学出版社，2009.
[9] 〔美〕劳拉·布朗. 完全写作指南[M]. 袁婧，译. 南昌：江西人民出版社，2017.
[10] 蒋意春. 新编经济文实用写作[M]. 北京：北京理工大学出版社，2009.

教师服务

感谢您选用清华大学出版社的教材！为了更好地服务教学，我们为授课教师提供本书的教学辅助资源，以及本学科重点教材信息。请您扫码获取。

▶▶ 教辅获取

本书教辅资源，授课教师扫码获取

▶▶ 样书赠送

公共基础课类重点教材，教师扫码获取样书

 清华大学出版社

E-mail: tupfuwu@163.com
电话: 010-83470332 / 83470142
地址: 北京市海淀区双清路学研大厦B座509

网址: http://www.tup.com.cn/
传真: 8610-83470107
邮编: 100084